红书坊课外阅读

以读促写社会篇

世界很小也很大

Shijie hen Xiao ye hen Da

石真平 编著

 时代出版传媒股份有限公司

安徽美術出版社

全国百佳图书出版单位

图书在版编目（CIP）数据

以读促写社会篇：世界很小也很大 / 石真平编著. —合肥：安徽美术出版社, 2012.12
（红书坊课外阅读）
ISBN 978-7-5398-4189-2

Ⅰ.①以… Ⅱ.①石… Ⅲ.①阅读课 – 中学 – 课外读物②作文课 – 中学 – 课外读物
Ⅳ.①G634.303

中国版本图书馆 CIP 数据核字(2012)第 305678 号

红书坊课外阅读·以读促写社会篇·世界很小也很大
石真平　编著

责任编辑：史春霖
助理编辑：方　芳
封面设计：高　幻
责任印制：李建森　徐海燕
出版发行：时代出版传媒股份有限公司　安徽美术出版社
地　　址：合肥市政务文化新区翡翠路 1118 号出版传媒广场 14 层
邮　　编：230071
印　　制：合肥瑞丰印务有限公司
开　　本：787 mm × 1092 mm　1/16　　印　张：16.25
版　　次：2013 年 1 月第 1 版　　2023 年 1 月第 2 次印刷
书　　号：ISBN 978-7-5398-4189-2
定　　价：45.00 元

本书的编选参阅了一些报纸和著作，由于多种原因我们未能与部分入选文章作者(或译者)取得
联系，在此深表歉意。敬请原作者(或译者)见到本书后，及时与我社联系，我们将按国家有关规定支
付稿酬并赠送样书。

致同学们

　　语文是学习任何知识的重要基础，也是人在成长过程中习得语言技巧、开启与掌握人文知识大门的一把重要的钥匙。不少同学都希望自己有一双善于发现的眼睛，有一支才情横溢的笔，怎么才能得到呢？必须有厚实的底气。底气来自读书，读好书，来自读好书时的思考。好书好文章的作者大多是思想者，他们都有着各自不同的语言风格，与他们"心灵对话"，你会发觉你在快速成长，因为你正在不断吸取"文化精气"。

　　尽管我们的语文课，经过近几年的教学改革，已经有了长足的进步，但如何推荐良好的语文课外知识读物，一直是语文教学的难点。目前已经出版的课外阅读图书可谓多矣，但大部分仍局限在围绕课堂练习、课堂语文知识收集文章，或评点历届高考文科状元等，编撰千篇一律，阅读者受益不多。由此，我们通过市场调查，精心收集，编写出这套《红书坊课外阅读》，旨在提高中学生的阅读能力、社会实践能力，而又无需占用大量时间即可补充实际教学中所出现的部分不足。

　　这是一套以读书促写作的丛书，在内容和框架上，我们做这样的安排：按内容分类，分为自我篇——《太阳花般科学狂》、自然篇——《读你千遍不厌倦》、社会篇——《世界很小也很大》、历史篇——《追随文明的足迹》。每篇所收集的名篇时文，都附有必要的背景知识和我们的心得点滴，学生习作则分别附有教师及大学生的旁批或点评。这些读文手记，既有思想的火花、灵感的触角，也有写法的喝彩、技巧的点拨。一些篇章还设置了"尝试动动笔"的交流平台，同学们可以尽情比试。

　　期待爱读书和有心练笔的同学能喜欢这套丛书，更希望这套书能对炼就同学的锐眼和神笔有所帮助。

　　当然，由于编写时间仓促，书中难免出现这样那样的问题，希望同学们看到后及时指出，以便在修订时改正。祝同学们学习顺利，身体健康。

编　者
2012年10月

目　录

第一辑　独一无二

第二辑　并不孤单

第五辑　男孩·女孩

第六辑　我的世界很小,也可以很大

独一无二

有这样一个故事：民国初年，著名的国学大师黎锦熙在湖南办报，曾有三个抄写员为他工作。第一个沉默寡言，老实抄写，连错字病句也照抄不误，这个人一直默默无闻。第二个认真地把错字病句改正完了再抄，后来，他写了一首歌词，经聂耳谱曲后命名为《义勇军进行曲》，他就是田汉。第三个抄写员与众不同，他仔细看每份文稿，只抄与自己见解相同的文稿，其余的一概扔掉。这个人后来建立了以《义勇军进行曲》为国歌的中华人民共和国，他就是毛泽东。

从故事可看出，毛泽东的性格最鲜明，成就也最大。做人就应该有独一无二的个性。"我手写我口，我手写我心。"有个性的人，才能写有个性的文。本辑收进的文章个性鲜明，有幽默风趣的丘吉尔，有似傻非傻的"傻丫头"，有坚强乐观的"弯人"，有积极开朗的张晓风，有理智果断的毕淑敏……

名 篇 赏 析

　　对一个人来说，真正重要的不是他的背景、他的肤色、他的种族或是他的宗教信仰，而是他的性格。

——[美]尼克松

我的早年生活

[英]温斯顿·丘吉尔*

"每个人都是昆虫,但我确信,我是一只萤火虫。"

(将万物之灵——人,比作"昆虫",初读觉得有些别扭,但仔细回味,就觉得它别具一格,当读到把自己比作是"萤火虫"时,眼前突然一亮:在芸芸众生中看到自己的闪光点,这正如在茫茫大海中看清前进的方向一样,他心中始终有一座明确的航标。运用比喻,生动形象。运用对比,突出自己的长处。)

刚满十二岁,我就步入"考试"这块冷漠的领地。主考官们最心爱的科目,几乎毫无例外地都是我最不喜欢的。我最爱历史、诗歌和写作,而主考官们却偏爱拉丁文和数学,而且他们的意愿总是占上风。不仅如此,我乐意别人问我所知道的东西,可他们却总是问我不知道的。我本来愿意显露一下自己的学识,而他们则千方百计地揭露我的无知。这样一来,只能出现一种结果:场场考试,场场失败。

---

*赫赫有名的政治家、军事家丘吉尔,这个连混世魔王希特勒都惧怕的英国首相,曾有两次预言都被他言中:第二次世界大战中期,德军节节胜利,"盟军"有不少人悲观失望,但有谁想到,丘吉尔认为这场战争必然以"盟军"胜利和希特勒战败告终;二战结束后,"盟友"苏联会成为"北约"新的劲敌。如此高瞻远瞩,一些西方学者就把他誉为"天才军事家"。但他在青少年时期竟然是一个凡夫俗子,还是个"白卷"英雄,幸亏他遇上了伯乐——校长威尔登博士和半个伯乐——父亲,更重要的是,他懂得扬长避短,坚信能力决定命运,结果再次演绎了"天生我才必有用"的经典故事。

（"我"未能迎合主考官的"偏爱"，一意孤行，结果是考场上失败失败再失败。但"我"宁愿败在有"缺陷"的考试规则中，也不败给对真实有用知识的追求和爱好，这是否也是虽败犹荣呢？在对比中彰显个性。逢考必败，这对于一个学生来说，是黑色的心理地带，但作者用黑色幽默来表现，又凸现了行文的诙谐、风趣。）

我进入哈罗公学的入学考试是极其严格的。校长威尔登博士对我的拉丁文作文宽宏大量，证明他独具慧眼，能判断我全面的能力。这非常难得，因为拉丁文试卷上的问题我一个也答不上来。我在试卷上首先写上自己的名字，再写上试题的编号"1"，经过再三考虑，又在"1"的外面加上一个括号，因而成了。但这以后，我就什么也不会了。我干瞪眼没办法，在这种惨境中整整熬了两个小时，最后仁慧的监考老师总算收去了我的考卷。正是从这些表明我的学识水平的蛛丝马迹中，威尔登博士断定我有资格进哈罗公学上学。这说明，他能通过现象看到事物的本质。他是一个不以卷面分数取人的人，直到现在我还非常尊敬他。（校长威尔登博士是真正的伯乐，否则"我"这一匹千里马就有可能"骈死于槽枥之间"。因而威尔登校长赢得"我"毕生的尊敬，切记：无论你将来何等显赫和尊贵，都不能忘记恩师！）结果，我当然被编到低年级最差的一个班里。实际上，我的名字居全校倒数第三。而最令人遗憾的是，最后两位同学没上几天学，就由于疾病或其他原因而相继退学了。（其实是倒数第一，不直截了当地说最后一名，再次凸现幽默风趣，令人忍俊不禁。）

在这种尴尬的处境中，我继续待了近一年。正是由于长期在差班里待着，我获得了比那些聪明的学生更多的优势。他们全都继续学习拉丁语、希腊语以及诸如此类的辉煌的学科，我则被看作是个只会学英语的笨学生。我只管把一般英语句子的基本结构牢记在心——这是光荣的事情。几年以后，当我的那些因创作优美的拉丁文诗歌和辛辣的希腊讽刺诗而获奖成名的同学，不得不靠普通的英语来谋生或者开拓事业的时候，我一点也不觉得自己比他们差。自然我倾向让孩子们学习英语。我会首先让他们都学英语，然后再让聪明些的孩子们学习拉丁语作为一种荣耀，学习希腊语作为一种享受。但只有一件事强迫他们去做，那就是不能不懂英语。

（把掌握英语看作是"谋生或者开拓事业"的魄力，而把学习拉丁语看作是一种荣耀，把学习希腊语看作是一种享受。这是"我"对能力与"花瓶"的基本看法，也是"我"以全校倒数第一而感到羞耻的原因：能力胜过荣誉和享受。同时，也为下文"我"的成功埋下了伏笔。文章至此，又从深层次挖掘人物个性：重实际、重能力，有真知灼见，不随波逐流。）

我一方面在低年级停滞不前，而另一方面却能一字不漏地背诵麦考利的一千二百行史诗，并获得了全校的优胜奖。这着实让人觉得自相矛盾。我在几乎是全校最后一名的同时，却又成功地通过了军队的征兵考试。就我在学校的名次来看，这次考试的结果出人意料，因为许多名次在我前面的人都失败了。(与前面的"场场失败"、"交白卷"、"倒数第三"形成鲜明的对比，又与"萤火虫"、校长的独具慧眼交相辉映，使文章从内容与形式达到了高度的对立与统一，体现作者娴熟的驾驭语言的能力和高超的谋篇布局的技巧。)我也是碰巧遇到了好运。在考试中，将要凭记忆绘一张某个国家的地图。在考试的前一天晚上，我将地球仪上所有国家的名字都写在纸条上放进帽子里，然后从中抽出了有"新西兰"国名的纸条。接着我就大用其功，将这个国家的地理状况记得滚瓜烂熟。不料，第二天考试中的第一道题就是："绘出新西兰地图。"(真的是巧遇好运吗?在成功的面前，不洋洋自得，反而幽它一默。其实暗含着玄机:机遇又一次眷恋有真才实学的人。幽默中处处闪烁着睿智。)

我开始了军旅生涯。这个选择完全是由于我收集玩具锡兵的结果。我有近1500个锡兵，组织得像一个步兵师，还下辖一个骑兵旅。我弟弟杰克统领的则是"敌军"。但是我们制定了条约，不许他发展炮兵。这非常重要!(玩具是青少年快乐的天使，青少年的聪慧也从游戏中体现出来。一位天才的军事家诞生于"锡兵"游戏，这对于很多还怀疑自己智商低人一等的青少年来说，是一大启迪:看看自己喜欢什么游戏?在游戏中，自己有什么闪光点?这也许就是你的生命之光!)

一天，父亲亲自对"部队"进行了正式的视察。所有的"部队"都整装待发。父亲敏锐的目光具有强大的威力。他花了20分钟的时间来研究"部队"的阵容。最后他问我想不想当个军人。我想统领一支部队一定很光彩，所以我马上回答:"想。"现在，我的话被当真了。多年来，我一直以为是父亲发现了我具有天才军事家的素质。但是，后来我才知道，他当时只是断定我不具备当律师的聪慧。他自己也只是最近才升到下议院议长和财政大臣的职位，而且一直处在政治的前沿。不管怎样，小锡兵改变了我的生活志向，从那时起，我的希望就是考入桑赫斯特皇家军事学院。再后来，就是学军事专业的各项技能。至于别的事情，那只有靠自己去探索、实践和学习了。("我"遇到了半个伯乐——父亲。感谢他慧眼识"马"，从此，我驰骋疆场，扬名于世。对父亲此举，用的是明褒暗贬之法，正是他的歪打正着，我的"天才"才不至于埋没。作者这样描述个人的"天才"，表面是在说有赖于别人的偶然发现，但对照前文，读者就明白并非如此。这样就起到了不事张扬而又胜于张扬的艺术效果,妙不可言!)

 读后悟语

　　丘吉尔的语言风格凸现了他的鲜明的个性:幽默风趣中闪烁着睿智的光芒,令人忍俊不禁。在表现手法上巧妙地运用对比和衬托:以主考官的偏爱和同学们为了应付考试而学习华而不实的拉丁语、希腊语与"我"喜爱历史、诗歌、写作、英语作对比,反衬"我"的"无知";以交"白卷"和"倒数第三"与"我"在诗歌背诵获得优胜奖和在征兵考试中出类拔萃的表现作对比,反衬"我"非凡的能力;以校长和父亲对"我"独具慧眼与主考官"以卷面分数取人"作对比,从正反两面衬托"我"具有"天才"的潜质。在谋篇布局上,也是独树一帜的:短小的篇幅内,运用一系列的对比、衬托,内容与形式达到了高度的矛盾和统一,使文章的结构严谨、思想深刻。

　　文章没有写自己青少年时期所干的"轰轰烈烈"的大事(一般的名人传记都喜欢沿用"自古英雄出少年"这样的套路),却写了几次平常而有趣的考试。

　　文章起始,叙述了自己少年时期的考试状况:场场考试,场场失败。但作者不认为自己是失败的,失败的是考试规则,考非所学,考非所爱——一奇。接着是极其严格的哈罗公学的入学考试,自己交了"白卷",居然被录取——二奇。最后是自己几乎以全校倒数第一的尴尬身份,参加另类考试:诗歌朗诵比赛,获得全校的优胜奖——三奇。参加征兵考试,过关!——四奇。在这一系列平凡的有趣的考试中,主人公一开始给人一种凡夫俗子的错觉,但越往下读,就觉得他是一个有独特的个性和非同凡响的人——五奇。

　　考试,对于学生来说,早已是家常便饭了。但文章就在这最平凡的材料中提炼出新奇的主题:分数不能说明一切,决定命运的是能力!

　　此外,文章的语言幽默风趣。例如:"我乐意别人问我所知道的东西,可他们却总是问我不知道的。我本来愿意显露一下自己的学识,而他们则千方百计地揭露我的无知。"作者对少年时期的怀才不遇,并没有悲天悯人,也没有愤怒指责,而是以调侃的语气述说了心中的无奈,让人读来情趣盎然。

跨越百年的美丽

梁　衡*

　　1998年是居里夫人发现放射性元素镭100周年。

　　100年前的1898年12月26日,法国科学院人声鼎沸,一位年轻漂亮、神色庄重又略显疲倦的妇人走上讲台,全场立即肃然无声。她叫玛丽·居里,她今天要和她的丈夫皮埃尔·居里,一起在这里宣布一项惊人的发现,他们发现了放射性元素镭。本来这场报告,她想让丈夫来做,但皮埃尔·居里坚持让她来讲,因为在此之前还没有一个女子登上过法国科学院的讲台。(我们一下子被推到100年前。目睹她的风采,被她那美丽端庄的容貌所倾倒。神态描写摄人心魂。会场的"人声鼎沸"突然"肃然无声",除了衬托她的端庄秀丽,又暗示她的出现带来了非凡的影响力。)玛丽·居里穿着一袭黑色长裙,白净端庄的脸庞显出坚定又略带淡泊的神情,而那双微微内陷的大眼睛,则让你觉得能看透一切,看透未来。(更细腻的神态描写,用"白净端庄"、"坚定又略带淡泊的神情"、"看透一切,看透未来"等词语,由外而内地展示她的双重魅力:美在外表,美在内心。)她的报告使全场震惊,物理学进入了一个新时代,而她那美丽庄重的形象也就从此定格在历史上,定格在每个人的心里。(照应前文。在这一段里,文章三次写到会场的气氛因居里夫人的出现而变化:未出现时"人声鼎沸",可想而知,平时这里的报告会是什么样子;她一出现,"肃然无声",立即产生非凡的效应;她做完报告,"全场震惊","震惊"什么呢?她的发现是划时代的,她是一位奇女子! 文章这样描写场景,动静结合,一波三折,富于变化。)

---

　　*梁衡,当代散文家。

　　居里夫人一直是我崇拜的少数名人中的一个。如果说到女性的名人她就更是非第一莫属了，余后大概还有一个中国的李清照。我大约是在上中学时读到介绍居里夫人的小册子，从此她坚毅的形象便在脑海里永难拂去。以后我几乎读了所有关于她的传记。一个人的伟大不外乎两个方面：一是他对社会做出的贡献，二是他的人格，他的精神。对居里夫人来说，这两方面她都具备，而且超群绝伦，值得我们永远怀念和学习。

　　关于放射性的发现，居里夫人并不是第一个人，但她是关键的一人。在她之前，1896年1月，德国科学家伦琴发现了K光，这是人工放射性；1896年5月，法国科学家贝克勒尔发现铀盐可以使胶片感光，这是天然放射性。这都还是偶尔的发现，居里夫人却立即提出了一个新问题，其他物质有没有放射性？物质世界里是不是还有另一块全新的领域？别人在海滩上捡到一块贝壳，她却要研究一下这贝壳是怎样生、怎样长、怎样冲到海滩上来的，别人摸瓜她寻藤，别人捣叶她问根。(内慧之美：别人摸瓜她寻藤，别人摘叶她问根，真是绝顶聪明。内慧，更是深层次的美。在对比中展现她独特的思维方式。)是她提出了"放射性"这个词。两年后，她发现了钋，接着发现了镭，冰山露出了一角。为了提炼纯净的镭，居里夫人搞到一吨可能含镭的工业废渣。他们在院子里支起了一口锅，一锅一锅地进行冶炼，然后再送到化验室溶解、沉淀、分析。而所谓的化验室是一个废弃的、曾停放解剖用尸体的破棚子。玛丽终日在烟熏火燎中搅拌着锅里的矿渣，她衣裙上、双手上，留下了酸碱的点点烧痕。(勤劳之美。)一天，疲劳至极，玛丽揉着酸痛的后腰，隔着满桌的试管、量杯问皮埃尔："你说这镭会是什么样子？"皮埃尔说："我只希望它有美丽的颜色。"经过3年又9个月，他们终于从成吨的矿渣中提炼出了0.1克镭。(坚韧之美。用"3年又9个月"，"成吨矿渣"与"0.1克镭"形成悬殊比照，从而赞美了居里夫人坚韧不拔的精神。)它真的有美丽的颜色，在幽暗的破木棚里发出略带蓝色的荧光。它还会自动放热，一小时放出的热能熔化等重的冰块。

　　旧破木棚里这点美丽的淡蓝色荧光，是用一个美丽女子的生命和信念换来的。这项开辟科学新纪元的伟大发现好像不该落一个女子头上。千百年来，漂亮就是一个女人的最高荣誉，最大资本，只要有幸得到这一点，其余便不必再求了。莫泊桑在他的名著《项链》中说：女人并无社会等级，也无种族差异；她们的姿色、风度和妩媚就是她们身世和门庭的标志。(引用莫泊桑的话，一方面反衬居里夫人对外在美的理性认识，同时又展示了作者广阔的文化背景。)居里夫人是属于那一类很漂亮的女子，她的肖像如今挂遍世界各国的科研教学机构,我们仍可以看到她昔日的风采。但是她偏偏没有利用这一点资本,她的战胜自我也恰恰就是从这一点开始的。当她还是个小学生时就显示出上帝给她的优宠,漂亮的外貌已足以使她讨得周围所有人的喜欢。但她的性格里天生还有一种更可贵的东西,这就是人们经常加于男子汉身上的骨气。她坚定、刚毅,有远大、执著的追求。(进一步揭示她的内在美。追寻她能"跨越百年美丽"的根源。"不受漂亮的干扰",体现了居里夫人在外在美与内在美之间的取舍。)为了不受漂亮的干扰,她故意把一头金发剪得很短,她对哥哥说:"毫无疑问,我们家里的人有天赋,必须使这种天赋由我们中的一个表现出来!"她不但懂得个人自尊,更懂得民族的自尊。当时的波兰为沙皇所统治,她每天上学的路上有一座沙皇走狗的雕像,玛丽路过此地,总要狠狠唾上一口,如果哪一天和女伴说话忘记了,就是已走到校门口也要返回来补上。她中学毕业后在城里和乡下当了七年家庭教师,积攒了一点学费便到巴黎来读书。当时大学里女学生很少,这个高额头、蓝眼睛、身材修长的漂亮的异国女子,很快成了人们议论的中心。男学生们为了能更多地看她一眼,或有幸凑上去说几句话,常常挤在教室外的走廊里,她的女友甚至不得不用伞柄赶走这些追慕者。但她对这种热闹不屑一顾,她每天到得很早,坐在前排,给那些追寻的目光一个无情的后脑勺。她身上永远裹着一层冰霜的盔甲,凛然使那些"追星族"不敢靠近。(这一段小插曲,妙趣横生。使文章增添了浪漫的青春气色。一群热情可爱的追慕者尽管得不到美少女的青睐,但恰好衬托了这位女子美丽得使人窥窬思量。通过有趣的事例,详细具体地表现她是怎样"不受漂亮的干扰"的。)她本来住在姐姐家中,为了求得安静,便租了间小阁楼,一天只吃一顿饭,日夜苦读。晚上冷得睡不着,就拉把椅子压在身上,以取得一点感觉上的温暖。这种心无旁骛、悬梁刺股、卧薪尝胆的进取精神,就是一般男子也是很难做到的啊。(连用三个成语,生动形象地表现了居里夫人刻苦钻研的精神,感人至深。)宋玉说有美女在墙头看他三年而不动心;范仲淹考进士前在一间破庙里读书,晨起煮粥一碗,冷后划作四块,是为一天的口粮。(引用典故。进行横向比较,目的是要证明:心静,执著,而耐得苦寒是成功者的心理要素。要使文章增添文采,就要懂得巧用典故。)而在地球的那一边的法国,一个波兰女子也是这样心静,这样执著,这样地耐得苦寒。她以25岁的妙龄,面对追者如潮而不动心。她只要稍微松一下手,回一下头,就会跌回温软的怀抱和赞美的泡沫中,但是她有大志,有大求,她知道只有发现、创造之花才有永开不败的美丽。所以她甘愿让酸碱啃蚀她柔美的双手,让呛人的烟气吹皱她秀美的额头。(追求永开不败的美丽。在借生动形象的比喻,巧妙点题。)

本来玛丽·居里完全可以换另一种活法。她可以趁着年轻貌美如现代女孩子吃青春饭那样,在钦慕和礼赞中活个轻松,活个愉快。但是她没有,她知道自己更深一层的价值和更远一些的目标。成语"浅尝辄止"是指人对外部世界的认识,殊不知多少人对自己也常是浅尝辄止,见宠即喜。数年前一位母亲对我说她刚上初中的女儿成绩下降,为什么?答曰:"知道爱美了,上课总用铅笔做她的卷卷头。"(引用身边的故事,进行纵向比较。目的是要证明:过分注重外在美,反而弄巧成拙。在比较中,还能发人深省:百年前的玛丽不被美丽干扰,百年后的你,甘心做美的俘虏?)美对人来说是一种附加,就像格律对诗词也是一种附加。律诗难作,美人难为,做得好惊天动地,做不好就黄花委地。玛丽·居里让全世界的女子都知道,她们除了"身世"和"门庭"之外,还有更重要的东西。(从诗词创作的角度,感悟美与丑的微妙差异,失之毫厘,差之千里。以诗意的手法表现美的内涵,有创意!)

1852年斯托夫人写了一本《汤姆叔叔的小屋》,导致了美国南北战争的爆发,林肯说是一个小妇人引发了一场解放黑奴的大革命。比斯托夫人约晚50年,居里夫人发现了镭,也是一个小妇人引发了一场大革命,科学革命。它直接导致了后来卢瑟夫对原子结构的探秘,导致了原子弹的爆炸,导致了原子时代的到来。(再进行纵向比较。两个名不见经传的小妇人引发了两场大革命。能推动社会和科学进步的力量本身就是一种美。)更重要的是这项发现的哲学意义。哲学家说事物无时无刻不在变;西方哲人说,人不能两次踏进同一条河流;公元1082年东方哲人苏东坡赤壁望月长叹道:"盖将自其变者而观之,则天地曾不能以一瞬;自其不变者而观之,则物与我皆无尽也。"(引述东西方哲人的观点,从哲学的角度阐述物质的永恒与变化的现象。借此逐渐向更深层次的美——永恒之美过渡。旁征博引,纵横比较,使文章的思想内容博大宏深。体现作者深厚的文化底蕴。)现在,居里夫人证明镭便是这样"不能以一瞬"而存在的物质,它会自己不停地发光、放热、放出射线,能灼伤人的皮肤,能穿透黑纸使胶片感光,能使空气导电,它刹那间是自己又不是自己。哲理就渗透在每个原子的毛孔里。玛丽·居里几乎在完成这项伟大自然发现的同时也完成了对人生意义的发现。她也在不停地变化着,当工作卓有成效的同时,镭射线也在无声地侵蚀着她的肌体。她美丽健康的容貌在悄悄地隐退,她逐渐变得眼花耳鸣,苍白乏力。而皮埃尔不幸早逝,社会对女性的歧视更加重了她生活和思想上的沉重负担。

但她什么也不管,只是默默地工作。她从一个漂亮的小姑娘,一个端庄坚毅的女学者,变成科学教科书里的新名词"放射线",变成物理学的一个新计量单位"居里",变成一条条科学定理,她变成了科学史上一块永远的里程碑。(用排比句,层层推进,热情地讴歌她的科学成就和伟大贡献。再次点题。)"自其不变者而观之",她得到了永恒。"长恨春归无觅处,不知转入此中来",就像化学的置换反应一样,她的青春美丽换位到了科学教科书里,换位到了人类文化的史册里。

居里夫人的美名从她发现镭那一刻起就流传于世,迄今已经百年,这是她用全部的青春、信念和生命换来的荣誉。(照应题目。)她一生共得了10项奖金、16种奖章、107个名誉头衔,特别是两次诺贝尔奖。她本来可以躺在任何一项大奖或任何一个名誉上尽情地享受,但是她视名利如粪土,她将奖金赠给科研事业和战争中的法国,而将那些奖章送给6岁的小女儿当玩具。上帝给的美形她都不为所累,尘世给的美誉她又怎肯背负在身呢?凭谁论短长,漫将浮名换了精修细研,她一如既往,埋头工作到67岁离开人世,离开了她心爱的实验室。直到她死后40年,她用过的笔记本里,还有射线在不停地释放。爱因斯坦说:"在所有的世界著名人物当中,玛丽·居里是唯一没有被盛名宠坏的人。"(如果这是出自普通人之口,就可能有阿谀之嫌,但出自爱因斯坦之口,则是一种由衷的赞美。引用名人名言,一言九鼎,其中"唯一",更突出居里夫人独一无二的美德,令人折服。)她实事求是,超形脱俗,知道自己的目标,更知道自己的价值。在一般人要做到这两个自知,排除干扰并终生如一,是很难很难的,但居里夫人做到了。她让我们明白,人有多重价值,是需要多层开发的。有的人止于形,以售其貌;有的人止于勇,而呈其力;有的人止于心,而有其技;有的人达于理,而用其智。诸葛亮戎马一生,气吞曹吴,却不披一甲,不佩一刃;毛泽东指挥军民万众,在战火中打出一个新中国,却从不受军衔,不背一枪。大音希声,大道无形;大智之人,不耽于形,不逐于力,不持于技。(列举古今两位伟人的事例,将理性美的内涵形象化,具体化。)他们淡淡地生活,静静地思考,执著地进取,直进到智慧高地,自由地驾驶规律,而永葆一种理性的美丽。(议论。揭示达到永恒美的最高境界。照应全文,深化主题。)

居里夫人就是这样一位挺立在智慧高地的伟人。

读后悟语

读罢该文,一言以蔽之:美哉!

人物之美:居里夫人不为自身的漂亮所累,不为世俗所累,不为荣誉地位金钱所累……她淡泊,坚毅,进取,奉献……她站在美的最高境界,这是一种理性化的美,永恒的美。

气象宏大之美:文章在有限的篇幅内,容纳了文化、艺术、科学、哲学、历史、社会等方面的美学含量,赋予"居里夫人永恒之美"博大而深刻的内涵。

格调高雅之美:读完文章,给人一种荡气回肠之感,字里行间流动着一种崇敬礼赞之情,而且情到深处,还带有一种顶礼膜拜之意。这就是行家所说的:要写出好文章,首先有激情。

语言之美:文章的语言优美典雅,达到了诗化的意境。

众星拱月(也叫烘云托月)

本文采用了众星拱月的艺术手法。

所谓"众星拱月",就是让星星(其他人或事)和月亮(主要人物或主题)交相辉映,从而更加突出主要人物和深化主题。

文章选取了居里夫人从少女到老年各个时期感人的事迹,从正面展示她独特的人格魅力,这种魅力,如明月当空,光辉千秋;又选取了李清照、伦琴、贝克勒尔、宋玉、范仲淹、苏东坡、斯托夫人、爱因斯坦、诸葛亮、毛泽东等古今中外名人的事迹或言论,他们在历史上的贡献和作用,恰如天上的星星,熠熠生辉。这样,用他们人性美的光辉,从侧面衬托居里夫人跨越百年之美,从而揭示了永恒美的丰富内容和深刻内涵。

尊严是山 尊严是水

康 延

1995年春,珠海瑞进电子公司跪倒了一大片打工仔打工妹。

只因为一次破例的10分钟休息,工人们高兴得忘了韩国老板金珍仙定下的铁规矩:休息时一律列成4队离开车间。

许多工人当时不愿跪下,金珍仙拉起一位女工,推倒她的凳子;跪下,谁不跪下,我叫全体车间工人跪一天! 女翻译译话时连老板的腔调也译了出来。

一位18岁四川打工妹后来说:"当时我不知道怎么办,我害怕。"她一跪下就哭了。

唯一拒绝下跪的是一个22岁的小伙子孙天帅。金珍仙一遍遍地命令他,金的亲信一次次地劝说他,但他站着。

金大吼:不跪就滚。孙天帅把凳子甩了,大踏步走出去,一直走到市劳动监察大队。后来随他愤然辞职的有十多人。

韩国老板金珍仙终受到舆论和法规的处罚。

孙天帅回忆那一幕说:"我只有一个念头:死也不能跪! 我是有人格的中国人!"孙天帅现在可能漂泊着寻找另一份工作。

一位受到职业中专教育的打工妹说:"当时看到姐妹们跪在那里我十分痛心,真想站起来撕掉厂牌一走了之,但一想到面包……"

在最需要尊严的时候,往往也是尊严沉重得难以用身心扛起的时候。支撑它,需要生存的信念,也需要维生的衣食。(孟子早就认为,生命与正义如果不能两全,"舍生而取义者也"。唯有正义才有尊严;没有尊严,生命有何意义?)

这是一位编辑朋友叙述的故事：

一辆长途空调大巴行至野外时，突然停了下来，司机和卖票人口气强硬地要加收5元交通费。一车人哗然，责问，抗议。卖票人不再解释，开始狠狠逼视着头座的乘客，那小生意人模样的中年汉子嘴里嘟囔着破财消灾之类的牢骚，把钱掏了出来。接着，一个个乘客虽极为不满却不得不如数交纳，稍有迟误或推诿的，反倒有别的乘客催促：快点吧，别耽误了开车。

钱收到车尾一位少妇面前，她衣着华丽、气质典雅。她的视线从窗外移到车内，平静地问："凭什么交这钱？""少废话，我说交就交！"

乘客们七嘴八舌劝少妇：算了，交吧，看你也不像缺这5块钱的人，交了赶路。

少妇微微叹了口气，转过头继续看着窗外。"你他妈的交不交？"仿佛受到众人鼓励的卖票人吼道。没有回答。车上很静。"啪"的一声，少妇脸上挨了一巴掌。她端庄的脸庞被打得歪向一边，然而却固执地转过来，直视卖票人。卖票人的手耷拉下来，所有的人都感觉到少妇如水的平静中有一种震慑人心的美和力量。

她绝不是没有5元钱。她不肯出让的只是那种苟且偷生者随随便便就会付出的尊严。

车开了，载着一车屈服的人和唯一一个不屈服的女人。(古人有"不为五斗米折腰"，今人有"不为五块钱低头"。选择随波逐流的勇气人人都有，选择为尊严抗争的勇气就不是人皆有之。堂堂的男子汉们，汗颜否？)

我从小对救护车、警车和救火车的鸣笛声，心颤并敬畏，会联想到这世上不知谁家又遭难了。而每看到那一刻路口所有的车辆都自动停下让道，就觉得人类有秩序和大义真好。

人口多了，城市大了，车流密了，来访的贵宾频了，加上能鸣笛的车多了，街上的警笛声也就此起彼伏起来。我对笛声的那种情绪虽是淡了些仍是不改。直至有一天报上有关部门说，没有什么紧急公务的车辆不得鸣笛。

我大吃一惊。这般惊街骇人的警笛也可无事乱鸣吗？我真担心某天听到的警笛声是某人要急赶着去机场接丈母娘或是去某单位急着分生猛鱼虾。

人性的堕落，常常从无视公理开始；社会的尊严，常常因权力滥用萎缩。(尊严需要建立，尊严更需要维护。)

如果你要看一座城市的美丽，注意她的少女；如果你要看一座城市的文明，注意她的交通秩序。

在这座城市的十字路口，我许多次看到许多人在红灯下小鹿般躲躲闪闪地穿过斑马线或任何缺口。带头的人仿佛得了什么便宜似的诱得后边人一窝蜂地跟上，以致将绿通道上的车流堵塞。而机动车也常在无警察少行人的路口突然加大马力冲过红灯。恶性循环，人人想快的路口慢了人人。自动红绿灯下平添了警察。在现代都市里，人们幼稚成不听话的孩子。

有天夜里我去机场送人后乘出租车归家，城外路上，行人已稀。司机一路飞驰，准备尽早收车。然而每碰上路口红灯，他都会急停下来，即使交错方无车通过。

我探问道：没警察没行人，闯过去算了。

他摇摇头。他说灯是司机的法，他已习惯这样等候了。他曾在香港亲戚那里住过两个月，那边大马路上夜行车没有遇到一车一人时，也要在红灯下站住。

好吧，我们就在这红灯下站住，站成一个社会、一个城市、一个人易失也易得的尊严。（多么平凡的举动，尊严就在这一霎间闪光。）

美国早期获奖电影《似是故人来》叙述了这样一个故事：

一座南方农场主的妻子等了8年，丈夫战后归来。她察觉了他的异样，但她已迷恋于他男子汉的气息。他热爱家园，尊重每一个人，包括黑奴。为让穷雇工们种上能赚钱的植物，他要筹措一大笔钱去买种子。在众人怀疑的目光里，是妻子第一个将首饰献出来，众村民们纷纷拿出家中唯一的值钱物。几个月过去，在众人渐已绝望时，他疲惫而兴奋地带回种子。植物历经枯萎、虫害终获丰收，他也赢得村民们的一致爱戴。这时，他突然被拘捕，有人指证农场主从前曾在一次酒吧斗殴中杀人。另有人说他是冒充的农场主，他原是战场上的逃兵，游手好闲的无赖，曾以建校舍为名骗取过某镇1000元的集资。而妻子为了救他也不得不说出了真话：他不是她原来的丈夫，缘由是他比原来的丈夫更爱她。法官则暗示他有两种结局摆在面前：承认是农场主而上绞刑架；承认冒充只会受些刑罚之苦。

其实，他只是长得酷似那位农场主，两人曾同狱四年，是农场主临死前希望他照料他的家园和妻子。来农场后，他被爱所感动，他只想有个家，他要用汗水洗刷往昔的耻辱。但当他汇拢了上万元的资产去买种子时，又差点被金钱诱惑，是爱和信任促使他归来。他，已不是原来的自己。

在法庭上,出乎所有人的意料,他否定了妻子的证词。他认为失去这个姓名无异于失去生命,他和她才生的孩子会变成野种;他痴爱的妻子会因此蒙上羞辱;满怀希望的雇工们同他签订的售地契约将成一张废纸;而往昔的无赖就会重新砸在他的头上。

在妻子和乡亲们的泪光里,甚至在法官无奈的叹息里,他缓步走向绞索,为另一个人担当罪名,为自己保全荣誉。(尊严值得用生命来交换,为自己,为别人。)

尊严实实在在地重过了生命。

村民们为他精心制了墓碑,永远地认可了他。

读后悟语

尊严是文天祥拒绝降元时的壮丽诗篇,尊严是江姐走上刑场时那一袭朴素的旗袍,尊严是朱自清对美国救济粮的不屑,尊严是失去国土的人不惜用生命交换的代价。

尊严是申奥成功后的泪水与欢笑,尊严是杨利伟在宇宙中的挥手与问候,尊严是保钓人士被无条件释放,尊严是世界对中国人民的刮目相看。

本文在选材上颇有代表性,既有广为人知的新闻报道,又有来自生活的平凡人的故事,还有引自影视作品的内容,这样广泛的取材,增加了文章的可读性。

本文的语言平实准确,虽无惊心动魄的震撼力,但其含蓄隽永的风格却令人回味无穷。这些朴实无华的语言,一如作者笔下的那些平凡而自尊的人物,令人肃然起敬。

悠然看人生

邹扶澜

躺在草坪上的女郎

夏日的午后，日光朗朗的，但不毒热。

一个女郎仰躺在草坪上，戴一副太阳镜，她裸露的修长的双腿微微交叠着跷起，两手枕在颈下，那么娴静、自然，如一幅绝美的图画。而不远处，清凉的风正从海面吹送来阵阵海藻的气息。

草坪的另一边，相隔十几步远，躺着一个乞丐，他衣衫褴褛，破草帽晾在一边，嘴里叼一根烟斗，吧嗒吧嗒地抽着。

一个高个子警察逡巡了好久，还是走了过来，弯下腰向女郎温和地说："小姐，很对不起，我必须提醒你，现在，你正和一个乞丐躺在同一块草坪上。这样，很不雅观，更有失您的身份。"

女郎稍稍侧转了一下脸，不屑地一笑，道："谢谢，我早就看见了，这对我没有什么妨碍，我觉得躺在这儿很好。"说完，她只管晃动两条玉腿，又陶醉在自己的世界里去了。(太阳对世界万物同样慷慨，享受不了的人并非因为身份低微，而是因为自己拒绝罢了。世界上的荣辱美丑本在一念之间，存一颗悠然的心，自然能尽享美好，反之，就是庸人自扰了。)

这使我想起庄周的一个故事：庄子站在桥上，看着水里的鱼儿入了神，情不自禁地说道:"这些鱼儿多快乐!"

惠子站在一边问道:"你不是鱼,怎么知道鱼是快乐的呢?"

庄周反问道:"你不是庄周,怎么知道庄周不知道鱼的快乐呢?"

阳光均等地洒在大地的每一个角落,但对于那些内心灰暗的人来说是永远感受不到的;相反,只要你的心一片澄明,只要有爱在其中流淌,即使处于污秽脏乱之地,阳光照样可以盈盈地装满心田,让你感知到流水般的明快、跳跃和欢畅。(语言优美,意境开阔。作为点题的句子,虽不至于振聋发聩,但其恳切实在的语句就像潺潺溪流,进入读者的内心深处。)

暖暖的午后,大海岸边,一个女郎躺在草坪上,望着天边的云彩发呆,她的不远处有一个乞丐。我愿意做那个乞丐,同她一起感知那份独特的美丽与温情。

站在山腰看日出

有一个"访戴"的典故,说的是晋朝书法家王羲之的儿子王徽之。有一年冬夜,王徽之一觉醒来,看见屋外一片洁白,思绪顿时为之一振,命人备酒,在雪地里边酌边徘徊行走。忽然,他想起远方的一个朋友戴逵,便连夜坐着小船前往,小船行了一天一夜,才到达朋友居所。王徽之到了戴逵的门前,举手欲叩,却突然改变了主意,让人摇船返回。从人不解,他道:"我本是乘兴而来,兴尽即归,又何必要见到他呢?"(出人意表的结局,尽显王徽之的率真性格,令人读后不禁莞尔,乘兴而往,尽兴而归,兴之所至,人生无憾。这就是个性之美,这就是人生之乐。)

所谓兴致,并不一定要有具体的声色相佐,美酒佳醪相伴,更不一定要借此达到什么目的和结果。只要胸中有"丘壑",一草一木即成风景,无风无雨亦能娱情。很多时候,我们往往就是单纯追求结果而忽略了享受生命的乐趣;譬如工作,如果你带着热情去做,而不将之当成赖以糊口的依靠,那么重复的日子一定不会那么枯燥乏味;再如旅行,如果你倾心留意沿途的风景,而不单单将思维限定在某个区域或景点,那么你的旅程将变得更加轻松愉快……

人生也是一个旅程,如果能够乘着兴致同行,不管路途多远,都是幸福而饶有风味的。生命又是短促的,无常的,没有一个人敢保证自己能够活到明天,所以每个人都应该学会珍惜,学会充分利用生命的价值。("学会珍惜,学会充分利用生命的价值",这才是一语中的!我们不要把厚脸皮曲解为悠然,我们不能对浪费生命而无所谓的行为看作悠然。创造奇迹,享受生命的精彩,这才是悠然!)

东汉名士郭太,一次在街上行走,看见一个人肩上挑着的沙锅坠地摔碎了,就上前问他:"你的沙锅摔碎了,你怎么连看都不看一眼呢?"那人道:"既是已破,看也无益。"兴致来时如疾风,去时当如骤雨,一味地缱绻留恋,勉强从事,只能徒增遗憾和无聊。换句话说,如果乘兴而作体现的是一种洒脱奔放的生活情趣,那么兴尽即归体现的则是果敢、利落、勇于放弃的生活态度,蕴涵着处世济身的大智慧。

如果有一天,清晨起来,你突然想到泰山顶上看日出,沿着石阶走了很多层,清脆的鸟鸣和清新的空气已足以让你惬意万分,那么,你尽可以将你的脚步打住。站在山腰看日出一点也不逊色,展现在你眼前的未尝不会是一道绝美的风景。你没有必要将自己搞得太累,太牵强,你要做的是唱着歌下来,悠然地走好下山的路了。

守住心中那片蓝

日本的白隐禅师,道行高深,负有盛名,他的故事流传的很多,其中最有名的是这样一个:白隐居住的禅寺附近有一户人家的女孩怀孕了,女孩的母亲大为愤怒,一定要她找出"肇事者"。女孩用手朝寺庙指了指,说:"是白隐的。"女孩的母亲跑到禅寺找到白隐,又哭又闹,白隐明白了怎么回事后,没有做任何的辩解,只是淡然地对女孩和她母亲道:"就这样吗?"孩子生下后,女孩的母亲又当着寺院所有僧人的面送给白隐,要他抚养。白隐把婴儿接过来,小心地抱到自己的内室,安排人悉心喂养。多年以后,女孩受不住良心的折磨,向外界道出了事情的真相,并亲自到白隐的跟前赎罪。白隐面色平静,仍是淡然地说了句:"就这样吗?"

轻轻的几个字,包含着多少的威力和内涵!什么样的魔墙不坍塌,什么样的利刃不钝折,什么样的操行敢与之齐肩?面对诋毁和陷阱,有的人畏惧,有的人抗争,有的人处之泰然,更有的人不闻不问,依然故我,一副闲云野鹤之态:风来拂面,不着痕迹;雨来刷身,不觉清凉。合目独立,内心一片湛蓝,一天的湛蓝。(一连串的排比句,尽显苍生百态。唯有这样,才突出白隐禅师的真本色。)

世事冗杂反复,不虞之事甚多,很多人都学会了明哲保身,小心从事。这就是有人所谓的鱼的哲学:水底的鱼儿,危机四伏,一方面要巧妙地躲避大鱼的侵袭,一方面又要偷闲自由自在地游弋。做到这一点就是一条明智的鱼,一条能长大的鱼。

白隐不做那条鱼,他宁做海底的礁石,固守住心中的炽热和坚硬,让时间去考验,让沙浪去淘洗,等到所有的水退去,露出的才是自己真正的本色。("清者自清"这句话在白隐禅师身上有了恰当而实在的诠释,泰山崩于前而不变色,如此定力,若不是绝对的问心无愧,岂能拥有?"悠然看人生",内心的澄清是不可缺少的因素。)

这本色,是生命的原色,让所有沾染世俗而不得不失去一些自我苟且生存的人羞愧汗颜又倍觉渺小。

谁能说白隐不明智?他的智,是大智,是佛智,无人能及。

读后悟语

本文选取了三个小故事,以典型的事例很好地告诉读者,"悠然"来自观念的平等,来自内心的无愧,来自心中的澄明。悠然看人生,人生才精彩。这道理看似简单,实则不易。

本文语言看似平淡,却又含蓄隽永,在天高海阔之中,使人领悟深刻的道理。

本文的语言虽平淡,但值得一提的是文中点明主旨的议论性文字:"只要你的心一片澄明,只要有爱在其中流淌,即使处于污秽脏乱之地,阳光照样可以盈盈地装满心田,让你感知流水般的明快、跳跃和欢畅";又如:"生命是短促的,无常的,没有一个人敢保证自己能活到明天,所以每个人都应该学会珍惜,学会充分利用生命的价值"。这些话在每一个引用的故事之后,既点出了主旨,又具有震撼力,堪称点睛之笔。

另外,本文旁征博引,使人感到作者的知识面之广,也是值得学习的一个方面。

我喜欢

张晓风

我喜欢冬天的阳光，在迷茫的晨雾中展开。我喜欢那份宁静淡远，我喜欢那没有喧的光和热。

我喜欢在春风中踏过窄窄的山径，草莓像个精致的红灯笼，一路殷勤地张结着。我喜欢抬头看树梢尖尖的小芽儿，极嫩的黄绿色里透出一派天真的粉红。(巧用比喻和拟人，富有情趣——一个热爱生活的人才有的情趣。)

我喜欢夏日的永昼，我喜欢在多风的黄昏独坐在傍山的阳台上。小山谷里稻浪推涌，美好的稻香翻腾着。慢慢地，绚丽的云霞被浣净了，柔和的晚星——就位。

我喜欢看秋风里满山的芒。在山坡上，在水边上，白得那样凄凉，美而孤独。("凄凉""孤独"也成了美，也成为"我"喜欢的原因了。没有对生活的热爱，不会有这样独特的感受。)

我也喜欢梦，喜欢梦里奇异的享受。我总是梦见自己能飞，能跃过山丘和小河。我梦见棕色的骏马，发亮的鬃毛在风中飞扬。我梦见荷花海，完全没有边际，远远炫耀着模糊的香红。最难忘记那次梦见在一座紫色的山峦前看日出——它原来必定不是紫色的，只是翠岚映着初升的红日，遂在梦中幻出那样奇特的山景。在现实生活里，我同样喜欢山。我喜欢看一块块平平整整、油油亮亮的秧田。那细小的禾苗密密地排在一起，好像一张多绒的毯子，总是激发我想在上面躺一躺的欲望。

我还喜欢花，不管是哪一种，我喜欢清瘦的秋菊，浓郁的玫瑰，孤洁的百合，以及幽闭的素馨。我也喜欢开在深山里不知名的小野花。我十分相信上帝在造万花的时候，赋给它们同样的尊荣。我喜欢另一种花儿,是绽开在人们笑颊上的。当寒冷的早晨我走在巷子里,对门那位清瘦的太太笑着说:"早!"我就忽然觉得世界是这样的亲切,我缩在皮手套里的指头不再感觉僵硬。到了车站开始等车的时候,我喜欢看见短发齐耳的中学生。我喜欢她们美好宽阔又明净的额头,以及活泼清澈的眼神。(爱自然景物不难,爱人类社会不易,惟其积极入世的情怀,才能感受人类所独有的亲切与美好。)

我喜欢读信。我喜欢弟弟妹妹的信,那些幼稚淳朴的句子,总使我在泪光中重新看见南方那燃遍凤凰花的小城。最不能忘记那年夏天,他从最高的山为我寄来一片蕨类植物的叶子。在那样酷暑的气候中,我忽然感到甜蜜而又沁人的清凉。

我特别喜欢读者的来信。每捧读这些信件,总让我觉得一种特殊的激动。在这世上,也许有已透过我看见的一些东西。

我还喜欢看书,特别是在晚上。在书籍里面,我不能自抑地喜爱那些泛黄的线装书,握着它就觉得握着一脉优美的传统,那涩黯的纸面蕴含着一种古典的美。历史的光芒,人物的迭代本是这样虚幻,唯有书中的智慧永远长存。

我喜欢朋友,喜欢在出其不意的时候去拜访他们,尤其喜欢在雨中去叩湿湿的大门。当她连跑带跳地来迎接我,雨云后的阳光就似乎忽然炽燃起来。

我也喜欢坐在窗前等他回家,虽然走过我家门的行人那样多,我总能分辨出他的足音。如果有一个脚步声,一入巷子就开始跑,而且听起来是沉重急速的大阔步,那就准是他回来了,我喜欢他把钥匙放进门锁的声音,我喜欢听他一进门就喘着气喊我的名字。(有一个值得等待的人,才是一切"我喜欢"的源泉吧。)

我喜欢松散而闲适的生活,我不喜欢精密地分配时间,不喜欢紧张地安排。我喜欢许多不适用的东西,我喜欢旧东西,喜欢翻旧照片。我喜欢美丽的小装饰品,像耳环、项链和胸针。我喜欢充足的沉思时间。我喜欢晚饭后坐在客厅里的时分,我喜欢听一些协奏曲,一面捧着细瓷的小茶壶暖手。当此之时,我就恍惚能够想象一些田园生活的悠闲。(多么平凡,多么琐碎的事,可在忙碌紧张的都市人的眼中,却又多么的吸引人!)

我也喜欢和他并排骑着自行车,于星期天在黎明的道上一起赴教堂。朝阳的金波向两旁溅开,我遂觉得那不是一辆脚踏车,而是一艘乘风破浪的飞艇在滑行。

我喜欢活着,而且深深地喜欢在我心里充满着这样多的喜欢!("喜欢活着"多么简单,多么令人震撼。)

读后悟语

　　这是一篇非常优美的散文。作者热爱生活，积极乐观的个性给读者极大的感染力。虽然文章选取的只是生活中极其平常的事物：春、夏、秋；梦、花、信；看书、交朋友、等人、摆弄小东西……这些平凡得让人忽略的事物，因作者对生活的热爱而充满诗意，令人羡慕。读罢全文，你会被作者积极的人生态度所感染。像她那样热爱生活，关注生活吧，你的生活也会因此变得更美好！

　　本文的写作风格独特，全文共十五段，均以"我喜欢"、"我也喜欢"、"我还喜欢"开头，热情洋溢，这种排比的写法能增加文势，值得学习。

　　本文擅长使用排比、比喻和拟人等修辞手法，既增文采，又富情趣。

　　以短句为主的句式使文章节奏明快，朗朗上口。

弯人自述

陈 村[*]

三十七年前的今天，本人来到这个世界——四肢活跃，身材魁梧，声音洪亮，食欲旺盛。这样的小孩人见人爱，想必立刻收到许多即兴的评论。我记不清了，自己当时是否沾沾自喜。要是当时就知道，时过三十余年，自己将成为一名把握曲线美的"弯人"，婴儿的我是否还会得意地晃动着那个大头?(注意这种自述的口吻，调侃、自嘲。)

母亲爱听旧戏，戏中有句唱词："官人好比天上月"。我说"弯人好比天上月"。自然，不是元宵中秋般的圆月。仿佛是一次月全食，地球的暗影袭来，蚕呀么蚕食得紧，后来，只剩得一个月牙儿——那就是我。齐白石笔下的虾，嬉戏浅水，一伸一收，在收的那一刻定格——那就是我。西方一位名叫丘比特的爱神，背着一对小白翅，飞来飞去发人情思，手中所持的那张可爱的神弓——那就是我。天上的彩虹，地上的河曲——那就是我就是我。(齐白石笔下的虾，丘比特手中的弓，天上的虹，地上的河，多么美丽的事物! 可一旦被比喻为人身体特征的时候，该是多么的不幸! 可作者硬是把自己的残疾比喻成这些美丽的事物，其乐观的心态，可见一斑。)

────────────────

*陈村，生于1954年。原名杨遗华，回族。出生在一个贫困的家庭，1971年到安徽无为县板桥公社插队务农。"由不适应到适应，又到更不适应。……遭遇了一次死，却没死透，元气大伤地回了城。"1975年考入上海师范学院，毕业后任职校教师，后来成为专业作家。他与北京的史铁生一样，都是因在农村插队务农时生病而造成残疾。

出于自爱，我通常只以较为美丽的事物自比。这样，自己弯起来的同时，仿佛也占有了永恒、壮阔、鲜活、精灵之气。我鼓励读者有这样的误会。(读者不会误会，更不会嘲笑。)

俗话说：弯人不是一天造成的。说得真是对极了！有道是百炼成弯，有道是拳不离手曲不离口弯不离身。只要功夫深，直汉弯成弓。我们的黄河，不就是这样形成的，东弯西弯，弯成了万里黄河。

弯了之后，第一个好处是和任何人都有了永恒的话题，而且从来不必备课。比如他问："你这腰，好像扭了？"我就答。答的词不是"扭了"就是"伤了"、"不得劲了"、"不方便"。接下来一定是"怎么不去看看？"我答些世情再答些科学。几问几答之后，俨然成了熟人。而且，提问的总是学生。如果学生不提问，我就自问自答——我当教师时经常这样，所有的教师都这样。我的病真是生对了，不是那种难言之隐，要去请教电线杆上的"香港老军医"。这种病在任何场合说起来都是很雅的。脊椎是堂堂正正的骨头，不像有些组织通往不三不四的地方。这个病的全称是"强直性脊柱炎"。强而直，本也不是坏词，比起"肿毒"一类词好听得多。(身是弯的，骨头是直的，心是要强的。)此病的又一个好处是生得醒目。除了我女儿尚以为当父亲是要弯一弯的，其余的都一目了然。有些病要靠病人自己去宣传，比如胃疼、脚癣、早搏。就说胃疼，一直等到疼得弯下腰，人们才会关切。其实，人们是被弯腰的姿势唤起了同情。而我总是弯着腰，胃还偏偏不疼。可见，生病要生得巧。(脊椎弯曲还有好处：与别人有话题，容易与人熟络；病称好听，用不着避讳；生得醒目，一看就知道病因；使人同情，受人照顾……身患残疾竟找出这么多优点，既引人发笑，又使人心酸。)与我共同生活的人总是一再被人们提醒，要好好照顾我。面对这种人道主义的关心，他们除了说"这是应该的，我已这么做了"，还能有什么别的回答呢？家庭生活中，不聪明的人总要逞强，以势压人或以理服人。我反其道而行，公开地明白地称弱。老子曰："知其雄，守其雌，为天下蹊。为天下蹊，恒德不离。恒德不离，复归于婴儿。"[取自《老子·二十八章》，意思是说：虽然深知什么是雄强，却安守于雌柔，甘愿作天下的蹊沟(最低下)。成为低下的蹊沟就不会离开永恒的道德，人就回复到单纯天真的纯儿状态。]老子又阐述过"柔弱胜刚强"的哲学。从一滴水看太阳，老子确实很伟大。

其实我也很伟大。

我的身上无时无刻不产生哲学。

我的病，据说是由于免疫系统信号错乱，将自身当做入侵者来攻击。这才是真正的自相矛盾。可怜我的亲爱的脊椎骨,一个个被自己攻无不克的攻击力干掉了。这应验了那句老话:堡垒总是从内部攻破的。更可怜的是医学界,至今未能抓获人体内的叛徒。叛徒像电脑病毒一样潜伏着,很可怕。

尽管没当成老子,我还有另一次伟大的机会,当一名中国的卡夫卡。[卡夫(1883--1924),奥地利小说家。他的名著《变形记》讲一个人突然变成一只甲虫后的种种经历,在荒诞中包含了深刻的哲理。]

没人知道我面对《变形记》是何等的沮丧。我就是那个格坦克高尔·萨姆沙,我就是那只无可奈何的甲虫,是我而不是卡夫卡的脊背背叛了自己。我拥有当一只甲虫的全部感觉。可惜我生得太晚了。假如我要创作,只能创作动画片,像《忍者神龟》一样的卡通,爬过来爬过去。

是不是想试试?

既弯之,则安之。

如果有意识地寻找,像找男子汉一样用点力气,弯其实是一种境界。

还是老子在说:"曲则全,枉则正,洼则盈,敝则新,少则得,多则惑。"

[见《老子·二十二章》,意思是说:委曲才能保全,屈就之后便能伸直,低洼之处能盈满,破旧能更新,少取能多得,贪多反而使人迷惑。]

弯更是一种审美趣味。

赵州桥(赵州桥在河北赵县城南交河上,是我国最古老的单拱石拱桥。)是立体的一例,高高拱起,占了天时,青史留名。九曲桥(九曲桥在上海豫园门前)是平面的另一例,水平摇曳,尽了地利,游人如云。现代人提倡亲爱自然,粗粗一想,凡自然的造物,没见过笔直的一根。遥想人类当年,四肢趴地,长背向天,臀圆颅方,天然生趣,何直之有?平而致曲,直至后弯,大到天体,小到心术,莫不如此。这么一想,实在不必妄自菲薄。人生难得一回弯呢。

话虽这么说,初弯之时,心里尚且想不开。一次大病,长久卧床,亏得家人照顾医生用心,慢慢好转,试着下床。心想从此可以站起来,不免高兴。谁知站着总是别扭,去镜前照照,站是站了,站得较弯,一点潇洒全无。

在去医院的路上,看着直来直去的路人,心中好生羡慕。触景生情,闷闷不乐。挂完专科门诊的号，去候诊室排队，忽然发现一部分人已经先弯起来了。真是一个好消息！心中的郁闷一扫而空。

记得有个笑话，说有个口吃的人问别人"现在几几点钟？"，那人不答，问再不答问再不答。口吃者以为他是聋哑人，就不问了，走了。他走，那人"唉"了一声。一旁有人问，刚才为什么不回答。他说："历历史的经验值得注注意。"他也口吃，过去回答口吃者，被认为是取笑对方，挨了耳光，历史的经验确实值得注意。我不和与我同病者一起前进，以免被看成半只书名号。更不与之站在街头聊天，否则像阿Q和小D，影子在墙上映出一道虹。那时，是否要来个新的笔名——半虹？

过去看老头爱背着手踱步，心里不解，以为是要摆摆派头。现在才知，人一弯过去，重心就向前了，要做出一个天鹅之死的姿势来平衡。我从不站着抱女儿，而是背她。她像起重机的压铁，帮着我省力。像我这样的人，实在应该去打篮球，始终是努力向前的模样，教练一定喜欢。假如我勤快一些，坚持散步，一定能致富，因为地上的钱无疑是我首先发现。(用调侃风趣的笔调写了好几个例子，作者的积极乐观表露无遗。)

还是回到医院。过去，我见到医生总有说不出的自卑感，我像一名"可以教育好的子女"等候盘查。如今，我是再也教育不好啦，神色就有点不逊。医生照例还是很神气。我敲敲自己的骨头，意思是"你会看吗？"他当然不会。他要是会看此病早就出大名发大财不会坐在这里。然后我就报几个药名，由他来抄方子。这样，上医院的感觉好多了。

我当然是个与众不同之人，所以，从不染指奇装异服。本人就是奇装异服，只此一件，永不磨损。一个人如果弯起来的话，的确十分耀眼。想当明星而四处碰壁者，不妨一学。虽然没人在床头挂自己的尊容，虽然不被抢着握手，请去电视上做如泣如诉的广告，明星效果还是有一点的。本人只要上街，自信必有人观赏，所以从不在服装发式上费心，天长日久，更不计较并计算什么"回头率"。

何况，回头看我的人，目光中是绝对没有邪念的。

有一次我赶火车去外地，身背结结实实的一个包，腰间引出一副耳机。途中换公共汽车三辆，经过隧道时将耳机戴上，听听这洞中可有无线电波。车是出奇的空，好几位乘客在看我。见我对视，忙将视线低下去。过了一会又看。我实在是被看惯了，心里非常坦然。下了汽车，阔步通过大厅、候车室、月台，等到在自己铺位上坐下，才发现身上那条关系到文明的拉链不曾关闭。好生凉快。

要是换一个人，会有我的空城计的气魄么？

还是在汽车上。

我怕坐公共汽车。人一弯，占的体积就大。自从成为弯人，才知道上海的乘客们是如何地丝丝入扣。他们容不得我的奢侈，一波一波地要将我弄直。要是真的能直，我早就直着走上来了，还用得着费大家的力吗？

接着就是怕站在姑娘的身后，尤其是梳一根马尾巴的那种姑娘。姑娘稍不满意就摇头晃脑，将马尾巴甩东甩西地赶着苍蝇。本人的整根脊柱像那泰山顶上一青松，无法避让，只好以手隔面，似乎害羞。姑娘常常并不因此而饶人，总是将眼睛白过来，白得快时简直就是浪里白条。然而，我还是一青松。我常在心里对她讲：你说呀，说呀。她一说我就能解释，化马尾为垂柳，柳浪闻莺，人间天堂。可是，汽车上的战斗往往是无声片，撇撇嘴白白眼就结束了。为此，我尽可能不乘公共汽车。让无名的姑娘生气，于心不安。

此外还有难堪。在车上，一对恋人相视轻语。我身后的大力士一使劲，就出现了一个第三者。我的头伸在两位之间。我充耳不闻，你们尽可以说下去。你们可以将我看成一根石柱，卢沟桥上的那种，柱头刻着个石狮。你们说下去。我决不打搅你们的心肠。我与石狮的差别只在于我会出汗，汗狮。有时，也真的有人说下去，多半是小伙子，他已深入目中无人的境界。说到不聪明的地方，我很想代他说。我是小说家，一向很会说。可是我必须沉默。人们不回避石狮，就因为它沉默。

依然是公共汽车。汽车是个出故事的地方。等到有一天，我们大家都有了自备汽车，我们会想念那段过去的坏时光吗？在车上，曾有人给我让座，我也给别人让座。但是，相濡以沫，不如相忘于江湖？[《庄子·大宗师》："泉涸，鱼相与处于陆，相呴以湿，相濡以沫，不如相忘于江湖。"意思是说：泉水干了，鱼儿就一同困在地面上，用湿气互相嘘吸，用口沫互相湿润，倒不如回到江湖中彼此相忘。]

无论社会发展到什么时代，我总会记得公共汽车上的一则故事。

那是白天。我上车后站在一个身材高大的男子之后。车不算太挤，没到只用一只脚站的地步。后来就有点挤了，我贴向高大的男子。忽然发现他抱着一个婴儿，婴儿伏在他胸前睡着似的。我高举双手撑住扶手，不叫自己挤了他。大家都不容易是不是。在拥挤的车中，总嫌车开得太慢。

不知过了多少时间，婴儿慢慢抬起头，脸对着我。我看见一双只有婴儿才有的大眼睛，眼圈涂有眼影。她的目光有点迷惘，像在看我，又像没看。我和她面对面，相距不过半尺。心里一惊，停了停，才想到闭目念佛。过了一会，我睁开眼，她正抬着头，眼神依然迷惘。她的男友的右手拢着她。我从不跳舞，没有如此近地与陌生异性对视的经验。面对美丽的脸庞，只好再闭上眼睛。车停站，赶紧躲开，要不然真会打架的。为这样美丽的姑娘打架十分值得，可惜我又打不过人家。

我总是很谦逊地低头弯腰。人要是仰着头，很有点目中无人的神气。而低头像沉思也像反省。要是早生一二十年，我这种人是要挨斗的。我预先培养成这般姿势，斗起来也许少吃点亏。风度其实是不重要的，谦恭才更被人们赏识。这个道理，日本人最懂。但是我不笑，连微笑也不。男人总在微笑，看起来有点不正经。而我是最正派的，从不回头看侧身而过的美人。回头率爱好者见了我只好昏过去，本人永不回头。

而且，本人既不点头也不摇头。好像旧时的皇上，批一句"知道了"。不必再问。

在大学，我免修体育。谈恋爱，我从不将腿走得贼酸(东北方言，即特别酸的意思)还一溜小跑。去登记身份证，工作人员难以确定我的身高。本人只论身长不论身高。早上高一些，晚上矮一点，最后只好折中算了。爬山是我所爱，我常常走不动楼梯，病得猖狂时拉着扶手像拔河一样将自己拔上去。但我却能爬山，见到山就精神了，拄一支杖勤勤恳恳地爬。等我登上山顶，就想：山，我是弯着爬上来的。山应该羞愧。本人在爱的战线上一向成绩平平，就想，弯着尚且如此，一旦直起来是何等潇洒何等魅力，只怕会忙不过来！于是罢了，就弯着吧。

当然也有苦处。晚上睡觉，侧身要一个枕头，平卧要两个枕头。初睡要两个枕头，睡醒只要一个半。弄得枕头很忙。我曾起用空气枕头，可升可降，非常快活。可惜用不久就告了乏，吹气放气常要操作，吹气吹得肺气肿，放气时声音不雅。于是君子不取。

还有一苦是难以想象的。

电影上，情人接吻，两个脑袋如中国的纸扇一开一合，煞是好看。有心想学学不来，只好不变应万变，永远的中正式。好在这样的幸福时刻不多，也就免得常常伤感。

我最大的心病是死后。

只要不是被腰斩，我死起来就有点麻烦。如果也开追悼会，招来亲朋好友恩人仇人，一个个沉痛得肃穆。没想到我来也，躺在车上被推将出来，上身欠起，面带微笑，两颊扑着红粉，是个和众人打招呼的样子，这岂不是闹鬼么？要是吓死个把人，我的罪孽就深重了,地狱因此要加到十九层。 (身体弯曲当然不方便,作者偏偏举了这么有趣的例子,真令人忍俊不禁,使人强烈地感受到作者的豁达与幽默。)

一个人活不好倒也罢了,要是死也死得折腾,没意思了。一个人活着出点风头也罢了,安息之时却像要坐起来,这个风头出得太大了。

为此,心有不安。

不知为什么,我在梦中经常奔跑、跳跃。我常常当上足球运动员,脚下功夫当然杰出,头球也十分了得。醒来之后,不知身在何处。

医生从来嘱咐我睡硬板床,我偏买来软床。我有自己的理论,如能在软床上睡平已是本事,然后可以论硬板。初学围棋,得了几个手筋,便找九段高手挑战,岂不是找死?

去年因眼睛住了一月医院。不能看书,就操练起来。在那张较硬的床上撤去枕头装死。当然疼得很,于是听娜娜·莫斯科里(希腊著名女歌星。)的歌镇痛。很久,忽然砰的一声,全身一震,一节骨头打开了。这对我犹如一声春雷。经过苦练,再躺下去,不多时便听到一串春雷。站起来看看,人直了许多,几乎能冒充含着胸的直人。我将双手抱在胸前,较为得意,盘算着出院后给广有读者的晚报写篇短文,题目也想好,叫做《调戏骨头》。

后来我出了医院,可以看书写字了,却没为晚报动笔。我又回到了自己的软床,操心谋生而不是操心骨头。要是没有饭吃,调戏得笔直的自己不是还会弯下腰来吗?

我的那篇流产的短文有个漂亮的结束。它的最后一句是:

我想做一个正直的人。(看到这里才舒了一口气,大家的身子都直起来了。)

读后悟语

陈村,是一位身患残疾的作家,与另一位身在北京的作家史铁生一南一北,遥遥相对。他们都很有才华,小说写得好,散文也写得好,而且很有个性。然而,更值得注意的是,他们在与疾病和命运的搏斗中对人生的思考。

显然,陈村是一位与史铁生性格迥然不同的人。他豁达爽朗,幽默风趣。在他"弯"了身子之后,真的无怨无艾吗?我想应当有的,但是他有一种特别的方法,就是"排遣",用生活中美好的事物和自己美好的理想来排遣苦痛和忧伤。他的内心是充实的,他能不断冒出许多乐观的健康的充满生活意趣的想法。《弯人自述》就是这样一篇名文,调侃风趣的笔墨掩盖不住他痛苦的现实,但却表现了他蔑视痛苦勇于面对现实的决心。这也许是最令人感动的。所以读罢这篇文章,不只是觉得风趣可笑,觉得满纸的遐想令人神往,觉得作者才华横溢言词敏锐,更会发现这位"弯人"真正找到了生活的意义、生命的价值,他是一个健康的人,坚强的人。

陈村在他的一本散文集《古典的人》之序言中说:"已经夜晚,人们睡了,鸟也睡了,电脑陪我一起醒着,只有我们了,我们缠着夜晚耍赖,不肯就此罢手。将要读我的书的人和不读我的书的人正在梦中。书是很难比梦更精彩的。而我,将书当成自己的梦,公然做出,打印,散发。我的梦由汉字组成,印到书上,印后再也抹不去了。看到这本书的人,最好也是夜晚,因为它原本就是在夜晚降生的。""把看到的记下,就是书。将思虑的道出,就是话。夜晚的书中,有许多一段段的闲话,费心写来,要想表示人的生和活。说话和听话,写书和看书,是我们用以表示自己生活的一点办法。我们将白日的愤怒和忧伤,白日的欢喜和无奈,白日的遗忘和记挂,都留在书里了。它停在一行行的汉字上,闭目养神,当你翻开时,它就站了起来,说话。"

本文笔调风趣幽默。无论是选材还是写作风格,都使读者强烈地感受到作者积极乐观的情怀,引人发笑,又令人唏嘘。

作者旁征博引,显示出深厚的文学功底。文中引用了大量的文学作品,《老子》《变形记》《庄子》等等,使人佩服。

作者巧妙地改写了许多名言俗语。如:"弯人不是一天造成的"、"有道是百炼成弯"、"拳不离口弯不离身"、"既弯之,则安之"……既增加了调侃的意味,又显示了作者横溢的才华与创作的智慧,是我们学习的榜样。

学 生 作 品

　　青春在人的一生中只有一次，青春时代要比其他任何时代更能接受高尚的和美好的东西。谁能把青春保持到老年，不让自己的心灵冷却、变硬、僵化，谁就是幸福的人。

　　　　　　　　　　　　——[俄]别林斯基

一个傻丫头的故事

莫颖倩

　　不知什么时候开始,她便有了"傻丫头"这个亲昵的称号。(她是谁?被冠以"傻丫头"这么不雅的称号还觉得"亲昵",耐人寻味,制造悬念。)

　　记得很小的时候,她曾经傻傻地仰望星空,问爸爸:"为什么月亮老是跟着我走呢?"爸爸摸着她的头,笑着说:"傻丫头! 月亮是宇宙里的一颗星星,怎么知道你会往哪走呢?"她曾经呆呆地望着烧开了的水,问妈妈:"为什么水冒气了才算开了呢?"妈妈一边忙手中的活,一边笑着说:"那叫水蒸气,你以后长大了就会知道的。"(交代雅号的来历:凡事好奇,爱问个为什么。"她"傻吗?不言自明。行文诡黠。)

　　一眨眼,"傻丫头"已经十四岁了。正如奶奶说的,在旧社会,已经能当人家媳妇了。现在,她已经懂得了不少月球以及其他天体的科学知识,也知道了水在一定的高温下会汽化的原理,但她依然是个"傻丫头"。(承上启下,过渡自然。)

　　记得有一段时间,天气总是忽冷忽热,变化无常,十足的"孩儿脸",这可使"傻丫头"手足无措了。你看她的房间,书桌上、椅子上、地上全是书报。床铺总是乱糟糟的,像刚打完世界大战。没有谁会认为这是一个女孩子的"闺房"。(环境描写。满地书报、杂乱无章衬托"她"书呆子的性情。傻得可爱。)现在遇到这样的鬼天气,她也懒得去担心,况且也担心不来。她索性每天一起床就问妈妈:"今天冷还是热,穿什么衣服?"有时不记得,就会出现"大热天穿毛衣,大冷天穿衬衫"的狼狈情况。妈妈责怪说她:"傻丫头!都这么大了,怎么连冷和热都分不清。"(自理能力低,书呆气十足。运用了明贬实褒之法。)她便会搂着妈妈撒娇道:"知我者——莫若妈妈你了。"然后便会高唱一曲《世上只有妈妈好》,把妈妈哄得哭笑不得。(生动细致的动作、语言、神情描写,既突出"她"的天真可爱,又体现了母女亲密无间。)

在学习上,"傻丫头"就更"傻"了。放假本是孩子们到处玩耍的好时光,十有八九的孩子都不喜欢乖乖地待在家里。但"傻丫头"偏偏是第十个。(语言的灵活变通,使文章生动有趣。)

她一到放假就会一个人待在家里,看书看报、看电视、做作业。问她为什么不出去玩,她总会说:"街上人多车多,空气又浑浊。有什么好玩的?"凭着这认死了的理,她便成了一个现代"三步不出闺门"的小姐。她是学校"奥班"的学生,便整天捣鼓着那些数字和方程式,一次,她正在算一道数学难题,怎么想也没能突破。这倒激发了她的好胜心,或者说是好奇心,她一个劲儿地演算,直到把那些"XY"们都摆得服服帖帖才罢手。(拟人手法,生动形象的表现"她"刻苦钻研的傻劲。傻傻得可敬,"傻"也具有独特的人格魅力。)

在班级里,"傻丫头"这绰号早传成了顺口溜了。搞卫生擦门窗,她总是自告奋勇地攀到最高处去抹;同学交的作业本破了,作为科代表的她会不声不响地带回家去给粘好;下午值日,头顶着猛烈的太阳,别人都悄悄地往阴影里靠,可她却是一竿到底,纹丝不动,人家笑她,"傻丫头"真"傻"到家了,(列举"她"在班里的种种"傻"事:险活抢着干,有爱心,值日认真负责。)可大家学习上有不懂的都喜欢问她,有困难的都愿意找她,有什么好吃好玩的都留着她的份儿——人缘特好。(正面衬托"她"与同学友好相处,互助互爱。至此,"傻丫头"已给人一种可爱可亲可敬之感。)

"傻丫头"!"傻丫头"不但不讨厌这个绰号,反而挺自豪,正如她自己说的,"傻人自有傻人福"。

告诉你一个秘密吧,这"傻丫头"就是我,一个真正的"傻"丫头!(结尾揭开谜底,照应开头。"我"自豪得意之情溢于言表。)

同学分析

画自画像是中学作文基本的训练手段之一。在这个过程中,"我"作为被认知的客体,其可知性与多样性保证了每一个人都有把这个题目写好的可能。而《一个傻丫头的故事》的作者把这种可能变成了现实。

"傻丫头"对自己的认识是全面的、深刻的。全文围绕一个"傻"字展开,选取生活、学习、待人处事三个方面的片断,勾勒出"傻丫头"清晰的轮廓。我们可以发现,这里的"傻"并非愚蠢、呆笨之意,而是透着可爱和憨厚劲儿的直率和单纯。这种"傻"是"我"特有的"傻",是独一无二的"傻";而"傻"的表现形式也是独一无二的,因为作者选取的是一些琐碎的生活细节,像家庭生活、童年趣事等等,没有任何空话套话。我们知道,越是细微的东西越是不可重复,描写人和事物的特异性,就要写出他们身上那些独一无二的地方来。

 教师点评

本文选材独特。小作者选取了自己从童年到少年时期的种种"傻"事作为写作题材,而这些题材既典型又有趣,还折射出人物独特的个性。例如写"闺房"的凌乱,就突出了"我"自理能力差,书呆气十足的特点。

本文还运用了反弹琵琶之术。小作者越是数落自己的"傻",读者越是听出弦外之音,她可爱、单纯、率直,甚至大智若愚,最后产生了共鸣:"傻丫头不傻"。这完全得益于小作者明贬暗褒的写作技巧。

阳光的味道

冷 笑

　　我爱我的爸爸爱我的妈妈,他们宠我娇我溺我;我的学习成绩总是呱呱叫,我性格温和,每一位老师和同学都喜欢我。(首先写我的优越感。为下文作铺垫。)

　　人们都说我幸福,是的,我有足够的理由幸福。但辛总是对人们评价我性格温和不以为然,他说那只是你的表面现象,你内心像喜马拉雅山那般坚硬。每次我都笑说你干脆说我是茅坑的石头得了。他总是以一副正是如此的表情看我,(语言幽默风趣。凸现我高傲而固执的心性。)接着说:"你遭遇一点的风吹草动便像狼一样戒备森严,自卫能力太强,是那种不择手段的类型,你必须改,否则你会伤了别人也伤了自己。"(真是旁观者清。巧作暗示。)

　　随着爸妈各自公司的日益扩大,我发现家中的一切全变了,他们开始互相争吵,而且争吵强度日益升级。我隐隐约约知道爸爸有了新欢,对此我不动声色,只是在一次饭后似无意地提起了红极一时的《牵手》,我说我最讨厌王纯,那个第三者,甭管她与男主角的感情多么高尚,在我眼中也只有龌龊。那一刻,爸爸的脸色苍白,心虚得不敢看我。我知道我的话取得了理想的效果,因为从那天起他们就没吵过架,没提出过分手——至少在我面前如此。(应验了辛说的话。表面是写爸爸心虚,实际是写爸爸受了我的伤害。妙!)

　　我有点得意,但后来的事实证明我得意得太早了。

　　我的生日到了,我早就策划这天让爸妈好好聚一聚,联络联络感情。(好主意。由此可见,我是个乖孩子,多么想一家人和睦相处啊,但事与愿违。)

　　我进了爸爸的公司,并颇有礼貌地敲门,无人回应。我推门而入,映入眼帘的是不自然的爸爸和不自然的脸上还带有红晕的秘书——我见过她的,乖巧柔顺得不像三十多岁的女子。"丫丫,"爸爸尴尬地叫。敏感的我立时注意到了爸爸沙发扶手上那浅浅的窝——那不该有的窝,我只觉得心中有什么在爆炸,炸成碎片,刀般割我的心。(失望! 伤心! 形象生动地表现了我的心受伤害的严重程度。)

我深吸一口气,努力逼迫自己平静:"爸,今天晚上回家。"走至门口,我扭转过头:"爸爸,忘了提醒你一句,不要在办公室干偷偷摸摸的事,注意影响,另外记得把沙发抚平。"说罢,无视他们的反应,我径直离去。(我再次伤害了别人。)

走出大门,我的平静轰然瓦解,胃开始痉挛,抽搐得我无法站立。我想辛是对的。我此刻被恨意所包围,抛妻弃子不负责任的男人,还有勾引男人的花瓶女,我恨! (自己亦深受其害。照应辛说的话。)

一个计划瞬间在脑中形成。饭桌上,相对于局促的爸爸,我平静得让人无法想象,妈妈看着我,我想她一定已知道了一切;但我不动声色地吃我喜欢的肉块,然后抹抹嘴说:"我给你们自由。"爸拿出了生日蛋糕,叫了一声"丫丫",便讷讷不能成言。

"爸爸,你真是太不够意思了,连生日快乐也不说。"我笑了一声,然后走入自己的房间。

成绩单发下来了,我没胆量去看,老师照例念了年级前五十名,没有我,又念了班级前三十名,仍没有我。完了,我完了,我抱着肩缩成一团,我只想让我立刻变小变小,小到可以钻到锁孔里,不再牵涉尘世间的一切。(心烦意乱的负面效果立竿见影:坏心情导致了差成绩,伤心处又撒把盐!)

辛往我耳朵里塞耳机,传来的是钢琴曲《命运》,我说:"谢谢你,辛。"

那天是爸爸的婚礼,我的计划开始实施。(暗示我要报复。又是伤心惹的祸。)

喧闹的、嘈杂的都平静下来了,晚上在饭桌旁我端起酒杯,"来,第一杯,恭喜二位。"我故意停了一下,爸爸和那个女人在幸福地笑着,这刺激了我,"恭喜二位从此可以光明正大。"我一饮而尽,饶有兴趣地看他们的反应,果然,爸爸额上的青筋一下子蹦了起来,他妻子脸上的红晕霎时褪去,转而变为苍白。

"阿姨,对不起,冒犯您了,缺爹少娘的孩子没教养,您多包涵。"又斟满了酒,我不给任何人插话的机会,"阿姨,您想不出以前我爸爸妈妈多恩爱,但可惜的是妈妈太好强了……"

"丫丫!"爸爸喊。我不理他,私自说:"所以,我帮你总结一条经验教训,你只需柔一点,顺一点,爸爸肯定十年二十年对你不变心……"

"啪",我脸上重重挨了一下,是爸爸,在第二巴掌到来之际,那女人死命地抱住了他。"不,不要!"她喊。

气氛降至零点。(衬托悲痛欲绝的心境。)

我静静地喝酒,喝到一滴也不剩,然后我说:"爸爸,《圣经》上说别人打我们的左脸时,我们应当把右脸也伸过去。爸爸,我的右脸也等着,你的力道很对,但方位不准;太阳穴不在脸上,在这儿。"我抓起一把菜涂在脑侧上,"这儿,你可以一拳打死我。"

他们不说什么,只是不停地擦我脑门上的菜汁,不时地,有泪滴在我的肩上和臂上。(细节描写,含蓄地暗示了喜事办成了伤心事。)

辛是我最好的哥们儿,当我告诉他我大闹爸爸的婚礼时,他说:"丫丫,你故意亲热地左一声爸爸右一声爸爸刺激他,增加他的负疚感,让他自责,你的目的已达到了,你睁眼看看你爸爸现在是什么样了?其实他们早该分手了,即使没有那位阿姨。你应该知道,感情的事不能勉强,你是想看他们痛苦熬到白头还是给他们以解脱?"(侧面描写。借辛的话交代父母离婚的原因。)

我说:"辛,你知不知道你有很强的演讲欲。"说完,我抽身离去。

我承认辛的话对我的触动很大,但我不能接受,尤其是当我看到爸爸和他的妻子时,我只想狠狠地报复他们,我故意找茬儿,故意惹人,那个柔顺的妻子总是拦着像斗鸡一样的我和爸爸。(报复心使我失去了理智。)

"她只是个孩子。"一次我偶尔听到她说,我只觉得我的心颤了一下。

我尽全力爱妈,尽全力让她快乐,尽全力让她相信我没有爸爸却依然活得很好。

"丫丫,妈妈爱你,无论发生什么事。"这是妈妈第四次说了,就算我再愚笨也应该意识到什么,我只觉得我的心被狠狠地狠狠地刺了一下:"说吧!妈,不要再拖延时间,也不用做这么多的铺垫。"(旧伤未愈又添新伤。)

妈妈的脸一阵红一阵白:"我要结婚了,我仍然爱你,我……"

我一下子截断她,说:"你不用表白,没爸爸我能活,没你我仍能活,我唯一的要求只是由你和爸爸出资把我们的老屋买下来。"我有一种被遗弃的感觉。"真冷。"我说,"真冷。"

一年之间，父母离婚又再婚快得让我没时间适应，白雪公主变成灰姑娘，白天鹅变成丑小鸭，巨大的心理落差击得我不知如何生存。我从幸福的顶点一下摔落到自卑的深渊，他们留给我的又是什么呢?自卑、自卑，深深的、无穷无尽的自卑。(颠倒经典故事，推陈出新。有创意。)我失去了斗志，我不再报复，我真的彻底崩溃了，我没了爸爸，没了妈妈，我一个人独居大屋，死气沉沉，没有活物——除了半死不活的自己。(报复的代价:哀莫大于心死。结构上与开头形成正反对比。)

他们有各自的妻子和丈夫，终将会有自己的孩子，我算什么呢?我属于谁?我站在哪儿?我是谁?谁又是我呢?我真的无力思考了。翻出了那张我最喜欢的全家照，照片中的小女孩娇娇地笑着，憨憨的小手按着脸蛋，爸爸妈妈各用一手托着她的脚，高高地举着她，另一只手小心地扶着她的腰，全都仰脸看她，怕她摔下来。是的，她不担心，她一直以为有爸妈在，他们在呵护着她，不让她跌倒，她可以放心地摆各种可爱的稚拙的姿势。但现在，依靠谁呢?(借看照片，巧妙地插入一段美好的回忆，即将我原有的优越感和盘托出，又反衬如今的孤独凄凉。)

我拿出一把剪刀，把爸爸妈妈剪下来，独留那个女孩——那个娇娇憨憨依然在笑的女孩。"丫丫，你怎么还能笑呢?"一滴泪落在上面，更多的泪落在上面，丫丫的脸在慢慢变形变形，丫丫终于不笑了。

我终于又恢复到以前的自己，只是不再大声地笑，每天背着重重的书包，匆匆地在大街上穿行。我努力努力地读书，夜里几粒小小的白药丸就可以让我安然睡下，不做任何哭的、笑的、哀求的、甜美的梦。"乖巧得让人心疼!"邻人这样说。(明褒实贬，听来更令人伤心。)

我不听爸妈的任何解释，我拒绝爸妈的拜访，我不愿他们踏进我的家——我孤独地守护着那个曾经温暖如春的家。

"你们会带来陌生人的味道。"一次当他们碰巧同时来看我时，我甩出这句话，然后关上了门。

和我接触的只有辛，我无数次地在他面前哭泣，却不允许他劝我，哭后擦干眼泪，我便又会变得毫无表情。

辛不止一次地提及我的父母，我不可能无动于衷，但我拒绝听。

当他看到那张被涂了满满的"弃儿"的纸时，他说:"丫丫，我只告诉你三件事，之后你再判断你是不是一个弃儿。一、你爸妈知道我和你好，每天都来电话问我你的哭、你的笑、你的生活起居、你的一切；二、你每次吃的胃药都是他们帮你买来再寄存我家的，你喜欢吃什么样的零食也是他们告诉我的；三、前天你妈妈遇见我，问你的情况，我只说了声'古墓'，她便放声大哭，要知道那是在闹市，而且你妈妈是个爱面子的女人。丫丫，你自卑自贱，你折磨的不只是你自己，更多的是他们。"(借辛的话交代事实真相：父母不因为离异而减少对"我"的关爱，相反，爱得更深。)

爸爸、妈妈……我的平静终于不能再强装，我真的真的想他们啊！

"给我时间，给我时间！"我哭着喊。

辛送给我一只小猫，鼻头是白的，四只爪子是白的，腹部中心是白的，其余的部分全是黑色的，圆溜溜的眼睛碌碌地转，柔柔的一举一动总扯到我内心最细微的神经，我竟找到了那个腻腻的丫丫。

"妹妹的猫咪下了崽，我死皮赖脸给你赖了一只。你看，娇憨的模样多像你，我给她起个名字叫小丫，来，小丫，亲一下你的小主人。"

我把小丫当宝贝，宠它、护它、爱怜它，我和辛讨论它每天的进食，争着抱它、逗它、和它玩，我相信这个毛茸茸的小家伙给我的生命注入新的活力。(从爱护小动物的细节描写中含蓄地表现了付出关爱才能赢得爱心。)

有小丫的日子，我开朗平和了好多，满足地看它贪婪地吃，满足地听它低低地叫唤，满足地感受它时不时舔我的手、脸与裸露的臂，感受它柔柔的小身子温柔地往我怀里拱，看它婴儿般的睡态，心中总会升起一种感恩般的虔诚。

"你看小丫时，眼中有母性的温柔，就像妈妈看小妹。"有一次辛这样对我说。

我想起爸爸、妈妈，我已近一年没见过他们，他们怎么样呢？怎么样呢？

上午放学时辛递给我一张纸条说："我看了一个故事，很感人，我帮你把大致意思记下了，你看看。"

我打开它：

"一个男孩没了妈妈，爸爸又为他找了一个，但他不知继母是否爱他，于是他满怀戒心，刻意与她保持距离。一次当他拿着妈妈的照片唤妈妈时，那个正浇花的继母以为叫她。她放下喷壶，从后面轻轻地抱住了他，爸爸看到这一幕，热泪盈眶，却不敢惊扰他们，男孩终于找到了已失去的妈妈。"(故事中的故事，令人回味无穷。)

泪，一滴滴落下来，瞬间，浸湿了那张纸条。

"他们始终是你的父母，他们始终爱你。"(言简意赅，一语惊醒伤心人！)

我呜咽着说不出话。

"明天去看看他们，好吗?"我点了点头。

我终于来到爸爸的家，他妻子一见是我，待在那儿，片刻后忙把我往客厅里让，说："你爸爸还没回来，我现在就去叫他。"我阻止了她。

"哦，好！我给你做饭，不要走了，让你爸爸见见你。鸡块，你最喜欢吃鸡块，我马上去弄，千万别走啊！每天都准备着，很快就好。"(每天都准备着"我"最喜欢吃的鸡块，突出了继母对"我"的关爱，而"我"却一直仇恨她，一爱一恨，以恨报爱，可怜天下父母心！可怜天下儿女情。)

她急促地说，有点语无伦次，我的喉咙里哽着一个硬块，我想我要哭了。

哭吧！哭吧！没必要再伪装了，我终于哭出来了。

这时，我清楚地看到她眼中蒙上一层水雾，抖抖地张开嘴说："丫丫，好孩子，别哭，别哭……"然后，紧紧地抱着我，抱着我。

我的爸爸和他的妻子，我的妈妈和她的丈夫，过去了，一切都去了。(雨过天晴。)

每次想起他们时，我心中总会有刹那的疼痛，毕竟我们曾甜甜美美地生活在一起。但辛说的是对的，任何人都有追求幸福的权利，你不应该用父母对你的歉疚来惩罚他们，爱一个人就是让他快乐，我爱我的爸妈，那么我要让他们快乐。(借辛的话，诠释了爱的真谛。)

我终于超脱，感谢辛，感谢小丫。

我和辛走在街上。

"阳光的味道真好闻。"我深吸一口气。(结尾点题。一语双关：既写自然景象，又写心境。寓意隽永。)

"是的，"辛笑，看我，"迟钝的丫头，太阳每天都这样。"

同学分析

　　这是作者小说创作的一次尝试，作者描述了一个父母离异的孩子"我"的心路历程："我"由于无法接受父母婚变的事实，与父母反目为仇，最后在朋友"辛"的帮助和种种触动之下，我摆脱了心理阴影，终于懂得了爱的真谛，感受到了阳光的味道。文中的"我"的心理描写很丰富，很细腻：悲痛欲绝、仇恨、烦躁、神经质、疯狂、内疚……作者可谓极尽描写之能事，情景交融……

　　关于文中的"辛"，并不一定是真实存在的一个朋友，但他是文中不可或缺的灵魂，他的每一次出现，每一次对"我"的教导，都是促使我心理变化的催化剂，是情节发展的重要一环。"辛"就像全知全能的上帝，在冥冥之中安慰"我"、开导"我"、拯救"我"，最终让我走出了阴影。

教师点评

　　文章反映了当今独生子女在家庭变故中的困惑、焦躁、无奈、自怨自艾和恶作剧，究其原因，是他们潜意识地把自己定位于家庭或集体的轴心，他们更多地只在意自己的感受而漠视他人的感受，结果伤害了别人也伤害了自己，真累！想摆脱吗？丫丫的答案是：珍爱身边的每一个人，并让他们快乐；文章语言灵巧明快，幽默风趣；心理描写细腻，感人；构思巧妙，运用伏笔、插叙，使文章跌宕多姿。

世界很小也很大

流泪的冰激凌

袁权琳

　　我手中把玩着的那个包装精美的冰激凌露出伤心的样子,冰封了很久的泪水,终于在八月的骄阳下融成涓涓细流肆意流淌。(借冰激凌的融化抒发悲伤的情感。触景生情。)

　　妈妈还在不停地向我发射炮弹,她说让你去作家班参加暑假面授为了什么?故宫、颐和园、长城、北大、清华……哪个不是写作源泉?哪个没有可写内容?毕淑敏、曹文轩、雷抒雁、孙云晓……哪位作家讲学不是金玉良言?哪节课不会给你点精神冲击?可你的笔怎么了,你的头脑怎么了,为什么锈住了?你说你要沉淀感情,你说你要酝酿灵感,你说你剪不断理还乱,你说你很伤心——这会儿就是写不出来。我也很伤心,但我更失望,你怎么会写不出来呢?你怎么可以写不出来呢?你怎么敢写不出来呢?(从侧面披露我对写作的主张:情感因素是创作的原动力,不能无病呻吟。写母女之间对写作认识的矛盾冲突,交代我伤心的原因。)

　　…… ……

　　我背对着妈妈,看冰激凌流泪,渐渐出神。我觉得自己的灵魂深深地趴在半空看着自己着急伤心的样子,却又好像不是自己在伤心。我从不听信灵感这一说,但我觉得心情是写作的酵母,有了酵母还得把它们费劲地往素材里塞,然后就是一段不长不短、不紧不慢、不即不离、不温不火的力作。那才是最正规、最合理的过程。("不听信灵感",敢于向权威挑战,个性独特、张扬,还有点狂。)

　　可我现在制作的总是那种麦当劳里用机器一挤即成的小甜筒,刚拿在手里就已经是泪汪汪的了。看着在高压中一蹴而就的冰激凌,心灵深处的惶恐如一块铅,狠狠地压着阳光。而那些虚无缥缈的文字在出生的一瞬间都仿佛有了属于自己的翅膀,满页地乱飞,好像冰激凌的眼泪等不及了一滴一滴匆忙地流下来,像一个为了赶工程囫囵吞枣而搭的房子,风一吹就摇摇欲坠了。(形象地点中了速成作文的死穴,反衬我的主张的正确性。)

妈妈说,这么久没写了,一定是笔秃了吧!

是的,我只是不想去做那样一挤即成的甜筒而已,我还有很多美妙的冰激凌呢!高雅的、深邃的、温情的、美味的、有个性的,每一款只有一种,让你大饱眼福。我高声申辩。(多样性追求展现我性格的丰富性和多面性,这是21世纪复杂多变的现实生活在中学生头脑中的必然反映。)

又瞎说。妈妈扔了最后一枚炸弹,走了。

这一定是一枚催泪弹,我的冰激凌又流了一滴泪,如黑夜的一颗流星划过。

我听见她委屈而伤心地说:我用最虔诚的心朝拜,却换来耶路撒冷最残忍的炮火与硝烟。

我安慰她说,总有一天,我会写出骇世之作,厚厚的一摞,压死一些人,再骂死一些人,最后一定得救活一些人——像我这样的冰激凌师傅。(幽默风趣,用调侃的语气表现我狂的个性,与“语不惊人死不休”有异曲同工之妙。)我看着远处天空显出的一角死鱼肚白,呢喃着,好像一个下岗的爸爸,用钱币砸死所有侮辱、所有歧视、所有不公、所有无情,但第二天睁眼仍然得面对着一清二白的世界,用无奈的苦笑迎接新升起的太阳。想到这里,手中的冰激凌又悲伤地流下了一颗泪珠,它正咸腻腻地注视着狼狈却又故作洒脱的我。

我的心像一个漏了气的车胎,眼看着开始变瘪却还硬要让自己坚持。这世界本来就无奈而充满矛盾,所以他要让每一个人也都无奈而充满矛盾地制作自己的冰激凌。(形象地披露我脆弱的个性。)

我蓦地想起了那个光焰万丈的太白兄。他怎么和爱迪生如此不谋而合———一个写诗,一个发明;一个中国人,一个美国人,却都向最出色的母鸡拜师学习,堪称“高产”,令我佩服得五体投地。现在更多的同道人,越来越多的“写手”(还不到作家级别)大军,也都争相效仿——三天一大写,两天一小写,只可惜全然不似李太白、孟浩然等“清诗句句尽盛传”。我也只好佩服得“五体投地”了。(忽然想到了同类——李白更狂。狂应该理解为激情、豪迈、有时还目空一切。)

44

怎奈本人虽不敢自诩"为人性僻耽佳句、语不惊人死不休",也敢自夸"吟安一个字,捻断数根须"——无奈小女子年方二八,实在无须可捻,只好捻断数根发了。但每每"行到水穷时",我总不愿强迫自己再去寻那些穷山恶水来搪塞,污染笔下洁白的稿纸,所以只好闲下心来"坐看云起时"。这种"懒散、软弱、盲目乐观"的行为,自然不为老师、父母称道,被冠以如此淋漓尽致的形容便也不足为怪。行文至此,我那脆弱而诚挚的冰激凌又像犯了错误的小女生一样流下了泪水。(这样的个性往往被师长归为另类,我有什么理由不伤心呢?)

我已经厌倦了一写师生情就是雨中送伞;一写母子情就是半夜发高烧母亲背我上医院;一写长城就是雄伟壮观,无比自豪;一写动物就是小猫小狗;一写生日就是高朋满座;一写网络就是凄美网恋……也许最初选这类素材,运用这些写法的人并未想到它们会变成一种社会性的形式。这些内容无疑是积极向上的,而且也是天真无邪的,其实说白了就是头脑简单。钱钟书先生批判"寓言把小孩子教得越简单了",上述写人模式与寓言似乎有着异曲同工之妙。(反感"简单与雷同",表现我追求复杂与多样。搬出钱钟书做锐利武器,不简单!)把复杂的人事格式化了,就好像少儿动画一样,好人坏人泾渭分明,世界仿佛只有白天、黑夜,而黄昏、黎明变得异常不重要,被那些响应毛主席号召的、纯粹的、脱离了所谓的低级趣味的人关在门外了。(语气咄咄逼人,大有"指点江山,激扬文字"的狂者风范。)

冰激凌在世界只剩下黑色的巧克力与白色奶油分庭对抗,其他一切调味品都被排斥在外抑或都随着伤心的泪流掉了……

人类的潜意识里有不甘平淡的一角的,于是新的探索开始了——新概念作文又打响了第一炮,掷了一枚叫韩寒的炸弹。人心惟危,于是各大赛如雨后鲜花,竞相开放。

网络文学也由地下转到了地上,冷不丁踹了几腿子,凑凑热闹,大家都傻乐呵,穷乐呵,稀里糊涂乐呵一通,然后下线,带着一脑子稀里古怪的故事、令人喷饭的调侃睡上一觉,醒来便又一无所知。我们这些小人物毕竟不似痞子蔡还有轻舞飞扬的身姿可以在梦里回味;也不是李寻欢、安妮宝贝,即使有几篇滥竽充数之作无意间流入网络也大可放心——亲爱的看客一定会当作是冒名顶替之作——可我还得浴血高考,倘若考场作文失利,我相信一定不会有人会当做本人的冒名顶替之作。所以只好少安毋躁,小心行事。(针砭时弊,敢说真话,性格耿直。)

谈及高考作文,向来是一只刺猬,早已垂危却自我感觉甚好,旁人看得明白,却无人敢碰它一下。如今也终不甘在沉默中落伍,于是也像美少女变身似的一年比一年玄乎。(矛头直指高考作文,禁地也敢闯。这个小女子,狂昏了!)

无意发现,手中的冰激凌已状若糨糊,哭得一塌糊涂,鄙人自是不敢下咽。呜呼哀哉,我已无话可写,仅以此面目全非却味道甚妙的冰激凌与诸位共绘。只恐满纸糊涂言,"亦狂亦狭亦温文",谁人与吾同食?(归纳文风,也是概括个性。)

同学分析

《流泪的冰激凌》是一篇关于"创作"的创作,用当今时髦的话来说,可以命名为"元创作"。作者围绕创作的困境来阐明自己对于写作的过程和方法的一些观点。"妈妈"、"我"、"冰激凌"都各有所指,分别象征着家长的压力(也可以理解为成才的压力、应试的压力)、创作者的主体性以及作品的命运。小作者勇敢而诚实地说出了许多有过"爬格子"经历的人心中的话,让人激赏。本文最重要的价值在于揭示了某种写作的困境,即数量与质量、应试与述志之间的矛盾,并且表达了绝对不向粗制滥造和无病呻吟的不良倾向低头的志向。遗憾的是,结尾的自嘲与自谦削弱了文章感人的力量,给人一种老套和做作的感觉,与本文前半部分的激越与坚定不一致,是为一憾。

教师点评

文章采用双线结构:以冰激凌的溶化过程为明线,以我的伤心落泪(感情流动)为暗线,明暗两线互相交织,相映成趣。其间穿插妈妈的唠叨作为催化剂,它既推动了情节的发展,又深刻反映了当今的社会现象:急功近利!由此引出"我"对当今文化现象的反思,从而体现"我"的写作理念和凸现"我"鲜明的个性。

文如其人:亦狂亦狭亦温文。

飞的理由

孙思思

鸽子的话:我每天都可以看到她,每天清晨,在她的父亲——我的主人准备将我们放飞的时候,她就醒了。她总会跑到她小屋的窗口来看我,微笑着对我们说早安,她总是叫我"飞"。(从鸽子的角度来审视我们人类,新、奇、巧。用童话的形式开头。)

在我每天挤公车去学校的路上,人们总会用羡慕的眼光看着我的制服和校徽。而我在习惯性地把目光投向窗外之后,总能发现更多和我一样的制服和校徽。于是我常常会模糊地想,我们多像是一群朝圣者啊,穿着圣洁的长袍,虔诚地向天堂的方向迈进。可我,在这一队赞礼的人群中,常常会茫然地感到不知所措。(流露我心中的隐忧。)

鸽子的话:她总是来不及吃完早饭就得穿好制服背起书包出门。我知道她是去一个叫"学校"的地方,可那个地方远吗,她为什么这么早就得出门?还有,她在那里快乐吗?

很久以来我一直不知道自己想要的究竟是什么。从小,我就是一个古怪的孩子。我不相信哪一种信仰是可以永远不变的,譬如,爱情。可是,我始终没有放弃的东西唯有一样——我手中的笔。直至有一天父母对我说:"别再去写那些毫无意义的东西了,它们能帮你什么呢?"我的确不知道我的文章是不是真的有意义,但我知道,对我来说,它们真的很重要。在我的记忆中,没有任何属于我的东西是可以保留下来的,除了我的笔。(现实与理想的矛盾冲突。)

鸽子的话:她的脸色始终是苍白的,她有一双忧郁的眼睛。她注视我的眼神常使我想到飘浮在空中的白云,空旷而不知所措。每当我飞过那些云时,常常会觉得,好冷。(从鸽子的角度,反映我的无奈。)

　　直到现在我还不明白我怎么会突然戴上了这个学校的校徽，成了这所市重点中学的学生。仿佛整个初三的艰辛与努力刹那间烟消云散，取而代之的是一张红色的录取通知书。还记得在初三的时候，无论多忙多累，我都会挤出一点时间写一些属于自己的文字。无论我放弃过什么却始终不曾放下手中的笔，长久以来，这已成为我生命的一部分，陪我走过一个又一个充满着记忆、苦痛、思念的漫漫长夜。那时，我一直以为自己会考进离现在的学校不远的H高中。H高中有着高大的走廊，宽大的窗户，满墙的爬山虎，和一圈一圈在上方的天空盘旋不去的鸽群。而现在这所学校有着同样高大的走廊，同样宽大的窗户，可是这里的天空，没有鸽群的身影。

　　鸽子的话：她很爱我们，像她的父亲一样，但又和她的父亲不同，她不喜欢让我们一次又一次地参加比赛，从奖状和奖杯中证明我们的价值。我想，她更爱我们自由飞翔的身影。"飞"，她总是微笑地看着我，"飞翔快乐吗？"(借鸽子的话披露我的价值观：自由胜过荣誉。)

　　这些日子以来，我常常会一个人坐在学校的窗台上，一个人呆呆地看着天空，想在天空中寻找，哪怕是一只鸽子的身影。可是，徒劳。爸爸的鸽子中，我最喜爱的，只有一只。每当我看到这只被我称作"飞"的鸽子，总会莫名地想起十四岁时开始写的第一部长篇小说，写一个喜欢过的男孩，鸽子有着一双和他一样直指人心的眼睛，明亮而坦诚。我叫那个男孩鸽子。

　　鸽子的话：我记得有一天她捧起我，苍白的脸上浮起微笑。"有什么是可以坚持下来的呢？"她久久地注视着我的眼睛。我以为她会哭，可是没有。只是，那一晚，她屋里的灯，彻夜地亮着。

　　我是爱鸽子的，这些自由穿梭在蓝天白云间的精灵。可我不知道爸爸为什么总让它们一次又一次地离开自己的巢，被迫送到一个遥远又陌生的地方去参加一个个比赛，只是为了那些毫无意义的奖状与奖杯，难道这就意味着爱它们吗？"天影，鸽子的生命就意味着飞翔。"爸爸总是这样对我说。可是，飞翔，真的需要理由吗？(我视荣誉如粪土，并认为自由飞翔不需要附加任何条件，绝对的理想主义。)

　　鸽子的话：有一天我决定跟着她。于是，在她出门的时候，我悄悄地离开了队伍，飞翔在她头顶上的天空。我看着她上了车，进了一所大房子，那也许就是她每天都要去的那个"学校"了。我看到她坐进了许许多多的房间中的一间，她在那里坐了整个上午和下午、看书、写字，她的神情始终专注而认真。可她从来没有笑过，她不快乐吗?(从鸽子的角度说出了我的尴尬:学非所爱，痛苦!)

我不知道在这所学校我算不算得上是一个好学生，至少从成绩上来看不是的。

第一次数学考试过后，看到我成绩的同学都轻视而怜悯地对我说:"没关系的影，这次没发挥好，下次一定会考好的。"可下一次，再下一次，数学、英语、物理、化学，我从一个又一个惨不忍睹的分数中看到了自己的自卑与无能。(以分数衡量人的价值与能力，不公平!)

鸽子的话:这一个月来她天天睡得很晚，她总是没完没了地一张又一张地做着卷子，而不是像以前那样，点上一炉香，在纸上写一些东西，她已经很久没有这样做了。她小屋的窗子常常彻夜亮着灯，我知道她在做自己不喜欢的事，可她为什么要这样折磨自己呢?人为什么要做自己不喜欢的事情呢?(借鸽子的话诉说我的无奈。)

"天影，不要再写了，这些东西没有用的。"父母总是这样对我说。我知道就我的成绩而言，没完没了地做题目是最好的选择。可我真的不甘心在失去了那么多之后竟还要失去我的笔，我不知道我做错了什么，为什么曾经以为牢牢握在我手中的都要离自己远去，也许真的只有鸽子才可以做喜欢做的事，自由地飞翔。(羡慕鸽子，巧妙地表达我对自由的向往。)

鸽子的话:也许是要比赛了吧，这几天主人一直抓紧给我们训练。于是，我常常随着大家一起在天空中一圈又一圈地盘旋着，直到刺眼的阳光照得我们头晕目眩，眼前一片黑暗。然后，她的脸便会自黑暗中清晰地浮现出来:"飞，为什么不自由地高飞呢?"我知道我不能，因为我从来不曾真正自由过。(同病相怜:其实鸽子的际遇和我一样。)

爸爸又要送一批鸽子去参赛了。每年都会有中途夭折的鸽子。我真的不知道拿这一个个生命去冒险有什么意义。如果说飞翔真的需要一个理由的话，我想就是放飞对生命的激情与热爱。(巧妙点题。)

鸽子的话:今天，我们就要被送上征途了，这一次我们要被送到很远很远的地方，听说是到国外，临行前，她捧起我:"飞，活着回来。"刹那间，一滴泪珠从她的眼角滚落。我希望我可以活着回来，就像我同样希望她可以快乐。可我真切地感受到了我们的无助，我不能自由地高飞，正如她不能做她喜欢的事一样。也许，这个世界，本来就有着太多的无可奈何。(无奈与悲哀。)

但愿，我们都能找到自己高飞的一片天空。(大声疾呼：给我们自由！)

同学分析

鸽子为什么而飞？天影为什么而写作？因为他们都向往自由而又无法自由。看似自由飞翔的鸽子实际上还要被迫地参加毫无意义的比赛，而天影想把一点时间留给写作，从压抑的生活中浮出地表却屡遭干涉。

文章的特色是采用了两个视角，相互呼应。这首先能够巧妙地突破第一人称和第三人称叙事的局限：第一人称的使用能够很好地表达内心，第三人称则能更客观全面地叙事，这在文中描写天影和鸽子的两个世界中得到了很好的展现。两个视角实际上是两个世界的相互映射，交替进行使效果得到加强。

文章感情表达得细腻入微，行文之中渗透着淡淡的哀伤和无可奈何，时而爆发的控诉使文章极有张力。

教师点评

这是一篇富有创新意识的力作。

小作者赋予鸽子以人的思想行为，让它以旁观者的角度评说"我"的无奈和不幸，又以受害者的身份现身说法，而"我"与鸽子的遭遇几乎异如出一辙，真是同病相怜。这样，鸽子替"我"忧伤，"我"又替鸽子鸣不平。"人""鸟"移情，角色互换，文章因此富有新版童话的色彩。

文章又多处以"鸟"语针砭时弊(尤其教育问题)，其实是小作者借"鸟"嘴狠啄我们自身的病灶：又要孩子们具有远大的理想和过硬的本领，却又设定诸多限制。这样，我们终于在"鸟"的启迪下反思如今的教育现状：按照这种模式培养出来的下一代，能飞吗？就算能飞，又能飞多远多高？还有更深层的心智健全的问题：他们飞得开心吗？这一连串的忧虑，小作者不直说，却巧妙地通过与"鸟"的对话娓娓道出，让我们全社会反思！真是新颖别致，妙笔生花！

与众不同的老师

张 翼

开学初,学校调来一位姓庄的男老师接管我们班,兼教语文。对于他,我真是很难用一句话或是几句话形容。还是听听大家对他的评价吧。

墙的话

开学刚一个星期,庄老师就给我来了个"下马威",说要在班里搞一个"成长的足迹、温馨的回忆"活动。要求同学们每人带四至五张不同年龄阶段的照片,钉在我的身上作展览,以便同学之间互相交流、增进感情。但这下可苦了我啦!原来"洁白无瑕"的皮肤被弄得"千疮百孔"不算,一些调皮的小家伙还在我身上为某些照片做"批注"。更可气的是,庄老师非但不批评他们,还笑眯眯地夸他们"有创造才智"!要是换了上学期的那位老师,早就罚他们到办公室"悔过自新"了。听庄老师说以后还要搞什么"标本展览""剪纸展览",看着同学们一个个摩拳擦掌、跃跃欲试的样子,我恐怕又得做出牺牲了——唉,这个怪老师!(从"墙壁"的角度,介绍了庄老师利用各式展览,调动同学们的积极性的做法,对于同学们的"创造性才智"还给予表扬肯定,与其他老师动不动就罚的做法完全不同。本段采用"欲扬先抑"的手法,突出了庄老师的教学和教育特点。)

黑板的话

庄老师真是个怪人。开学第一天他就询问了同学们各自的生日——刚开始我还纳闷呢,他问这些干什么?现在我才知道,原来每到某同学过生日,他都要用红粉笔在我身上写几句祝贺他(她)的话。这不,昨天张晓敏过生日,他就在我身上写"祝张晓敏生日快乐,学习进步!",乐得张晓敏笑了整整一天。庄老师还从第一小队开始,要求每人每天在我身上抄一句名言警句——嘿,这样一来,别说同学们,就连我自己都收获不小呢!(从"黑板"的角度,介绍了庄老师关心同学、注重知识的积累等特点,使同学们收获不浅。本段用了侧面烘托的手法,赞扬了庄老师的教学方法。)

学生甲

你看庄老师:他整天西装笔挺,不像许多老师一点也不注意自己的"光辉形象"。而且他知识渊博,古今中外,上至天文,下至地理,他都能侃侃而谈。从孔子到巴尔扎克,从鲁迅到莫泊桑,甚至列宁和马克思,他都能讲得头头是道,真让人佩服他与众不同的口才。他能和女同学一起讨论琼瑶、席娟,也能和男同学一起畅言金庸、古龙,甚至还会因为范志毅和祁宏的踢足球脚法跟我们争得面红耳赤。有时候真觉得他不像是我们的老师,更像是我们的大朋友。(衣着上与众不同,与学生交谈与众不同,亦师亦友,博学善言。这样的老师怎会不受学生欢迎!本段选取了几个日常生活中的典型事例,以排比的形式简单地概括,极有代表性。)

学生乙

我第一次见庄老师,就觉得他像自己的大朋友。那天他刚到我们班,向我们做了一段幽默含蓄而又简洁明了的自我介绍,特别强调他"姓'庄',不是'弓长张',而是'庄稼'的'庄'"。大家都被他这近乎执拗的话给逗乐了,但都是笑过就算,也没把它放在心上。哪里知道下午快放学时,庄老师突然来教室杀了个"回马枪":要求我们回家写一篇关于早上他那一段自我介绍的作文。话说完,他就匆匆走了。这下教室里可炸开了锅,有的抓耳挠腮,有的苦思冥想,埋怨声、叹息声混成一片。打那以后,同学们再也不敢忽视庄老师的一言一行了,处处都做个有心人。(着重于作文教学的新颖形式介绍,以教学的实绩说服别人,体现作为老师的价值。本段是前面三段的补充说明,交代老师调动学生学习的积极性,采取灵活新颖的教学方法后的成效。至此,老师的形象丰满了。)

作文成绩嘛,自然也就像芝麻开花那样,一节节都高上去喽!但你要说庄老师布置的作业太多吧,那也不。生字、词汇和语法知识他从不要求我们死记硬背,他的口号是"理解万岁"。在他的带领下,我们班的语文成绩很快就由倒数第二爬到了年级第一,这可真得感谢庄老师。

综上所述,你应该知道我们的庄老师是个怎么样的人了吧。

总之,四个字:与众不同。

同学分析

文章写老师的与众不同,首先构思和形式就很新颖。作者写老师采用的是侧面描写的方法,通过墙壁、黑板、学生甲乙的话层层刻画,老师的形象渐渐地丰满起来:生气勃勃、关心学生、平易近人、教学有方、寓教于乐……形式上采用的是类似访谈的方式,你一言,我一语的,就把老师的方方面面交代得清清楚楚。

作者对刻画人物形象的掌握是很到位的。整篇文章中虽然是以侧面描写来刻画老师的形象,但是还是能感受到老师的音容笑貌,这得益于文章中仍在侧面描写中运用了许多正面描写的技巧,只是多了一层第三者的转述,因此,老师的形象、语言、神态、动作仍能跃然纸上,惟妙惟肖。再加上文章始终围绕着老师"与众不同"这一特点来写,中心明确突出,生动活泼,是一篇优秀的习作。

教师点评

一篇引人注意的文章必须有亮点,本文就属于一篇有亮点的文章:

1.选材新颖。本文打破了传统观念中好老师的形象,他衣着讲究,知识广博,爱好广泛,更不会板起脸孔让学生害怕……这样的老师,不但吸引学生,还吸引读者。

2.构思独特。全文采用侧面描写的方法,把作者强烈的内心感受用第三者的看似客观的话讲出,突出了表达效果。

3.手法灵活。文章开头引用墙壁和黑板的话,似嗔实喜,形成强烈的对比。为下文作铺垫,收到了很好的幽默效果。

世界很小也很大

并不孤单

人是社会的人。

从我们诞生的那一刻起,我们就成为人类社会的一分子。作为人类社会大家庭的成员,我们处在各种各样、错综复杂的社会关系中,我们拥有形形色色、千姿百态的社会环境。这些关系和环境是我们成长过程中必不可少的重要条件,我们在其中孕育、出生、成长、衰老乃至死亡。

不仅如此,我们身边的大自然也是我们成长过程中的亲密伙伴——一山一水、一草一木、一虫一鱼、一鸟一兽乃至一日一月、一星一光、一风一雨!

因此,不管你生在何时,无论你住在何处,我们的成长永远都不会孤单!

名 篇 赏 析

　　我们的生命虽然短暂而且渺小，但是伟大的一切都由人的手所造成。人生在世，意识到自己的这种崇高的任务，那就是他的无上的快乐。

——[俄]屠格涅夫

忆儿时

丰子恺

一

我回忆儿时,有三件不能忘却的事。

第一件是养蚕。那是我五六岁时、我祖母在世的事。

我祖母是一个豪爽而善于享乐的人,良辰佳节不肯轻轻放过。养蚕也每年大规模地举行。其实,我长大后才晓得,祖母的养蚕并非专为图利,时贵的年头常要蚀本,然而她喜欢这暮春的点缀,故每年大规模地举行。我所喜欢的,最初是蚕落地铺。那时我们的三开间的厅上、地上统是蚕,架着经纬的跳板,以便通行及饲叶。蒋五伯挑了担到地里去采叶,我与诸姐跟了去,去吃桑仁。蚕落地铺的时候,桑仁很紫而甜了,比杨梅好吃得多。我们吃饱之后,又用一张大叶做一只碗,来了一碗桑仁,跟了蒋五伯回来。蒋五伯饲蚕,我就以走跳板为戏乐,常常失足翻落地铺里,压死许多蚕宝宝,祖母忙喊蒋五伯抱我起来,不许我再走。然而这满屋的跳板,像棋盘街一样,又很低,走起来一点也不怕,真是有趣。这真是一年一度的难得的乐事! 所以虽然祖母禁止,我总是每天要去走。

蚕上山之后,全家静静守护,那时不许小孩子们噪了,我暂时感到沉闷。然而过了几天,采茧,做丝,热闹的空气又浓起来了。我们每年照例请牛桥头七娘娘来做丝。蒋五伯每天买枇杷和软糕来给采茧、做丝、烧火的人吃。大家认为现在是辛苦而有希望的时候,应该享受这点心,都不客气地取食。我也无功受禄地天天吃多量的枇杷与软糕,这又是乐事。(大人忙，小孩乐。"乐"在哪呢?一是有的玩，二是有的吃，三是新奇而有趣。文章生动地写出了童趣。)

七娘娘做丝休息的时候，捧了火烟筒，伸出她左手上的短少半段的小指给我看，对我说:做丝的时候，丝车后面，是万万不可走进去的。她的小指，便是小时候不留心被丝车轴棒轧脱的。她又说:"小团团不可走近丝车后面去，只管坐在我身旁，吃枇杷，吃软糕。还有做丝做出来的蚕蛹，叫妈妈油炒一炒，真好吃哩!"然而我始终不要吃蚕蛹，大概是我爸爸和诸姐都不要吃的缘故。我所乐的，只是那时候家里的非常的空气。日常固定不动的堂窗、长台、八仙椅子，都收拾去，而变成不常见的丝车、匾、缸。又不断地公然地可以吃小食。

丝做好后，蒋五伯口中唱着"要吃枇杷，来年蚕罢"，收拾丝车，恢复一切陈设。我感到一种兴尽的寂寥。然而对于这种变换，倒也觉得新奇而有趣。

现在我回忆这儿时的事，常常使我神往!祖母、蒋五伯、七娘娘和诸姐都像童话里、戏剧里的人物了。且在我看来，他们当时这剧的主人公便是我。何等甜美的回忆!只是这剧的题材，现在我仔细想想觉得不好:养蚕做丝，在生计上原是幸福的，然其本身是数万的生灵的杀虐!《西青散记》里面有两句仙人的诗句:"自织藕丝衫子嫩，可怜辛苦赦春蚕。"安得人间也发明织藕丝的丝车，而尽赦天下的春蚕的性命!

我七岁时祖母死了，我家不复养蚕。不久父亲与诸姐弟相继死亡，家道衰落了，我的幸福的儿时也过去了。因此这回忆一面使我永远神往，一面又使我永远忏悔。

二

第二件不能忘却的事，是父亲的中秋赏月，而赏月之乐的中心，在于吃蟹。

我的父亲中了举人之后，科举就废，他无事在家，每天吃酒，看书。他不要吃羊、牛、猪肉，而喜欢吃鱼、虾之类。而对于蟹，尤其喜欢。自七八月起直到冬天，父亲平日的晚酌规定吃一只蟹，一碗隔壁豆腐店里买来的开锅热豆腐干。他的晚酌，时间总在黄昏。八仙桌上一盏洋油灯，一把紫砂酒壶，一只盛热豆腐干的碎瓷盖碗，一把水烟筒，一本书，桌子角上一只端坐的老猫，我脑中这印象非常深刻，到现在还可以清楚地浮现出来，我在旁边看，有时他给我一只蟹脚或半块豆腐干。因我喜欢蟹脚。蟹的味道真好，我们五个姊妹兄弟,都喜欢吃,也是为了父亲喜欢吃的缘故。只有母亲与我们相反,喜欢吃肉,而不喜欢又不会吃蟹,吃的时候常常被蟹螯上的刺刺开手指,出血;而且抉剔得很不干净,父亲常常说她是外行。父亲说:吃蟹是风雅的事,吃法也要内行才懂得。先折蟹脚,后开蟹斗……脚上的拳头(即关节)里肉怎样可以吃干净,脐里的肉怎样可以剔出……脚爪可以当作剔肉的针……蟹螯上的骨头可以拼成一只很好看的蝴蝶……父亲吃蟹真是内行,吃得非常干净。所以陈妈妈说:"<u>老爷吃下来的蟹壳,真是蟹壳。</u>"(这段具体细致的描写来源于作者脑中深刻的印象,也将给我们读者留下深刻的印象,陈妈妈的话尤其值得玩味。)

蟹的储藏所,就在天井角落里的缸里,经常总养着十来只。到了七夕、七月半、中秋、重阳等节候上,缸里的蟹就满了,那时我们都有的吃,而且每人得吃一大只,或一只半。尤其中秋一天,兴致更浓。在深黄昏,移桌子到隔壁的白场上的月光下面去吃。夜深人静,明月底下只有我们一家的人,恰好围成一桌,此外只有一个供差使的红英坐在旁边,大家谈笑,看月亮,他们——父亲和诸姐——直到月落时光,我则半途睡去,与父亲和诸姐不分而散。

这原是为了父亲嗜蟹,以吃蟹为中心而举行的。故这种夜宴,不仅限于中秋,有蟹的季节里的月夜,无端也要举行数次。不过不是良辰佳节,我们少吃一点,有时两人分吃一只。我们都学父亲,剥得很精细,剥出来的肉不是立刻吃的,都积在蟹斗里,剥完之后,放一点姜醋,拌一拌,就作为下饭的菜,此外没有别的菜了。因为父亲吃菜是很省的,而且他说蟹是至味,吃蟹时混吃别的菜肴,是乏味的。我们也学他,半蟹斗的蟹肉,过两碗饭还有余,就可得父亲的称赞,又可以白口吃下余多的蟹肉,所以大家都勉励节省。现在回想那时候,半条蟹腿肉要过两大口饭,<u>这滋味真好</u>!(令人垂涎欲滴!真想抓只蟹来试一试!)自父亲死了以后,我不曾再尝这种好滋味。现在,我已经自己做父亲,况且已经茹素,当然永远不会再尝这滋味了。唉!儿时欢乐,何等使我神往!

然而这一剧的题材,仍是生灵的杀虐!因此这回忆一面使我永远神往,一面又使我永远忏悔。

三

第三件不能忘却的事,是与隔壁豆腐店里的王囡囡的交游,而这交游的中心,在于钓鱼。

那是我十二三岁时的事,隔壁豆腐店里的王囡囡是当时我的小伴侣中的大阿哥。他是独子,他的母亲、祖母和大伯,都很疼爱他,给他很多的钱和玩具,而且每天放任他在外游玩。他家与我家贴邻而居。我家的人们每天赴市,必须经过他家的豆腐店的门口,两家的人们朝夕相见,互相来往。小孩也朝夕相见,互相来往。此家对于我家似乎还有一种邻人以上的深切的交谊,故他家的人对于我特别要好,他的祖母常常拿自产的豆腐干、豆腐衣等来送给我父亲下酒。同时在小侣伴中,王囡囡也特别和我要好。他的年纪比我大,气力比我好,生活比我丰富,我们一道游玩的时候,他时时引导我,照顾我,犹似长兄对于幼弟。我们有时就在我家的染坊店里的榻上玩耍,有时相偕出游。他的祖母每次看见我俩一同玩耍,必叮嘱囡囡好好看待我,勿要相骂。我听人说,他家似乎曾经患难,而我父亲曾经帮他们忙,所以他家大人们吩咐王囡囡照应我。

我起初不会钓鱼,是王囡囡教我的。他叫他大伯买两副钓竿,一副送我,一副他自己用。他到米桶里去捉许多米虫,浸在盛水的罐头里,领了我到木场桥头去钓鱼。他教给我看,先捉起一个米虫来,把钓钩由虫尾穿进,直穿到头部。然后放下水去。他又说:"浮珠一动,你要立刻拉,那么钩子钩住鱼颚,鱼就逃不脱。"我照他所教的试验,果然第一天钓了十几头白条,然而都是他帮我拉钓竿的。(既能满足游戏欲,又能省菜蔬钱,还能附庸风雅。这等好事,还犹豫什么,赶快合上书本,钓鱼去吧!)

第二天,他手里拿了半罐头扑杀的花蝇,又来约我去钓鱼。途中他对我说:"不一定是米虫,用苍蝇钓鱼更好。鱼喜欢吃苍蝇!"这一天我们钓了一小桶各种的鱼。回家的时候,他把鱼桶送到我家里,说他不要。我母亲就叫红英去煎一煎,给我下晚饭。

自此以后,我只管欢喜钓鱼。不一定要王囡囡陪去,自己一人也去钓,又学得了掘蚯蚓来钓鱼的方法。而且钓来的鱼,不仅够自己下晚饭,还可送给店里的人吃,或给猫吃。我记得这时候我热心钓鱼,不仅出于游戏欲,又有几分功利的兴味在内。有三四个夏季,我热心于钓鱼,给母亲省了不少的菜蔬钱。

后来我长大了,赴他乡入学,不复有钓鱼的工夫。但在书中常常读到赞咏钓鱼的文句,例如什么"独钓寒江雪",什么"渔樵度此身",才知道钓鱼原来是很风雅的事。后来又晓得有所谓"游钓之地"的美名称,是形容人的故乡的。我大受其煽惑,为之大发牢骚,我想:钓鱼确是雅的,我的故乡,确是我的游钓之地,确是可怀的故乡。但是现在想想,不幸这题材也是生灵的杀虐!

我的黄金时代很短,可怀念的又只有这三件事。不幸都是杀生取乐,都使我永远忏悔。

读后悟语

　　文章题为《忆儿时》,作者的儿时是怎样的呢?是幸福的儿时,虽然很短,却是作者的黄金时代。作者的儿时有什么可忆呢?有三件不能忘却的事:第一件是养蚕,第二件是吃蟹,第三件是钓鱼。这三件事之所以让作者回忆起来永远神往,就在于三件事都是乐事——养蚕之乐、吃蟹之乐、钓鱼之乐。作者在叙述这三件乐事的时候,语调是平缓的,语气是平淡的,语言是平实的。但是读者读起来不但不觉得乏味,反而对所叙之事非常神往,为什么呢?原因就在于作者在字里行间蕴含了丰富的感情。

　　首先,这三件事都与人有关。第一件事的主要人物是祖母,祖母是一个豪爽而善于享乐的人;第二件事的主要人物是父亲,父亲是一个无事在家,每天吃酒、看书并且嗜蟹的举人;第三件事的主要人物是王囡囡,王囡囡是隔壁豆腐店的独子,是当时我的小伴侣中的大阿哥。文中说:"祖母、蒋五伯、七娘娘和诸姐都像童话里、戏剧里的人物了。且在我看来,他们当时这剧的主人公便是我。"原来作者是在这些人物的关怀关爱中长大的,现在回想起这些事,不过是借此来抒发自己对这些人物的深深的怀念之情。

　　其次,这三件事都与动物有关,这三种动物分别是:蚕、蟹、鱼。作者在文中一而再地说:"这回忆一面使我永远神往,一面又使我永远忏悔。"为什么要忏悔呢?因为这三件事都是对"生灵的杀虐",这三件事都是"杀生取乐"。读到此处,没有人不被作者的爱心所深深打动吧?

　　在写作上,这篇文章以叙事为主,以事写人,以物写人。儿时值得回忆的事有很多,作者围绕人物来选择材料,选取最能表现人物的几件事,然后以自己的感情为线串起这些材料,使之成为一个有机的整体,真正做到了"形散而神不散"。而且,作者对自己小时心理活动的描写,虽然笔墨不多,却是既准确又生动。

童年的河

赵丽宏

　　童年的记忆,隐藏在脑海的最深层。在成长的过程中,童年的一些特殊经历潜移默化地起着作用。想一想童年的往事吧,它们曾经怎样有声有色地丰富过你幼小的生命,滋润过你稚嫩的感情。

　　有一条河流,陪伴着我的童年。这条河的名字是苏州河,它在江南的土地上蜿蜒流淌,哺育了中国最大的城市。从前,它曾经叫吴淞江,上海人把它称作母亲河。

　　(开头两段点题,暗示下文要写的是跟苏州河有关的一些特殊经历。)

　　小时候,我的家离苏州河不远,我常常走到苏州河桥上看风景。天上的云彩落到河里,随着水波的漾动斑斓如梦幻。最有趣的,当然是河里的木船了。我喜欢倚靠在苏州河的桥栏上看从桥洞里穿过的木船。一艘木船,往往就是一家人,摇船的,总是船上的女人和小孩。男人站在船边,手持一根长长的竹篙,不慌不忙点拨着河水。有时水流很急,木船穿过桥洞时,船上的人便有点忙碌。男人站在船头,奋力将竹篙点在桥墩上,改变着船行的方向。他们一面手忙脚乱地与河水搏斗,一面互相大声喊着,喊些什么我听不清楚,但那种紧张的气氛却让人难忘,我也由此认识了船民的艰辛。后来看到宋人画的《清明上河图》,图中也有木船过桥洞的画面,和我在苏州河桥上看到的景象很有几分相似。现在回想起来,我那时没有机会和船上的人说过一句话,只是远远地看着他们,想象着他们的生活。<u>我常常把自己想象成一个生活在船上的孩子,船上有一条狗,温顺地蹲在我的脚边。我也和父母一起,奋力地摇橹,驾驭着木船在急流中穿过桥洞。</u>(船上的孩子想的也许跟作者当时所想正好相反!)

　　记忆中的苏州河常常有清澈的时候。涨潮时,河水并不太浑浊,黄中泛出一点淡绿,还能看到鱼儿在河里游动。那时苏州河里常常有孩子游泳。胆子大的从高高的水泥桥栏上跳到河里;胆子小一点的,沿着河岸的铁梯走到河里。孩子在河里游泳的景象多么美妙,小小的脑袋在起伏的水面上浮动,像一些黑色的花朵,正在快乐地开放。他们常常放开喉咙在喊叫,急促的声音带着一些惊奇,也带着一些紧张,在水面上跳动回旋。

　　有一天,在苏州河边上,我见到了可怕的景象。一个孩子,在河里淹死了,被人拉到岸上,躺在栏杆边的地上。这是一个瘦弱的孩子,上身赤裸,下身穿着一条破烂的裤衩,看样子,这孩子是在河里游泳溺水而死。他侧着身躺在地上,脸色蜡黄。他曾经在河里快乐地游着,快乐地喊叫着,他曾经是我羡慕的对象。但是他小小的生命已经结束,在这条日夜流动着的活泼的苏州河水里,他走完了他的短短的人生之路。这是我第一次这么近距离地看一个死去的人,但是这溺水的孩子并没有使我对死亡和河流感到恐惧。几年后,我也常常跳进苏州河里游泳,在和流水的搏斗中体会生命的快乐。我从高高的桥头跳入河中,顺流畅游,一直游到苏州河和黄浦江交汇的水面。那时,同龄的孩子没有几个有这样的胆量,他们捧着我的衣服,在岸上跟着我,为我加油。在他们眼里,我是一个勇敢的人。其实,在波浪汹涌地向我压过来时,我也曾产生过恐惧,也曾想起那个溺水而亡的少年,我在想:我会不会像他一样被淹死呢?不过这只是瞬间的念头,在清凉的河流中游泳的快乐胜过了死亡的恐惧。(这段经历可真够特殊的了!)

　　我上的第一所小学就在苏州河边上,在我们上音乐课的顶层教室里,站在窗前能俯瞰苏州河的流水。学校的后门,就开在苏州河岸边。离学校后门不远的河岸边,有一个垃圾码头。说是码头,其实就是一个大铁皮翻斗,平时铁皮翻斗被天天从它身上滑下的垃圾磨得雪亮。这铁皮翻斗,使我想起古时城门前的吊桥,平时翻斗是升起的,运送垃圾时,翻斗放下,成为一个传送滑道,卡车上的垃圾直接从翻斗上滑到停泊在岸边的木船船舱中。这垃圾码头,也曾是我们的游戏场所。我们常常攀上铁皮翻斗,站在翻斗边沿,探出脑袋,俯视河水从翻斗下哗哗地流过。对于孩子们来说,这是很有冒险色彩的奇妙经历。

　　一天早晨,经过垃圾码头时,发现码头边围着很多人,而那个曾给我们带来快乐的吊桥,翻进了河里——系住翻斗的两根钢索断了一根。这是一场悲剧留下的痕迹。就在前一天傍晚,一群和我差不多大的孩子,攀到翻斗上玩,他们正欢天喜地在翻斗上蹦跳,系翻斗的钢绳突然断了,翻斗下坠,翻斗上的孩子全部都被倒进了苏州河。欢声笑语一下子变成了救命的呼喊，那时苏州河边人不多，是河上的船民赶过来救起了落水的孩子们。但是，死神已经守候在这座曾给孩子们带来欢乐的吊桥边上，据说淹死了好几个孩子。几天后，还看到孩子的父母在苏州河边哭泣。而那个肇事的铁皮翻斗，被铁栅栏围了起来。这场悲剧，似乎向人们预示着生活中的乐极生悲和人生的无常。苏州河依然如昔日一般流淌，但从此我们再不敢去垃圾码头玩。("守候"和"肇事"这两个词用得好，运用了拟人手法。)

那时，苏州河边上多的是仓库和码头，少的是树林。在苏州河边难得见到飞鸟。不过有一只在苏州河边出现的鸟使我无法忘记。那是在无法吃饱饭的年代。

一天早晨，我从苏州河边走过，看见一只喜鹊从河面上飞过来，停落在河边的水泥栏杆上。这是一只有着黑白相间的花翅膀的黑喜鹊，它在水泥栏杆上悠闲地踱步，还不时左顾右盼，好像在寻找它的伙伴。我天生对鸟有好感，只要是天上的飞鸟，都是可爱的，哪怕是猫头鹰。在热闹的城市里会出现喜鹊，这实在稀奇。我停住脚步，注视着水泥栏杆上的喜鹊，觉得它美极了。它是那么自由，那么优雅。在苏州河边，难得看到这样的景象。就在我欣赏这只喜鹊的时候，发生了一件令人难以想象的事情。一个头发蓬乱、瘦骨嶙峋的女人，突然从停泊在河边的木船上蹿出来，扑上栏杆，把那只毫无防备的喜鹊抓在了手中。那女人一只手将喜鹊握住，另一只手以极快的速度拔光了喜鹊身上的羽毛，大概不到两分钟，那只羽毛丰满的美丽的喜鹊，竟变成了一团蠕动的粉红色肉团。它的嘴里发出惊恐尖利的鸣叫，拍动的翅膀因为失去了羽翼而显得很可笑。它的羽毛飘落在周围的地上，空中也飞舞着细小的绒毛。那女人的动作之迅疾，简直让人惊诧。她的目光也令人难忘，那是一个饿极了的人看到食物时的表情，目光中喷射出贪婪和急迫。这个木船上的女人，她捕捉这只喜鹊，当然是为了吃，为了充饥，为了让饥饿的生命得以延续。我没有看到她最后如何处置那只喜鹊，被她吃进肚子是毫无疑问的，至于怎么煮怎么吃，我不想知道。我想在记忆中保留喜鹊在苏州河栏杆上优雅踱步的形象，但浮现在眼前的，却总是那个被拔光了羽毛的粉红色肉团，还有飘舞在空中的羽毛，直到现在我还记得它挣扎尖叫的可怜样子。(鲁迅说："悲剧是将美的东西毁灭给人看。")

苏州河边的邮政大楼顶上，有一组石头的雕像。那是几个坐着的外国人像，站在地上看不见他们的表情，远远地看去，也只能看出个大概的轮廓，但他们优雅的身体姿态给我留下深刻的印象。小时候在苏州河里游泳的时候，有一次躺在水面上仰望那些雕像，居然看清了雕像们的脸，那是一些神秘的表情，安静，悠闲，他们在天上俯瞰人间，目光中含着淡然的期待，也隐藏着深深的哀怨。"文革"初期，那一组雕像不见了，据说是被人打碎了。那座有着绿色圆顶的大楼，从此就变得单调，抬头仰望时，常常有一种失落的感觉。

前几年，那个古老的绿色圆顶下面，又出现了一组雕像，是不是当年的那组雕像，我不知道。不过仰望他们时，再没有出现童年时的那种感觉。

 **读后悟语**

每个人都有自己的童年，都有自己的童年往事，都有自己特殊的童年经历，因而也都有隐藏在脑海最深层的童年的记忆。这些记忆有关于人的，有关于物的，有美好的，有不好的。在作者的记忆中，有一条河流，陪伴着他的童年，这就是被上海人称母亲河的苏州河。在作者童年的记忆里，苏州河是美好的，"天上的云彩落到河里，随着水波的漾动斑斓如梦幻"。河中的船家曾让作者非常神往，河中的景象曾让作者想到宋人画的《清明上河图》，"孩子在河里游泳的景象多么美妙，小小的脑袋在起伏的水面上浮动，像一些黑色的花朵，正在快乐地开放"。

但是，美丽的苏州河也给作者的童年留下了难忘的特殊经历，上演了几出惨痛的悲剧。其一是人的悲剧，在河里游泳的孩子，在翻斗里玩耍的孩子，淹死在这条日夜流动着的活泼的苏州河里；其二是鸟的悲剧，一只自由、优雅、美丽的喜鹊，顷刻间在一个头发蓬乱、瘦骨嶙峋的女人手里，变成了一团蠕动的粉红色肉团；其三是雕像的悲剧，那安静、悠闲、神秘的石头雕像被人打碎了。这些悲剧虽然都是发生在苏州河边，却不是苏州河的悲剧。苏州河只是一个历史的见证人。这是历史的悲剧，是时代的悲剧。如今，那个产生悲剧的时代已随苏州河水流逝，一去不复返了。这或许正是本文作者所要告诉我们的吧。

作家赵丽宏是不太欣赏散文虚构的。他认为散文是纪实文体，所描述的客观现实、作家情感都是真实的。他曾说：散文的灵魂是什么？是情感？是真情实感。言不由衷不会有感染力，也不会有生命力。倾吐真情，就要大胆地展示灵魂的色彩，诚实地倾吐心里的声音。这篇文章也正是作家上述散文观的形象体现。

童话边缘之乡村篇

陈 述

夕村的夜总是来得很早。那天晚上我听到她的哭声的时候，我想我是睡着了。但我听到了她的哭声，幽咽的，穿过洞开的天窗，而外面早挂了一盏灯笼似的月亮。(把月亮比作挂起的灯笼，妙！)

她住在我们隔壁，门前堆积了不知哪个年代从山上崩下的石头，像个采石场。

我越过采石场的曲折，走到她们门前。门是虚掩的，一推，就开了，伴着沉闷的嘎吱声。

没有电灯，只有一挂油灯，幽幽地散着哀光。屋子里很多人，母亲也在里面，用目光谴责我的到来。灯光如豆，摇曳着，跳着绰约的舞蹈。借着灯光，我看见她坐在墙边床上，哀哀地哭。床上，躺着我的伙伴，他的身上，蒙了灰暗的床单。(沉闷、悠悠、绰约、哀哀、灰暗，很好地渲染了气氛。)

她是十年前搬来的。此前所有关于她的经历，村人一无所知。这里有她一个远房的亲戚，因为天灾，她逃到我们这里。但很快她就在她那个不很近的亲戚家里生下了一个男婴。这是很蹊跷的事情，至于孩子的父亲是谁，没有人知道。人们忙着干活，忙着过活，哪有闲心管这个。她却被赶出了她的亲戚家，据说因为她的不洁而将会给他们带来厄运。她无处可去，在村口的麦秸窝里带着她的孩子睡了十几个晚上。终于在一个大雨滂沱的夜晚，母亲把她请回了家，把隔壁弃置不用的房子让给她住。她接过钥匙，没有吭声，只是流泪。

我忽然明白发生了什么事。她还在哭。因为操劳，三十几岁的她，头发已变得枯槁。脸色苍白得一如她的头发。而她的儿子，却安详地睡去了。安详得像个死人。

　　一阵风吹来了，拍打着半掩的门。母亲拉我的手，要我离开。风倏地窜进来，缠着灯光。豆似的灯火，摇摆着，不屈服风的肆虐，试图在这黑暗里持守坚强。但还是灭掉了。风舞着，仰头长笑。在斑驳的墙上，画着毫无缺陷的圆。我离开了。黑暗里，她的哭声越过苍茫的记忆，进驻我的思想。

　　可爱的棺材搬来了，黑黑的面孔蹲在乱石中间。(运用拟人手法来写风、灯、棺材，给人以童话般的感觉。)

　　一夜的惊扰令我疲惫不堪。母亲却早起了，在她家里，安慰着生者的悲痛。

　　没有多少悲伤。她抱着她儿子，默默地，像一尊神像。那床单终于掀开了。我看见熟悉的脸而现在变得那么陌生。他的眼闭着，嘴角成弧形的弯着，以至于让我相信死亡也是一件美好的事情。

　　没有多少禁锢的仪式。匆匆的下葬显得更为凄凉。

　　而我想得最多的，是遗憾我们还没来得及去偷隔壁村的玉米棒。我们早就谋划好了，而迟迟未动手的原因，是那个老头常给我们糖吃。他是隔壁村的庄稼看护者。

　　我站在村口。我习惯了等人的寂寞。但却没有人来。我便悲哀地记起，他是安息在那片村后的乱坟岗了。

　　那里是我们曾经常去的。那里有我们全村的所有死掉的灵魂。那里也爬满了狗尾草。他是最喜欢狗尾草了，常常要在草丛里玩耍，直到睡去；并且在梦里也念着狗尾草的名字。有一次他采了好多的狗尾草回家，放在门前石板上的瓶子里，瓶子里有一瓶的水。它们却不久就枯萎了，叶子黄得失去了生意。他哭了，伤心地哭了，他发誓再也不采那些可爱的草了，它们在那里多快活，而在家里却就这么快死掉了。他觉得是他害了它们，而一连几天去那里忏悔，小心地渴望得到它们的原谅。(与其说是安息，还不如说他已变成了一株狗尾草！)我记起了哦。我全都记起了。却失去了自己的朋友。看着他从世界上消失，而无能为力。

　　所以我等着，一直地等。等着等着，也许就天黑了，他母亲的哭声就响在耳边。

　　那老头的屋子简陋极了，叫我想起我们家的猪窝。他笑眯眯地给我糖吃，我没有要。我说我要偷你们几棒玉米啊。他笑了。皱起错综杂乱的眉头，你是偷遍了四郊了，还能放过我吗？是啊，是啊。我也笑了。忽然就很悲伤。很小的我在那个老头的屋里放声地哭了。我很诧异，我哭了。而我哭了却是到现在。我想起了我们一起的日子，日子也很简陋，却生机盎然。

　　他领我到了玉米地里。很慷慨地掰了最肥硕的玉米给我。他知道他死了。他知道他曾经爱着的孩子死了。他给他糖吃。他给他捶背。而现在一切都消失了。无影无踪。(日子虽然很简陋,但是爱却至深。)

　　去给他吧,他等着呢,他说。老头的脸展开了些,眼望着远方。那里是他的长眠之地。

　　风依旧很旺盛地吹着。春天过了,是夏天吧。

　　我看见他了。就在这旁边。隔壁是我爷爷的屋子。他的坟头太小了,在这拥挤的空间里,逼仄得失去了意义。没有了,什么都没了。只有几只狗尾巴在那光秃秃的坟头可怜地摇摆,有风,有阳光,有另一种世界。我想。想着就觉得很难过了。

　　我把那玉米棒放在那里。搁在狗尾巴的中间。我不愿相信他会不喜欢。他是多么的贪婪啊,曾经为了一棒而和我发生过一场大战。虽然他总是输在我的拳下……呵,回忆是可悲的。我多想不要回忆。

　　后来的日子使我长大了。我离开了村庄。远离了村庄的炊烟,以及那乱坟岗的性灵。

　　我长大了。我已经缺失了悲伤。因为,我没有资格了。

读后悟语

　　她是母亲,他是儿子。她丈夫是谁?谁是他的父亲?没有人知道。他们母子俩是哪里人?从哪里来,做什么的,姓什么,叫什么?他死了,怎么死的?这一切,都是未知数,都是谜。我们无从知道,也不必知道。我们只知道她的遭遇很坎坷,她的身世很悲惨,"因为操劳,三十几岁的她,头发已变得枯槁。脸色苍白得一如她的头发。"我们只知道他是她唯一的儿子,是她的命根子,是"我"的伙伴和朋友,是老头曾经爱着的孩子。他喜欢狗尾草,喜欢吃糖,喜欢吃玉米棒。如今,他却安息在那片村后的乱坟岗了。

　　我们知道这些就已经足够了,由此我们知道了这个故事所折射出的那个特殊的年代,在那个特殊的年代里,"没有电灯,只有一挂油灯,幽幽地散着哀光"。在那个特殊的年代里,"豆似的灯火,摇摆着,不屈服风的肆虐,试图在这黑暗里持守坚强。但还是灭掉了。风舞着,仰头长笑"。在那个特殊的年代里,生活是如此的艰辛,生长是如此的艰难,生存是如此的悲哀!

作者说:"我长大了。我已经缺失了悲伤。因为,我没有资格了。"为什么?为什么连悲伤的资格都没有?是因为"我长大了"?是因为"我离开了村庄"?还是因为"远离了村庄的炊烟,以及那乱坟岗的性灵"?耐人寻味,令人深思!运用童话般的语言、童话般的手法,营造童话般的意境、塑造童话般的人物,是本文最突出的写作特点。

童话是一种具有浓厚幻想色彩的虚构故事,多采用夸张、象征等表现手法去编织奇异的情节。应该说,这篇文章并不是童话,内容是真实的,情节也不离奇。但是作者却借用了一些章法手法,造成一种浓烈的幻想氛围以及一个超越时空制约、亦虚亦实、似幻犹真的境界。这种形式很好地抒发了作者内心的情感。

哦，童年

江子

童年是春天最柔软湿润的部分；(这里的"春天"是指人生的春天。)是记忆中已成为历史却又似梦境的部分；是《圣经》中《启示录》的部分。哦，童年，这个露珠般透明却又预示着无数可能的词，令人的回忆充满迷醉和感伤的意味。

现在，一个孩子已在我的记忆中复活：紫红色的拖着鼻涕的脸膛，乱蓬蓬的头发，被改制的粗布衣裳包裹的小小身子，不可一世的神气表情……他行走在满是陈年稻草和新鲜庄稼气味的路上，天空是明净的。鉴于我出生于农村的经历，我暂且假定他是一个农村的孩子；哦，童年时代，人生最快乐的部分。一个孩子的快乐来源于打雪仗、捉迷藏、放风筝、做游戏———只昆虫、一个旋转的木头陀螺、一个小鱼钩、一个鸡毛毽子或者一根跳绳就能给他制造出无穷无尽的快乐。望着满天星斗他会有一种莫名其妙的满足。在收割后的田野蹑手蹑脚，一只蹦跳的蚱蜢就能改变他前进的路线。他用皮筋、自行车链条制成的手枪向世界瞄准，每弹出石块或枪声响起他都有一种被击中的幸福。

童年的快乐会将整个世界的苦痛和悲伤掩埋。在秋天的星空下自作聪明地制造光明，他会把萤火虫满满地装进一只还来不及撕下标签的药瓶子——为了得到这只药瓶子，他倒出了母亲还没吃完的止痛片。一个孩子的快乐甚至来自一只戴在臂膀的黑纱套——用来悼念一位刚刚去世的伟人的黑纱套。(1976年9月，毛泽东主席与世长辞，举国上下沉痛哀悼。)在一个充满哀悼气氛的乡村礼堂，五岁的我因为拥有与所有的大人一样的黑纱套而感到无比的幸福。置身于巨大的历史事件中我竟然百无聊赖，来到池塘边与小伙伴们玩起了打水漂的游戏。我竟然认为打水漂要比待在气氛沉闷的礼堂里要好玩些!

哦，童年无边无际的快乐竟然让我变得饶舌，喋喋不休像个老人!对童年的回忆让我们都有了衰老的迹象———个孩子，他会有怎样离奇的经历和不可理喻的想法! 比如他跟着一个挑着色彩斑斓的货担的历经沧桑的陌生面孔满世界转悠，甚至有了吆喝的愿望，可他说不清他是为了得到一个气球、一个红颜色的塑料小喇叭还是一把玩具手枪。他会攀着一辆装着石头的拖拉机奔跑直至耗尽满身力气。有一天他感觉自己当上了元帅，因为他把一只撕了翅膀的知了像勋章一样挂在了胸前……他甚至干过偷家里的钱买一支钢笔的傻事。祖母描述的叔叔小时候挂着钢笔上学的形象成了他心中的少年英雄。结果他被父亲打得半死。因为他家里的全部存款只有十五元之多，本用来添置一把至今不亚于彩电在家中地位的锡质酒壶。一张粗糙的打皱的纸上，一张被肆无忌惮地点上许多小黑点的脸，那是他的杰作。原因是他伤心于尽管端正地坐到难受的程度可那个长着满脸麻子的数学老师竟然第十五次没有在表扬栏里为他挂上一朵小红花。在出学校不远的巷子里，他与他的女同桌因为被嘲笑为戏台上的杨宗保和穆桂英而一起高举用来大扫除的扫帚奋力把一路嘲笑的同学打得四散逃窜。黄昏降临，他们既羞涩不已又恋恋不舍。他在睡觉前想起那个拖着鼻涕、凌乱地结两根黄毛辫子的小女孩的许多优点，比如因劳动积极屡受老师表扬，已经能帮家里洗碗、剁猪草，听说开始学着给小弟弟打毛衣……天哪，他只不过是一个年仅九岁还穿着开裆裤的孩子……(那是一个物质相当匮乏的时代。)

我的回忆不仅喋喋不休甚至陷入混乱。已成梦境的童年难道不是混乱不堪不可收拾一如碎片?哦，童年，陷入整个世界的祝福和期待中却懵懵懂懂的童年! 那个一天到晚蹦蹦跳跳的孩子，那个由于被母亲诬为又偷去灶膛里的洋火装链条手枪而委屈得一路哭泣的孩子，那个在母亲的指令下趿着拖鞋提着酱油瓶捏着零钞向着商店走去的孩子，我们会在黄昏的充满怀旧意味的巷子里，或者在音乐低迷感伤的部分满怀惆怅地回望他的背影，清晰以至模糊，直至在巷子的尽头消失……而俯视自身，我们已满目荒凉，老气横秋。一个不知道的人变成了一个知道的人。一个沉浸在混乱的快乐中的人变成了一个被生命的秩序挟裹的忧伤的人。一个让世界陌生的人变成了一个让自己陌生的人。一只空瓶子因为注满酱油一样的生活而花光了零钞似的童年。(童年是一个"不知道的人"，是一个"沉浸在混乱的快乐中的人"，是一个"让世界陌生的人"，哦，童年! 光洁如瓷器朴素如泥土的童年!)

想起童年，我们对自身产生了巨大的怀疑:当年那个不可名状的孩子，是如何长成现在这个样子的?比如我,为什么没有因为童年时代对萤火虫、知了的喜爱而成为一个昆虫学家?或者因为偷过家里的钱而成为令人惊恐不安的盗贼?因为喜欢玩玩具枪而成为一个军人?因为出生在农村而成为一个农民?我离开了童年的乡村,莫名其妙地来到了城市,并且成为一个靠写作为生的人,是源于童年的某种暗示还是岁月给了我怎样的修正以至篡改?我的成长是童年的一种必然还是一次意外?我的身体还残存多少咿呀学语的表达、蹒跚学步的痕迹以及打雪仗、捉迷藏的冲动?我的记事从五岁的一只黑纱套开始,我五岁前无法记起的经历是否掩藏了我一生最初的奥秘?时间这只看不见的手,总是让我们以一种告别的姿态离开人生的每一个站台,包括童年,青春,爱情……童年,光洁如瓷器朴素如泥土的童年,是否成长就是暗示无数可能的泥土烧制成模式的瓷或者光洁如梦的瓷器逐渐破碎的过程?我的内心时常传来破碎的声音……人生如蔗,时间总是从最初的一端嚼起。童年一去不复返,而我们在被逼迫的路上。

 读后悟语

　　童年本该是快乐的,阅读抒写快乐童年的文章,感觉本该是轻松愉快的。可是我们阅读江子的《哦,童年》却感觉到了某种沉重,这不是说作者的童年并不快乐,恰恰相反,作者的童年是很快乐的,"哦,童年时代,人生最快乐的部分。"这种快乐不仅具体,而且丰富。作者喋喋不休、不厌其烦地向我们展示了他童年时代的诸多快乐,这些快乐会让不同时代不同地域的读者获得不同程度的认同感。

　　然而,作者的目的并不在此,文中说:"想起童年,我们对自身产生了巨大的怀疑。"作者回忆童年是为了审视人生,是为了借此反思自身,审视人生的意义,反思自身的价值。借对童年的回忆来思考童年阶段在整个人生道路上所起的作用。因此,我们阅读本文就自然而然地有了某种沉重感。我们也不禁思考:我的童年是怎样的呢?"我的成长是童年的一种必然还是一次意外?"我的将来又会怎样?

　　作者曾在一篇写作手记中说:"多年以前作为诗歌写作的我曾写下这样的诗观:逼近现实,让词语在隐痛中发光。至今作为散文写作者,我依然作如是观。"回看本文,我们可以说:作者通过逼近人生现实,让"童年"这个露珠般透明却又预示着无数可能的词,在隐痛中发光!

村里最轻快的活路

王 冰

记得我曾跟着我家以前的老邻居王老爹学过一段时间的木工,这是我学过并干过的另外的一份活。但我直到现在也还没有闹清楚我为什么要学它,只是记得有一天我在村东的河滩上刨墩头,王老爹就是那时走过来要收我做徒弟的。

那天,我的心情出人意料的好,因为我眼看着那墩头就要被我刨出来了,之后我就能把它扛到村南的木炭窑上去卖了,而换回的钱可以到集上随便地花,所以我产生了一种从未有过的快感。

我要刨的那棵墩头,看上去,似乎是在前天夜里刚被人砍去树干的新鲜墩头,因此我并不着急。我本想用一些蒿草把它厚厚地埋住,等它的根烂掉一些,挺出地面的木桩干燥一些再去刨它,好能省些力气。对每个人而言,这是常理。但我有些等不及了,我总是毛毛躁躁,心里存不下什么东西,这也是我一直在队里放羊的原因。一个人,上天把你生成一个瘸子也不要紧,但你必须学会用自己的脑袋,脑袋不就是用来装一些不能待在外面的吗?(这句话通俗而深刻,可以当做格言警句。)

这个墩头是这片林子里唯一的一个了。在这里,树木很密,河岸显得非常宽阔,明晃晃的阳光随着流水哗哗地淌着,似乎要把声音放得很远,就像我的心情一样。因此我只一眼,便断定了这一点,因为既没有来自外界的干扰,也没有一件另外的事情让我分神,于是我可以集中我全部的力量来干这件事。

但正在干得欢的时候,我的眼角突然现出一个墩头,我感到纳闷,我不是把四周都看遍了吗,怎么还有呢?我抬头一望,看见原来是一个人正远远盯着这边,从种种迹象,我能感觉得出，他已注意我很久了，因为我看出来了，他的眼睛里没有一种刚发现一种事物的新奇。

似乎是村里的木匠王老爹，但我觉得他应该与我无关，因此我重新拨拉开那堆草，撅起屁股背对着他卖命地干起来——这个墩头要是拿到木炭窑上卖，至少也要卖个块儿八毛的，腊月里赶个年集，也能买些自己想买的东西——而且这个姿势也让我能准确地窥视到他的活动，我不由觉得自己真有些聪明了。(这几段描写生动准确地揭示了小孩的心理活动。)

正如我所想的，那人渐渐走近了，他果然是我家的老邻居王老爹。他来，不会是来抢我的这个墩头的吧?我定定神，心想，要是他敢动我的墩头，我就要抱住他的腿，把他给咬瘸了。

他过来了，手里什么也没拿，这让我放下了一半的心。我直起腰，刚要说话，王老爹说:"别在这刨啥墩头了，跟我学木工吧。"

我感到很纳闷，我与他既不沾亲又不带故，他为什么要这样做呢，而且在平时的时候，他也总是对我特别好。有时我从街上走时，他总是悄悄地跟着我，盯着我仔细地看。有时来了货郎，他也常在没别人的时候给我买几块糖吃，我那时就一直觉得奇怪。他现在又要我做他的徒弟，我觉得太不可思议了，这是村里最轻快的活路，挣的工分也多，几乎是一个人顶两个人的了，能跟着他学手艺的人在村里没有几个，这样的好事为什么会轮到我的头上，我有些糊涂了。(文章对王老爹着墨虽然不多，但形象很鲜明。)

我怯生生地问:"为啥呢?"

"还问个啥?难道你不愿意?"他说，显得很慈祥，"实实在在的手艺总会让人觉得踏实，庄稼人嘛，本来就不就是求个老实安分嘛。"

我不再说什么了。

于是我成了王老爹的最后一个徒弟，但我一直不知那是为什么，但我确确实实干上了村里最轻快的活路，直到他去世为止。

他去世时，我按照他的嘱咐，没有去参加他的葬礼，后来有人告诉我，他就是我的爷爷。

那年我10岁，时间是1976年1月。

世界很小也很大

读后悟语

　　这是一个令人有些心酸的故事,故事的情节并不复杂:某年某月的某一天,我在村东的河滩上刨墩头时,被老邻居王老爹收作徒弟,跟他学木工,干了村里最轻快的活路。故事的人物也不多,才两个:老邻居王老爹和我。之所以说这个故事令人心酸,原因就在于这两个人物之间的关系——老邻居王老爹和我本是爷孙俩,可是直到王老爹去世之后,我才知道王老爹就是我的爷爷。是什么原因让爷爷成为老邻居呢?为什么爷孙俩不能相认呢?作者并没有直接告诉我们,只是在文章的结尾点明故事发生的时间,"那年我10岁,时间是1976年1月。"看似很平淡无奇的一笔,实际上暗示了故事发生的时代背景,暗示了造成这种不正常的人物关系的社会原因。

　　从写作手法上看,作者成功地运用了心理描写,把一个不足10岁的孩童的心理活动写得生动可感,比如"我感到很纳闷,我与他既不沾亲又不带故,他为什么要这样做呢,而且在平时,他也总是对我特别好。有时我从街上走时,他总是悄悄地跟着我,盯着我仔细地看。有时来了货郎,他也常在没别人的时候给我买几块糖吃,我那时就一直觉得奇怪。"从结构上看,作者成功地设置了悬念,既能吸引读者,又能出人意料。

我的小学

韩修龙

这天，回老家去。

在街上走着，忽然想起东边那个胡同的尽头，是我儿时第一个小学校址。多年不曾进这个院子了，不知现在是什么光景。（入题干净利索，不拐弯抹角。）

走到门口几乎不敢认，过去没有门口，是一个大豁口，豁口处却有一口井，那井很幽深，探头细视才见一片寒光。记得一户人家的猪跑到校园里，一个同学做好事，要赶它回家，谁知，它一不小心掉井里去了。

他马上告诉那家的人，猪终于被救出，幸也没死，那家却一口咬定是那个同学故意撵进去的，并告到学校。老师很厉害，一脚将他踢了出去。第二天他才敢来上学，他也没想到一件好事，却做成了一件坏事。

这个院子后来被我小学的同学王长有买下了。

头顶上的秋阳把人的影子投得极矮，主人已下晌，他热情地给我打招呼。这本是过去一个地主的院子，分北屋、西屋两排，四个年级，每个屋我们都呆过。北屋好一些，很宽。里面有一溜明柱，里外间有古色古香的界扇隔开。一年级时，我就是在里间那个明柱边挤着。

老同学告诉我，孩子嫌屋子难看，要翻盖这屋子。

奇怪的是，有关小学的记忆，却多是院子里的事。（记忆的闸门就此打开。）

这个院子里，知青与村里的年轻人合演过《红灯记》。小九演王连举，大个子保金演日本队长，金龙演李玉和，我北邻的女儿爱莲演李铁梅，而那个天津知青老胡则饰演鸠山。那个时候，村里还没有电灯，台上点的是汽灯，"哧哧"地放着白焰。台下是黑压压的一片群众。有时台下发出一阵笑声，往往是台上的演员说差了一句词，或者是汽灯不亮了，卸下在打气儿。

上三年级时，这院子没我们的地方，我们就被赶到胡同南头，街对面的一处人家的闲院里去。那屋子很破旧，往下掉着潮湿的墙皮，木窗的屋子很暗，阴雨天上不成课。

那时，中国出了个庄则栋。中国的小小银球飞向了世界，也飞进了我们的那个小的土院子。我们是掀起了一场空前的乒乓球热的。却没有球案，就利用周围的砖墙，三个人一组，每个组至少要求买一个球。自制不出木球拍的，就用硬纸板或书本。墙上也站不了几组人，余下的就在院中间对打。一时间，小小银球在空中乱舞，如夜里的流星雨。"流星雨"这么多，落到地上，大家免不了会踩。

头一次，就有三四个球被踩坏。(庄则栋是当年的乒乓球世界冠军，乒乓球能成为我们的国球，与当年的乒乓球热是分不开的。)

记得，上课了，我那个组的球由我保管，放在书包里，一不小心让胳膊压凹了，看样子开水也烫不过来。我眼珠一转赖身边的一个女生压的。那个女生可老实了，同学们平时很难见她说一句话，有时上课她来晚了，老师问她，她半天才回答。可声音很小，老师得躬下身凑到她脸上去听。那时候家里很穷，要一毛钱都难，我们还合伙找到她家里让赔。现在想起很是内疚，也不知那个女生嫁到哪村里去了。

到了院里去看，竟变得一点也不认识了。现在已被前边那一家买去，并合成一个大院子，我只能在它的身后看到高高的红砖墙，过道的那棵枣树还在，见粗了，那歪斜的树身依稀还能辨识，那时树下被大家踩得光溜溜的，现在却是一片杂草弥漫了。

记得五年级是在关家胡同的一个人家里上的。那是关姓的院子，教室占两间北屋，另一间半那户还住着。院子里有一盘石碾子，也有一棵枣树。看时，枣树还在，院子也被邻人买去，合成大院落。那盘石碾早没用了，碾盘丢在了街边，石磙前些年打麦子时在场里用过一阵，现在也被人蹬进村外沟壕里去。

在这两间屋子里的记忆也不多，只记得潘世祥能记能念能背，张金广能唱，王玉山的拉弧圈球(院里有了水泥制的球案儿)，还有武玉成的捣蛋，被杌子摞杌子的立上去罚站。我的胆子不大，一次老师在课下听到我唱着李玉和的"提篮小卖"，上课时就要求我唱。我推脱了很久，才决定唱，但刚发出一个"提"字就害怕得变了腔了，大家哄地一下笑了，老师也忍不住笑了,却马上又装成一脸的严肃,说,张金文你唱。于是,一个红润的脸的小男孩站起,就摇头晃脑地唱开了。声嗓很亮高八度都爬得上去,如生在城市,说不定他会成为一个歌唱家。现今也还不错,他属村里那批首先富起来的人。(当年全国人民都学唱样板戏,李玉和是样板戏《红灯记》里的主人公。)

西斜的日头使挂满果实的枣树闪着金光。记得这个土院子还召开过群众大会,是斗争一个本家的老嫂子,标语赫然写着"逃亡地主XXX批斗大会",其实我本家的哥哥是贫农,这嫂子的前一家是地主,她的出身可是穷人,是被卖到地主家做偏房的。

当时会场布置得很庄严,台上坐着几个工作组的人。本家嫂子就被捆在枣树上。工作组的人说,你老实交代! 她说我没啥交代的。那人就吼一声:把她吊起来! 身边的民兵连长不肯动,那人将他推一边,自己抓住绳子把人拉了上去。

那个民兵连长就是现在的村支书。

后来,她的儿子告状到北京,终于平了反,结束了她那晨昏战战兢兢的日子。

那时,学校的劳动课特别多,夏天拾麦子,秋天采槐叶。大家都愿意采槐叶,这样可以到河边玩了。那河两岸看不到头的弯弯的槐行,如两道绿屏障,遮挡着风沙。大家都愿意在浓密的槐行里,踏着软软的沙地上的细草自由地踩,秋里的槐叶一反春日里的柔嫩浅绿,厚实如黛玉。大家拿着包袱挽结了套在脖子上,一会儿脖子酸疼了,低头一看一包满了,就倒在一旁又采。有时,不知谁惊跑一只野兔儿,或者一条蛇。有顽皮的同学,还去捅树上的马蜂窝,见一群炸开的小东西在空中追来,便四处逃散。

背回的叶子晒了满满一院。各晒各的,如大大小小的青地毯。干热的太阳一蒸发,槐叶那独有的气味便掠过院子飘到胡同里去。过路的社员一闻就说,呀! 学生晒槐叶来。

晒干包好,装了一大排子车,就去邻村收购点上卖,说打成面能出口。

现在,槐叶采不成了。河两岸的槐行一棵不剩全被刨光了,风沙开始向村子漫来,人们才如梦初醒。(那是一个学校不上课、学生不读书的年代。人们成天忙于斗天、斗地、斗人。结尾一个"如梦初醒",耐人寻味。)

读后悟语

　　让我们来看看这是一个什么样的小学吧,五年换三个地方:一、二年级是在东边那个胡同的尽头,"这本是过去一个地主的院子,分北屋、西屋两排";三、四年级是在胡同南头一处人家的闲院里,"那屋子很破旧,往下掉着潮湿的墙皮,木窗的屋子很暗,阴雨天上不成课";五年级是在关家胡同的一个关姓的院子,"教室占两间北屋,另有一间半那户还住着。院子里有一盘石碾子,也有一棵枣树。"可想而知,在这样的小学里是读不了书的,因此,有关小学的记忆全与读书无关。

　　都有些什么记忆呢?有的是做好事却把猪撵进了井里,有的是知青与村里的年轻人合演《红灯记》,有的是空前的乒乓球热,有的是把错误转嫁给老实的女生,有的是上课唱"提篮小卖",有的是"逃亡地主批斗大会",有的是夏天拾麦秋采槐……在这里,小学只是人物活动的一个舞台,在这个原始、破烂、简陋的舞台上,上演着各种活剧和闹剧。作者采取纯客观的叙述态度,对此不作任何主观的评价,我们很难找到带有强烈感情色彩的词句。但是,在冷静客观的叙述语言背后,我们隐约能体会到作者的感情倾向,因为文章所选择的事件本身就已经饱含着作者的感情态度。

家园如梦

山 珍

夜很深，也很静。浅浅的月光流进了我的村子，挤进了那扇用皮纸蒙住的三字窗。风轻轻地梳理着窗外还略单薄的树枝，噪音很低，却让我听得清楚那来自远方的呼唤。庭院里的那口古井，清楚地倒映着我曾经在井旁的柳树上猴跃的童年。辘轳上那长满黑斑的麻绳，依然牢牢地吊着我的心事，绷得像调紧的弦。(远方的呼唤，就是家园的呼唤。)

"月光光，亮堂堂，背书包，进学堂……"井边学会的童谣鲜活如初，只是教我童谣的母亲，却已独卧寒山。母亲的声音成记忆，然而母亲的血必将灌溉我的一生。(有了母亲的血的灌溉，童谣能不鲜活吗?)

流浪的脚步离开家园，只把乡愁饲养在井中，任何一丝不经意的涟漪，都有可能荡得我遍体伤痕。

屋后的荒坡上，零零散散地落户了一些三月莓树，它们在贫瘠中送走一个个春夏秋冬，又迎来一个个春夏秋冬。

母亲为我摘莓子时被刺破的手指，滴着血，凝成一团不褪的火红，永远燃烧在我记忆的深处。那些吃三个月莓当饭的甜甜的日子，是母亲用手一分一分地扳来的。今年的三月，我想母亲还会在另外的世界里为我采摘三月莓。只是母亲已移居黄泉，即使我将膝盖埋进坟土，也无法缩短母子间的距离。(有了母亲的爱的灌溉，日子当然是甜甜的！)

等到三月莓红透的时候，我该回趟老家，去荒坡上采摘一包三月莓，捧撒在母亲的坟头。母亲曾经为我寻找三月莓的目光，擦亮一串串累累的爱。

屋右的古枫树——鸟的天堂。孩提时，父亲总是架着长长的梯子，猫着腰一回又一回地爬上树去为我取鸟,样子很吃力,可父亲的脸上却从不滚落丝毫吃力的神情。

如今,鸟渐渐地少了,只剩下乱七八糟的鸟巢搁在树桠间,可年迈的父亲却像童年的我一样,在鸟归季节里一遍遍地数着鸟巢。又是鸟儿孵殖的季节,隐约中,我感觉父亲佝偻着身子站在古枫前学舌一般地重复着"一、二、三、四……",那深深陷进了眼窝的眸子,专一地注视着通往山外的羊肠路。(因为儿子是从这条"通往山外的羊肠路"走出去的。)

屋左蜿蜒蛇行的山路依旧在为我走出大山的举动作注脚,那浅浅的一行不知打上了我多少若隐若现的脚印。从山村走进城市,实际上是走进一种诱惑,甚至是一种折磨。

山路的源头是生活,山路的尽处还是生活。生活就是生生死死,造化平衡世界,谁能适应这个世界,谁就是赢家。做个赢家吧,赢家有能力随遇而安。无论生活把自己推到哪个位置,都要用一颗平常心去面对,轻松靠自己给予,快乐只属于创造快乐的人。

怀念家园,更怀念家园里的某些人。我辛苦一生而今永隔幽冥的母亲,愿您有您的天堂;我艰难活命又思儿念女的父亲,愿您有您的寄托!

在家门前那堵不倒的竹篱笆上,我将自己攀援成一株不忘的牵牛,紫色的喇叭始终朝向敞开着的家门,芬芳屋里的每一道墙缝。(有了爱的支撑,竹篱笆是永远不会倒下的!)

家园如一件厚厚的袄,等待着每一个伶仃的流浪者去穿;家园如一双不破的鞋,永远套在流浪者缺暖的脚上;家园如一柄永新的伞,一直搭在流浪者风雨兼程的肩膀上;家园如一块啃不完的饼,让流浪者一次又一次地去补充能量;家园如一根拉不断的线,末端总系着一个流浪者的大风筝。

 读后悟语

每个人都有自己的家园,家园是我们魂牵梦绕的地方。作者的家园是怎样的呢?屋前是古井,屋后是三月莓树,屋右是古枫树,屋左是山路,屋外是竹篱笆:这是一个非常普通的家园。但是就是这么一个普通的家园,却让人难以忘怀、不能割舍,因为家园如一件厚厚的袄,如一双不破的鞋,如一柄永新的伞,如一块啃不完的饼,如一根拉不断的线,能给出门在外的游子以温暖、呵护、能量和牵挂。

作者说:"怀念家园,更怀念家园里的某些人。"这就是"辛苦一生而今永隔幽冥的母亲"和"艰难活命又思儿念女的父亲"。由物及人,睹物思人,对家园的一草一木、一山一水的怀念都是对亲人的怀念。因此,"在家门前那堵不倒的竹篱笆上,我将自己攀援成一株不忘的牵牛,紫色的喇叭始终朝向敞开着的家门,芬芳屋里的每一道墙缝。"这就是爱,对家园的爱,对亲人的爱!

本文语言生动形象,遣词造句极富诗意。比如:"浅浅的月光流进了我的村子"、"风轻轻地梳理着窗外还略单薄的树枝"、"辘轳上那长满黑斑的麻绳,依然牢牢地吊着我的心事"、"只把乡愁饲养在井中"、"永远燃烧在我记忆的深处"、"擦亮一串串累累的爱"、"芬芳屋里的每一道墙缝",这些句子中的"流、梳理、吊、饲养、燃烧、擦亮、芬芳"等词,运用得准确而贴切,既增强了语言的形象性,又使得全文具有了浓郁的诗的意境。

学 生 作 品

　　读书可以培养一个完人，谈话可以训练一个敏捷的人，而写作可以造成一个准确的人。

——[英]培根

读 书

陈 燕

　　莎翁有一句名言:书籍是全世界的营养品,生活里没有书籍,就好像没有阳光;智慧里没有书籍,就好像鸟儿没有翅膀。的确,生活里可以粗茶淡饭,却不能没有书。而于嗜书如命的我而言,书是伴我一块长大的亲密伙伴。

　　小时候识字不多,只能看一些注音的小故事,稍大一点,上了小学,迷上了童话。在童话王国里,我认识了美丽善良的白雪公主,她教会了我真诚、宽容;认识了可怜的卖火柴的小女孩,她教会了我同情弱者与苦难;结识了智慧可爱的大拇指。这些小小的故事深深吸引着我,感动着我,它们陪我度过了一个金色的童年。

　　上了初中,我又开始接触名著,开始阅读中外小说。享受着读书的快乐,常常徜徉书的海洋而忘记周围的一切。在神圣的书殿里,我既感受到恬美、空灵的自然之鸟;又能站在梅雨潭边感受朱自清描写的绿;还可以站在西湖边聆听柳浪和黄莺的对答,可以静坐在荷花池旁欣赏如雪花般洁白的荷花;也可以手执长矛独立朔漠,感受那"风萧萧兮易水寒"的悲壮;还可以到夕阳下看那"古道西风瘦马"……在书的海洋里游弋,我懂得了好多好多。

　　从"将登太行雪满山,欲渡黄河冰塞川",我懂得了生活的曲折,认识到人生路的坎坷;从"事在人为,莫道万般都是命",我知道了自我努力的重要;从"境由心造,退后一步自然宽",我懂得了人应当经得起失败,应当有接受挫折的勇气。从书里,我知道了人应当有尊严,应该有人格;人应该有理想,有追求;应当知恩图报,应当有责任心……书,让我从那小小的文字里,知道了古今中外的名人轶事;领略到五光十色的大好山河;观赏到扑朔迷离的异域风光……是书开拓了我的眼界，让我透过方格纸看到了大千世界。

进入高中，繁重的功课虽然压得我疲惫不堪，但我还是坚持读书，因为它能使我轻松，使我快乐。这时，散文成了我的最爱。那一篇篇或清丽或隽永、或平实或深刻的文章，让我如痴如醉。小说，同样是必不可少的，《简·爱》教会了我如何去爱，如何去接受爱……

一本本好书，一篇篇好文章，甚至一个句子或一个词语，都给我无穷的享受。书，不仅是我最忠实的朋友，也是我无声的导师，在我痛苦受挫时，她给我信心与鼓励；当我茫然无助时，书为我开启智慧的大门，启示我走出迷雾。

如果说人生是一只帆船，那么读书就是风，也许船可以逆风而行，但没有风的吹动，人生之帆船一定会徘徊不前。

如果说人生是一幅画，那么读书就是涂彩。也许一幅画可以只有一种色彩，但只有一种色彩的人生一定是单调、乏味的。

书对于我而言，就像空气，我的一生离不开书。我在读书中品味生活、感悟人生；我在读书中成长，在读书中成熟。

生命有限，学海无涯。书作为一位睿智的向导，引导着我怎样去面对多彩的人生，怎样去挑战未知的世界，怎样才能拥有高贵的人格尊严。是一本本好书让我在曲折的成长路上走得更踏实更平安更快乐！它们随着我成长，记录着我成长的一点一滴，镌刻着我成长路上的每一个脚印！书，永远是我最最亲密的朋友，是我终身的导师！

同学分析

可以看出，《读书》的作者有很广的知识面，古今中外的许多书籍都有所涉猎，"开卷有益"在其作文很好地体现出来：作文中有广阔的视野，遣词造句生动优美。

《读书》是一篇优美的散文，"形散而神不散"。文章以莎士比亚的警世之言开头，有高屋建瓴之势。接着将自己从孩提时代到高中的读书生活娓娓道来，简练而优美的语言不仅清楚地交代了自己的读书之路，而且将读书中的各种感受渗入其中，使读者仿佛也和作者一起共度了那段难忘的读书时光。最后以大量的排比结构的句子抒写了自己对读书的感受,进一步升华了主题。

教师点评

书是什么?书有什么作用?为什么要读书?要读什么书?读书有什么作用?

这一系列的问题,每一个学生都会遇到的,也是每一个学生都会思考的,每一个人都会根据自己的经历和自己的认识以不同的方式作出不同的回答。文章开篇引用莎士比亚的名言,告诉我们书是营养品、是阳光、是鸟的翅膀,这个描述是权威的、经典的,但不是作者自我认识。所以,接下来作者就结合自己的亲身经历,以时间先后为顺序,不厌其烦地、反反复复地为我们做了详细的描述。从小时候的童话、初中的古诗文到高中的散文和小说,"一本本好书,一篇篇好文章,甚至一个句子或一个词语,都给我无穷的享受。"书是作者睿智的向导,是作者最忠实最亲密的朋友,是作者无声的、终生的导师。

文章思路清晰、结构严谨,给人以一气呵成之感。语言上,排比、比喻等修辞手法的综合运用,使得文章流畅而有气势,抒情而有文采,有较强的艺术感染力。

母亲的牵挂

向 导

　　让我最难忘的是母亲的牵挂。母亲的牵挂，就像雨后空中那道彩虹，绚烂多彩；母亲的牵挂，就像炎炎夏日的阵阵清风，带来阵阵凉爽；母亲的牵挂，又像那爬满墙头的密密麻麻的青藤，剪不断，理还乱……是啊，正是有了这牵挂，才演绎出人生中那许多动人心弦的历史；正是有了这牵挂，才涌现出生活中无数缠绵悱恻的故事。

　　小时候的我，身子瘦得简直像一根藤儿，皮肤黄得胜过那烧焦的蜡。邻居们常拿我开玩笑，说我过不了几天就可以用来喂蚂蚁了。母亲的心无时无刻不牵挂着我的身体，她带着我，一次又一次地徘徊在医院的门口，尽管每次检查的结果都是一切正常，从没查出过什么毛病，但母亲却仍然放心不下……

　　岁月的风霜让母亲那高大的身影日渐消瘦，令母亲那自信的容颜日渐苍老……不知不觉，我已13岁了，我的身体一天天地壮起来，母亲的脸上也开始挂满了微笑。

　　可以这样说，在我已走过的13个春秋里，无一个日日夜夜不是伴着母亲的牵挂度过的。记得学校组织的一次夏令营，母亲开始是不让我去的，在我的执意要求下，母亲无奈只好答应了。因为这是我第一次独自远行，母亲自然放心不下。临行前，她千叮咛、万嘱咐："外出游玩要小心，紧跟着老师走，吃饭不要挑食，睡觉要盖好被子……"一串串的唠叨，一阵阵的哆嗦，开始让我不耐烦了，我甚至感到有些讨厌。本来早就说好，她不去车站送我的，可就在汽车缓缓启动的那一刹那，我却清晰地看见，车站的一个角落里，分明有一个模糊而熟悉的身影，一双关切的眼睛正凝视着我。霎时，我的泪水不知不觉模糊了双眼，我望着母亲，一动也不动，直至她的身影消失在我的目光里。出行的日子里，心里多了一丝莫名的空虚,才觉得母亲的牵挂是那样难得,她成了我唯一的寄托,也化作了儿子对母亲的思念和牵挂……月光下的母亲,您还好吗?

我渐渐明白了,母亲想用她那粗糙的双手为儿子摘下星辰,挽住月亮,但她是不能的;母亲想用她那勤劳的双手给儿子带来欢乐,留下温馨,那却是可能的;我的母亲,不正是在用她那双温暖的手默默地为她的儿子做着力所能及的事情吗?

雨,静静的下着;夜,黑暗又漫长。我走在清冷的大街上,任那冰凉的雨滴打在我的身上。同学们有说有笑地分享着考试后的喜悦,而我的心却早已同这冰凉的雨一样,变得冷冷冰冰,失去了活力。一次失败的考试、一塌糊涂的考试,回家怎么向父母交代呀?恍恍惚惚中我便到了楼下,楼梯口站着一个人,昏黄的灯光映照着的是那张熟悉的脸,那副和蔼的笑容。"你看你,衣服都湿透了,感冒了怎么办?这么大个孩子了,还不会照顾自己!"母亲心疼地接过我手中的书包,挽着我走上楼去。"对了,这次考试成绩怎么样?""我……我……对不起你们……'我声音哽咽了,母亲愣了一下,拉着我坐下来,然后拿起卷子,帮我分析错误的原因,原来都是因为粗心造成的。母亲叹了叹气,说:"孩子,你一定要改掉粗心的毛病,吸取这次的教训啊!"我与母亲的目光相对了,我能够感觉到母亲的目光里多了些期待鼓励。看着无情的岁月在母亲的额头上刻上的几道五线谱,我哭了,望着母亲那张历经沧桑的脸,我真的哭了,但这泪却因为母亲的牵挂而变得甜甜的……

友情也许会褪色,誓言也许被遗忘,但亲情将永存人间。朝朝暮暮,春去秋来,我的每一点进步,都是母亲心血的结晶,它不知道包含了母亲多少的牵挂。母亲的牵挂,就像夏天的甘霖,深深地滋润着我干涸的心田;它是心灵的闪电,精神的升华;母亲的牵挂,更是我成长的阶梯,它引导我脚踏实地地迈好人生的每一个步子,它帮助我度过生活的每一道难关!

 同学分析

这是一篇感人至深的文章。我们随着作者的叙述依稀看到了车站母亲的背影,耳边萦绕着千叮万咛,情不自禁地想起了自己的母亲。

作者用诗一般的语言将母亲的牵挂尽情挥洒。母亲的牵挂,像雨后的彩虹,夏日的

阵阵清风,密密麻麻的青藤……瞬间将抽象的"牵挂"变得真实可触;文中大量使用了排比句,很有节奏音律美,抒情意味很浓;遣词造句很有讲究,形容自己瘦得像根藤儿,就很形象生动。

文中的叙事也很有技巧。写母亲悄悄到车站送别时,抓住的母亲的身影,犹如电影中的特写镜头,之后的抒情也就水到渠成,真挚感人。在叙事的过程中善于造境,考试失败后作者描写凄凉的雨夜、清冷的大街,造就的氛围为下一步的叙事和抒情定好了基调。

 教师点评

母亲的牵挂像什么?母亲的牵挂,"就像雨后空中那道彩虹,绚烂多彩;母亲的牵挂,就像炎炎夏日的阵阵清风,给你带来阵阵凉爽;母亲的牵挂,又像那爬满墙头的密密麻麻的青藤,剪不断,理还乱……"母亲的牵挂,"就像夏天的甘霖,深深地滋润着我那干涸的心田;它是心灵的闪电,精神的升华;母亲的牵挂,更是我成长的阶梯"。

母亲的牵挂,绝不止是这一串串华美的词句、一个形象的比喻,更是一点点生活的细节。"母亲的心无时无刻不牵挂着我身体,她带着我,一次又一次地徘徊在医院的门口。""在我已走过的13个春秋里,无一个日日夜夜不是伴着母亲的牵挂度过的。"母亲的牵挂是千叮咛、万嘱咐,是一串串的唠叨、一阵阵的哆嗦,是车站的一个角落里"一个模糊而熟悉的身影、一双关切的眼睛",还是那双粗糙的、勤劳的、温暖的手,是一声声叹息,是期待与鼓励,是额头上刻着的几道五线谱,是那张历经沧桑的脸……在作者的笔下,母亲的牵挂既是抽象的,更是具体可感的。作者既用华美的词句抒发了自己对母亲的真情实感,抒发了自己对母亲的思念和牵挂,又用朴实的语句叙述了母亲对我所做的点点滴滴。因此抒情与叙述的有机结合,正是本文写作上突出的特点。

父亲、希望工程和我

赵品毅

一

我出生在一个比较偏远的山村,祖祖辈辈都是老实巴交的农民,终日守着自己的五分地,家境自然也很贫寒。

六岁那年,父亲决定把我送进学校。按照我们这里的传统思想,念书是没用的,所以,伢子八岁能念书的,是最幸运的了;如果有谁能念个初中毕业,那便是奇迹。更何况我家的情况仍旧没有改变:一座摇摇欲坠的土砖屋,几件站不稳脚的破烂家具,看了便令人心酸。于是,母亲并不是很赞成。

幸好父亲的思想还比较开放。至今,我仍能清晰地记得开学前夜的一幕:母亲躺在床上(她患有风湿病,常年卧床),沮丧地说:"孩子他爸,现在家里(经济状况)也太差了,要不再等几年,或许家里稍微好了一点再说也不迟!"

父亲叼着烟斗,深深地吸了一口,又长长地叹了口气,烟气味便弥漫了整个屋子。烟雾中,我望见父亲铜一般的脸毫无生气,整日劳作于田间地头的他已过早衰老了。他的声音很嘶哑,很沉重:"再苦也不能误了孩子呀!"

第二天,父亲攥着费尽口舌借来的学费把我送进了学校。

按村里人的说法,我之所以成绩顶呱呱,是因为我天资聪明。我不知道这是羡慕还是嫉妒,但都无妨,因为这是我自己勤奋的结果,完全不必在乎别人的想法。

我成绩是最好的,生活也是最苦的。我穿的都是别人穿旧的,吃的难得见几滴油。每天放学后,我还得帮父亲干活。每每看见伙伴们嬉戏的身影,我从未为自己的命运感到悲观过,正所谓"吃得苦中苦,方为人上人"嘛!

我是个有爱心的孩子。尽管家境贫寒,我还是喜欢关心和帮助有困难的人。记得那时候,每每向"希望工程"捐款,别人捐的都是五元、十元,而我却是一叠旧旧的一分纸币,我却从未感到不好意思过,我甚至认为我比他们更光荣!

那时我没有感觉到我是最苦的人。我反而觉得我是这世上最幸福的人!

二

初一那年,我与"希望工程"结下了不解之缘。

当时,父亲仍旧守着榨不出油水的几分责任地,母亲仍旧躺在床上,无法劳作,姐姐们仍旧出卖着自己的劳动,拼命地赚钱供我念书。学校见我家境如此贫寒,便将"希望之星"候选人的资格给予了我。

说句老实话,我当时真的很害怕,害怕自己万一失误,没能获得奖学金,有负于学校的重托,有负于父老的关怀,有负于家人的期望。

这时,还是父亲的话让我的心静了下来。他的一字一顿都使我大为鼓舞:"孩子,别怕,要相信自己!战胜了自己,也就战胜了一切。"多么朴素而又有力的言语啊!多么深厚而又不外露的父爱啊!

一切都如所愿,我成功地获得了"希望之星"助学金。这个消息在我们乡村引起了轰动。一直以来,在乡亲们的眼中,他们的乡邻有谁能在国家级的比赛中获奖,简直称得上是"奇迹"。他们把我捧上了天,其实我还是清醒的,自己只不过是大海中的一滴水,一滴微不足道的水,切勿被胜利冲昏头脑。

家人的脸上终于露出了欣慰的笑容。父亲肩上的锄头似乎轻了许多,逢人便谈。我知道他根本就不是自以为了不起,他是开心呀!我能够体会到他深深的父爱!

自获得"希望之星"助学金后,"希望工程"给了我无微不至的关怀。她寄来的每一封信、每一份杂志、每一份报纸,都会令我感到社会的温暖,给我一份激励,让我更好地学习!

这些年来,在艰难的求学路上,难免会遇上一些困难,我自卑过,难过过,甚至想过要放弃;每次因衣不遮体而遭人白眼时,每次因家贫而遭人歧视时,只要想到父亲与"希望工程",我都会坚强起来,我反复告诉自己,有父亲和"希望工程",你已是这世上最幸福的人了!

三

高中开学前一夜,母亲告诉了我一个瞒了我很久的噩耗!父亲得了肺癌,现已到了晚期。难怪这几个月来,我见父亲总是无力的样子。那一夜,我不知道自己是怎样度过的,只知道泪水浸透了被子。

第二天,我开始了更加艰难的求学历程,在勤学的同时,还得挂念躺在病床上的父亲。我觉得很吃力,总有一种支撑不住的感觉,是啊! 一心怎能二用?于是,我的成绩出现了滑坡,没有了从前的辉煌。

这一切是瞒着父亲的,他仍旧一如既往地关心着我的学习。可是他愈关心我,我愈感到内疚,总有一种对不起他的感觉。

这时候,我总喜欢把我的烦恼告诉"希望工程"的老师们,每每都能收到他们的回音——一张明信片,我真的好开心,好幸福。

糊里糊涂的一学期过去了,我仿佛做了场噩梦。草草地应付完考试,便匆匆地赶回家。一见到父亲,我的泪水便忍不住往外涌——他已经病得不成人样了。我坐在他的床头,向他倾诉着自己的心里话。他时而微笑地点点头——他说话已很吃力,很吃力……

最后,他断断续续地对我说:"孩子,记住……一定要记住……'希望工程',好好学习……千万别辜负了社会……给予你的希望……将来一定要……报答社会!"第二天,他便含笑九泉。

四

我以后要走的路还很长。父亲已不能在我前进的路上修筑灯塔,我真的很伤心。

同学分析

这是一个悲惨而感人的故事。"我"贫寒的家境,生命中灯塔——慈爱的父亲又过早地离开了人世;然而,是父亲和希望工程点燃了"我"的生命,给"我"坚强地活下去的勇气。

文章的立意新颖。"希望工程"在文章中不仅仅是指具体的"我"参加"希望之星"比赛这件事,而且暗指了父亲就是"我"生命中的"希望工程"。一实一虚,一语双关,显示了文章的写作技巧。

文章的时间跨度较大,内容含量也不少,涉及了父亲、我、"希望工程"、邻居等,过多的东西在这么短的一篇文章中难以详细交代,作者是否考虑精简一些内容或者增加文章的篇幅?与此相关的一个问题是,许多生活中最深刻的感受作者没有很好地用自己的笔表达出来,过多的议论代替了感受的书写使得文章感人的力度减弱。

教师点评

成长是艰难的,逆境中的成长就更加艰难,作者的成长之路可谓是难上加难。

我们来看看作者所处的是一个怎样的逆境吧:

"我出生在一个比较偏远的山村,祖祖辈辈都是老实巴交的农民"、"一座摇摇欲坠的土砖屋,几件站不稳脚的破烂家具"、母亲"患有风湿病,常年卧床"、"我穿的都是别人穿旧的,吃的难得见几滴油。每天放学后,我还得帮父亲干活"、"父亲得了肺癌,现已到了晚期"。不仅如此,作者还每每"因衣不遮体而遭人白眼,因家贫而遭人歧视"。那么,面对如此艰难的求学之路、如此恶劣的生活环境,作者有没有放弃呢?"我自卑过,难过过,甚至想过要放弃",这是人之常情,我们不能因此而责备他。令人欣慰的是,他并没有被击倒,是父亲与"希望工程",让他坚强起来,让他觉得自己是这世上最幸福的人。

那么,父亲是一个什么样的人呢?叼着烟斗、铜一般的脸、过早衰老、声音嘶哑、说话一字一顿、肺癌晚期——这是父亲外在的形象,就是这么一个病态的父亲,却具有比较开放的思想、朴素而有力的言语、深厚而不外露的父爱。正因为如此,父亲才成了作者坚强而有力的后盾,成为作者前进路上的灯塔,也正因为如此,作者才感到自己是世上最幸福的人。对父亲形象的成功刻画,也正是本文的成功之处。

世界很小也很大

爱在左，同情在右

　　冰心奶奶曾经说过："爱在左，同情在右，走在生命的两旁，随时撒种，随时开花，将这一径长途，点缀得香花弥漫，使穿枝拂叶的行人，踏着荆棘，不觉得痛苦，有泪可落，却不是悲凉。"在文学作品中，"爱与同情"是无处不在的，它们都是人性最本质的体现。你能听到爱与同情向你倾诉的声音，这种声音也许含着淡淡的忧愁，也许蕴藏着更多的对人世的快乐和感谢……

名 篇 赏 析

　　爱是一种旅程,一种运动,一种聚合的速度,
爱是一种创造力。

——[英]苏伦斯

圣诞节的早晨

[美]赛珍珠

一

清晨四点,他忽然醒来,就再也无睡意了("忽然",点出了不平凡)。过去,他父亲总是在这时唤醒他去帮着挤奶,他自己对迄今还保持着这个早醒的习惯也觉得有点奇怪。父亲已经去世三十年了,可他现在仍然一到四点钟就醒。今天早晨——因为是圣诞节,他不想再接着睡了。

可今天的圣诞节对他又有什么魔力呢?他的孩提时代和青春的时光早已逝去,就连他的孩子们也已长大成人、各奔东西了。

昨天,妻子对他说:"没必要去修剪圣诞树了,噢,也许用不着再花那份功夫了。"

"不,艾莉丝,"他带着肯定的语气说,"虽然只有咱们两个人,但是还要好好过个圣诞节。"

她有点勉强地说:"那咱们明天再修剪吧,我实在有点累了。"

他同意了,现在那棵树仍在后门外放着。

他静静地躺在自己的房间里,妻子睡在隔壁的屋子。两屋之间的门关着,因为她常彻夜失眠,即使有时睡着了,也极易被极小的声响弄醒,因此,他俩几年前就决定分开睡了,可再也没有从前睡得那么香。毕竟,天长日久在一起的生活,使他们再也无法分开了。

他今晚为何毫无睡意?寂静的夜晚,繁星闪烁,满天星斗构成了另一个奇妙的世界。每当他在这时想起那件往事,特别是在圣诞节黎明之前想起它,星星就好像显得特别大,特别亮。(这往事亮在他的脑海深处,在每一个圣诞节前夜,照亮他的一生。)

二

这些年来,他经常不由自主地回忆起过去的时光。那时他十几岁,住在父亲的农场里,他很爱他的父亲,可他父亲从没意识到这种爱。直到有一天他无意中听到他的父亲对母亲说的话。(爱在心口难开。)

"玛丽,我讨厌老是那么早就叫醒鲍勃,他身体长得那么快,需要睡眠。我真想把挤奶的事全包了。"

"可这不行啊,亚当,"他听到母亲的声音传出来,"他已经不是孩子了,该学着干点事了。"

"这我知道,我实在不忍心叫醒他("真想"、"不忍心",恰是凝结了最深沉的父爱。)

当他听到这些,从心底里明白了:父亲爱他。他过去从来没有想到过这些,因为以前他认为血缘关系大概就是这样,很自然。现在他明白了,于是早晨他再也不想钻进被窝里磨时间,还要让父亲来叫。("再也不想"恰恰是由于爱唤醒了爱。)想到这儿,他揉着睡眼,磕磕碰碰地起了床,穿上衣服。

一晃几天过去了,圣诞节的前夜,他躺在床上翻来覆去,想着第二天要干的事。他家里不富裕,过圣诞节最使他们高兴的,就是吃火鸡和妈妈做的馅饼。他姐姐每每都要缝制一些圣诞礼物,而父母总给他买些他需要的东西,有时可能不光是一件温暖的夹克,还有另外的东西,比如说一本书什么的。而他呢,也总是把零用钱攒起来,给他们每个人都买礼物。("每每"、"总"、"总是"是爱,是亲情的表达。)

他想,这个圣诞节他就十五岁了,该送给爸爸一份更好的礼物,而不像过去那样,老是到商店给他买条普通的领带。他侧身躺在阁楼的床上,眼睛望着窗外,心里琢磨着这份礼物。

当他还很小的时候,有一次问父亲:"爸爸,马厩是什么?"

"就是牲口棚,"父亲回答说,"就像咱们家那个牲口棚一样。"

接着，父亲告诉他，耶稣就是在牲口棚里诞生的。还说牧师和圣人来到牲口棚，给人们带来了圣诞礼物。

他忽然闪过一个念头：对啊，我为什么不能在牲口棚里送给爸爸一件特殊的礼物呢？我可以早早起床，悄悄去奶牛棚里，一个人给牛添草加料，把奶挤了，并将牛棚打扫干净……这样，在爸爸进去挤奶的时候，就会发现所有的事都干完了。(挚爱触动永怀一生的念头。)

他凝望着满天的星斗，静静地想着，不觉得意地笑了。他想，要干这事，就不能睡得太死。

这一夜，他醒了好多次，每次都要擦根火柴，借着火光看他那只旧表，生怕误了时间。

半夜两点半他就起了床，悄悄下楼，轻轻拉开房门，以免发出声响，然后蹑手蹑脚地走了出去。(下意识的细节恰恰是心怀关切的体现。)屋外一颗泛着微红的星星很大、很低，就像挂在屋顶上。牛棚里，一头头奶牛睡眼惺忪地望着他，显出惊奇的样子，好像在说："你好早啊！"

这群牛对他还挺顺从。他给奶牛添了些干草，然后摆好奶桶和大奶罐。

过去，他从没有独自一个人挤过奶，可现在觉得似乎在做一件不简单的事。他不慌不忙地干着，桶里散发出的醉人奶香，使他开心地笑了。奶牛也配合得很好，似乎它们也知道今天是圣诞节。

挤完奶时，两只奶罐全已盛满，他盖上了盖子，接着打扫牛棚……诸事完毕后，便小心翼翼地关上了门。

当他回到房间里时，离四点只差五分钟了。他赶紧脱衣上床，钻进被窝。因为他已听到父亲起床的声音，他用被捂住头，生怕自己激动的喘息声被父亲听见。这时，房门开了。

"鲍勃。"父亲的声音，"虽然是圣诞节，我们也得起来干活啊，孩子。"

"好——吧——"他故意装作还没睡醒的样子。

"那我先去了，我得把事先干起来。"

门关上了。他仍躺在床上，忍不住笑出了声。想到等一会儿父亲就会明白一切时，他的心跳得都快蹦出来了。

这段时间过得好像特别长，也不知道过了多久，他终于听到了父亲的脚步声，接着，门开了。

"鲍勃!"

"嗯,爸爸——"

"你这鬼,"父亲激动得话也被哽住了,"你这家伙骗了我,是不是?"

"这是给您的圣诞礼物,爸爸!"

这时他发现父亲已经紧紧地搂住了他,双臂在他的后背上下抚摸着,炽热的泪水滴到了他的面颊上。(因为感动而滑落的男人之泪弥足珍贵。)天很黑,他们谁也看不清谁的脸,却都感到彼此的心在跳动。

"孩子,我真谢谢你。再没人比这干得更棒了!"

"噢,爸爸,我想要你知道——我真想成为好样的!"这是从他心底里冒出的话。他不知再说什么好,而心里却充满了爱。

过了一会儿,父亲说:"好了,我想我该去睡觉了。噢,不!听,小家伙们都醒了。想想,孩子,我从没有在你们第一眼看到圣诞树的时候见到你们,那时我总是在牛棚里干活。来吧!"

他重新穿上衣服,跟着父亲走到圣诞树旁。不久,星星消失了,太阳爬上了天穹。噢,这圣诞节多美好呵,特别是在他听到父亲告诉母亲的话,说他——鲍勃已经如何能自己起床的时候,他感到有点羞愧,但更多的是感到自豪。

"我从没有得到过这么好的礼物,我会记住它的,孩子!"父亲说,"只要我活着,每年圣诞节的早晨,我都会想起它!"(一份似乎平凡却绝不平凡的礼物。得之者,幸也。)

三

那时,他们俩都记着这份礼物。而现在父亲早已不在了,只有他独自默默地记着:在那个美妙的圣诞节的早晨,他独自在奶牛棚里制作了一份挚爱的礼物。

窗外,星辰渐渐淡去。他穿好睡衣下了床,穿上鞋,把那棵树搬进屋里,开始仔仔细细地修剪起来。很快,一棵圣诞树就修剪好了。然后,他走进书屋取出了一个小盒子,里面装着送给妻子的礼物——一枚不大却很精致的钻石胸针。可他还不满意,他想要告诉她,他是多么的爱她!

他能够爱,这是多么幸运、多么美好啊!能够爱,这是生活真正的乐趣!他相信有一些人不会去爱别人，但爱却存于他的心间，直到现在依然如故。

他猛然想到，这爱所以留存在心中，是由于当他明白父亲爱他的时候，挚爱从他的心底醒来——只有用爱才能唤醒爱。

而这天早晨，这美好的圣诞节的早晨，他要把这爱献给他亲爱的妻子。他可以把这些写在信里给她看，并让她永远保存着。他走到桌前，提起笔写道："我最亲爱的爱人……"写完以后，他把信封了，系在圣诞树上。然后关上灯，踮着脚轻轻地回到了自己的房间。

天空中的星星已经消失，绚丽的朝霞将东方的天际装点得分外好看。多么幸福啊，幸福的圣诞节！(幸福是什么？其实能给予爱，能得到爱，便是一生幸福吧。)

读后悟语

说实在，写父子之爱的文章还真是不多，也许是因为父爱总是深沉含蓄，然而，本文却将这种父子情写得那样的温馨，动人。

儿子正在长身体，父亲不忍心每天凌晨四点钟就把儿子叫醒，儿子明白：父亲爱他。于是，在圣诞节首夜，他两点半起床，把牲口棚的事全部料理完毕，作为送给父亲的圣诞礼物。儿子用自己灵机一动的行为，回报父爱。留在记忆深处的那份温暖，在儿子年老时，还传递给了与他执子之手一生的妻子。能够爱，这是生活真正的乐趣！

文章以清新温馨的景物描写渲染烘托，使这发生在生活中的细小平凡的小事，恍如天上清亮的星星，成为记忆中的珍宝，成为爱的珍宝。

背　影

三　毛

那片墓园曾经是荷西与我常常经过的地方。

过去,每当我们散步在这个新来离岛上的高岗时,总喜欢俯视着那方方的纯白的厚墙,看看墓园中特有的丝杉,还有那一扇古老的镶花大铁门。

不知为什么,总也不厌地怅望着那一片被围起来的寂寂的土地,好似乡愁般依恋着它,而我们,是根本没有进去过的。

当时并不明白,不久以后,这竟是荷西要归去的地方了。

是的,荷西是永远睡了下去。("睡",说明无法接受荷西死去这一事实。)

清晨的墓园,鸟声如洗,有风吹过,带来了树叶的清香。不远的山坡下,看得见荷西最后工作的地方,看得见古老的小镇,自然也看得见那蓝色的海。

总是痴痴地一直坐到黄昏,坐到幽暗的夜慢慢地给四周带来了死亡的阴影。("总是"说明经常做这件事,点出了挚爱。)

也总是那个同样的守墓人,拿着一个大铜环,环上吊着一把古老的大钥匙向我走来,低低地劝慰着:"太太,回去吧! 天暗了。"

我向他道谢,默默跟着他穿过一排又一排十字架,最后,看他锁上了那扇分隔生死的铁门,这才往万家灯火的小镇走去。

回到那个租来的公寓,只要母亲听见了上楼的脚步声,门便很快地打开了,面对的,是憔悴不堪等待了我一整天的父亲和母亲。(父母之爱如此伟大而无言。)

照例喊一声:"爹爹,姆妈,我回来了!"然后回到自己的卧室里去,躺下来,望着天花板,等着黎明的再来,清晨六时,墓园开了,又可以往荷西地奔去。

父母亲马上跟进了卧室,母亲总是捧着一碗汤,察言观色,又近乎哀求轻声说:"喝一口也好,也不勉强你不再去坟地,只求你喝一口,这么多天来什么也不吃怎么撑得住?"

也不是想顶撞母亲,可是我实在吃不下任何东西,摇摇头不肯再看父母一眼,将自己侧埋在枕头里不动。母亲站了好一会,那碗汤又捧了出去。

客厅里,一片死寂,父亲母亲好似也没有在交谈。

不知是荷西葬下去的第几日,堆的大批花环已经枯萎了,我跪在地上,用力将花环里缠着的铁丝拉开,一趟又一趟地将拆散的残梗抱到远远的垃圾桶里去丢掉。

花没有了,阳光下露出来的是一片黄黄干干的尘土,在这片刺目的、被我看了一千遍一万遍的土地下,长眠着我生命中最最心爱的丈夫。

鲜花又被买了来,放在注满了清水的大花瓶里,那片没有名字的黄土,一样固执地沉默着,微风里,红色的、白色的玫瑰在轻轻摆动,却总也带不来生命的信息("我"的心也跟随荷西的灵魂而去,毫无生机。)

那日的正午,我从墓园里下来,停好了车,望着来来往往的车辆和行人发呆。

不时有认识与不认识的路人经过我,停下来,照着岛上古老的习俗,握住我的双手,亲吻我的额头,喃喃地说几句致哀的语言然后低头走开。我只是麻木的在道谢,根本没有在听他们,手里捏着一张已经皱得不成样子的白纸,上面写着一些必须去面对的事情——要去葬仪社结账,去找法医看解剖结果,去警察局交回荷西的身份证和驾驶执照,去海防司令部填写出事经过,去法院申请死亡证明,去市政府请求墓地式样许可,去社会福利局申报死亡,去打长途电话给马德里总公司要荷西工作合同证明,去打听寄车回大加纳利岛的船期和费用,去做一件又一件刺心而又无奈的琐事。

我默默地盘算着要先开始去做哪一件事,又想起来一些要影印的文件被忘在家里了。

天好似非常的闷热,黑色的丧服更使人汗出如雨,从得知荷西出事时那一刻便升上来的狂渴又一次一次地袭了上来。

这时候,在邮局的门口,我看见了父亲和母亲,那是在荷西葬下去之后第一次在镇上看见他们,好似从来没有将他们带出来一起办过事情。他们就该当是成天在家苦盼我回去的人。

我还是靠在车门边,也没有招呼他们,父亲却很快地指着我,拉着母亲过街了。

那天,母亲穿着一件藏青色的衬衫,一条白色的裙子,父亲穿着他在仓促中赶回这个离岛时唯一带来的一套灰色的西装,居然还打了领带。

母亲的手握着一把黄色的康乃馨。

他们是从镇的那头走路来的,父亲那么不怕热的人都在揩汗。

"你们去哪里?"我淡然地说。

"看荷西。"

"不用了。"我仍然没有什么反应。

"我们要去看荷西。"母亲又说。

"找了好久好久,才在一条小巷子里买到了花,店里的人也不肯收钱,话又讲不通,争了半天,就是不肯收,我们丢下几百块跑出店,也不知够不够。"父亲急急地告诉我这件事,我仍是漠漠然的。

现在回想起来,父母亲不只是从家里走了长长的路出来,在买花的时候又不知道绕了多少冤枉路,而他们那几日其实也是不眠不食在受着苦难,那样的年纪,怎么吃得消在烈日下走那么长的路。

"开车一起去墓地好了,你们累了。"我说。

"不用了,我们还可以走,你去办事。"母亲马上拒绝了。

"路远,又是上坡,还是坐车去的好,再说,还有回程。"

"不要,不要,你去忙,我们认得路。"父亲也说了。

"不行,天太热了。"我也坚持。

"我们要走走,我们想慢慢地走走。"

(心在别处,根本无视父母的深沉爱意,却以一片漠然刺向那两颗深爱的心。)

母亲重复着这一句话,好似我再逼她上车便要哭了出来,这几日的苦,在她的声调里是再也控制不住了。

父亲母亲默默地穿过街道,弯到上山的那条公路去。

我站在他们背后,并没有马上离开。

花被母亲紧紧地握在手里,父亲弯着身好似又在掏手帕揩汗,耀眼的阳光下,哀伤,那么明显地压垮了他们的两肩,那么沉重地拖住了他们的步伐,四周不断地有人在我面前经过,可是我的眼睛只看见父母渐渐远去的背影,那份肉体上实实在在的焦渴的感觉又使人昏眩起来。(这背影,多么沉重而无奈呀!)

一直站在那里想了又想,不知为什么自己在这种情境里,不明白为什么荷西突然不见了,更不相信自己的眼睛——我的父母竟在那儿拿着一束花去上一座谁的坟,千山万水的来与我们相聚,而这个梦是在一条通向死亡的路上遽然结束。

我眼睛干干的,没有一滴泪水,只是在那儿想痴了过去。

对街书报店的老板向我走过来,说:"来,不要站在大太阳下面。"

我跟他说:"带我去你店里喝水,我口渴。"

他扶着我的手肘过街,我又回头去找父亲和母亲,他们还在那儿爬山路,两个悲愁的身影和一束黄花。

当我黄昏又回荷西的身畔去时,看见父母亲的那束康乃馨插在别人的地方了,那是荷西逝后旁边的一座新坟,听说是一位老太太睡了,两片没有名牌的黄土自然是会弄错的,更何况在下葬的那一刻因为我狂叫的缘故,父母几乎也被弄得疯狂,他们是不可能在那种时刻认仔细墓园的路的。

"老婆婆,花给了你是好的,请你好好照顾荷西吧!"

我轻轻的替老婆婆抚平了四周松散的泥沙,又将那束错放的花又扶了扶正,心里想着,这个识别的墓碑是得快做了。

在老木匠的店里,我画下了简单的十字架的形状,又说明了四周栅栏的高度,再请他做一块厚厚的牌子钉在十字架的中间,他本来也是我们的朋友。

"这块墓志铭如果要刻太多字就得再等一星期了。"他抱歉说。

"不用,只要刻这几个简单的字:'荷西·马利安·葛罗——安息。'"

"下面刻上——你的妻子纪念你。"我轻轻地说。

"刻好请你自己来拿吧,找工人去做坟,给你用最好的木头刻。这份工作和材料都是送的,孩子,坚强啊!"

老先生粗糙有力的手重重地握着我的两肩,他的眼里有泪光在闪烁。

"要付钱的,可是一样的感谢您。"

我不自觉的向他弯下腰去,我只是哭不出来。

那些日子,夜间总是跟着父母亲在家里度过,不断地有朋友们来探望我,我说着西班牙语,父母便退到卧室里去。

窗外的海,白日里平静无波,在夜间一轮明月的照耀下,将这拿走荷西生命的海洋爱抚得更是温柔。

父亲、母亲与我,在分别了十二年之后的第一个中秋节,便是那样的度过了。(亲情,爱情,明明是深爱着的心,却无法团圆。)

讲好那天是早晨十点钟去拿十字架和木栅栏的,出门时没见到母亲。父亲好似没有吃早饭,厨房里清清冷冷的,他背着我站在阳台上,所能见到的,也只是那逃不掉的海洋。

"爹爹,我出去了。"我在他身后低低地说。

"要不要陪你去?今天去做哪些事情?爹爹姆妈语言不通,什么忙也帮不上你。"

听见父亲那么痛惜的话,我几乎想请他跟我一起出门,虽然他的确是不能说西班牙话,可是如果我要他陪,他心里会好过得多。

"哪里,是我对不起你们,发生这样的事情……"

话再也说不下去了,我开了门便很快地走了。

不敢告诉父亲说我不请工人自己要做坟的事,怕他拼了命也要跟着我同去。

要一个人去搬那个对我来说还是太重的十字架和木栅栏,要用手指再一次去挖那片埋着荷西的黄土,喜欢自己去筑他永久的寝园,甘心自己用手,用大石块,去挖,去钉,去围,替荷西做这世上最后的一件事情。

那天的风特别的大,拍散在车道旁边堤防上的浪花飞溅得好似天高。

我缓缓地开着车子,堤防对面的人行道上也沾满了风吹过去的海水,突然,在那一排排被海风蚀剥得几乎成了骨灰色的老木房子前面,我看见了在风里,水雾里,踽踽独行的母亲。

那时人行道上除了母亲之外空无人迹,天气不好,熟路的人不会走这条堤防边的大道。

母亲腋下紧紧地夹着她的皮包,双手重沉沉的各提了两个很大的超级市场的口袋,那些东西是这么重,使得母亲快蹲下去了般的弯着小腿在慢慢一步又一步地拖着。

她的头发在大风里翻飞着,有时候吹上来盖住了她的眼睛,可是她手上有那么多的东西,几乎没有一点法子拂去她脸上的乱发。

眼前孤零零在走着的妇人会是我的母亲吗?会是那个在不久以前还穿着大红衬衫跟着荷西与我像孩子似的采野果子的妈妈?是那个同样的妈妈?为什么她变了,为什么这明明是她又实在不是她了?

这个憔悴而沉默妇人的身体,不必说一句话,便河也似的奔流出来了她自己的灵魂,在她的里面,多么深的悲伤、委屈,顺命和眼泪像一本摊开的故事书,向人诉说了个明明白白。(这身体,同时也向"我"麻木的灵魂炸来。)

可是她手里牢牢地提着她的那几个大口袋,怎么样的打击好似也提得动它们,不会放下来。

我赶快停了车向她跑过去:"姆妈,你去哪里了,怎么不叫我?"

"去买菜啊!"母亲没事似的回答着。

"我拿着超级市场的空口袋,走到差不多觉得要到了的地方,就指着口袋上的字问人,自然有人会拉着我的手带我到菜场门口,回来自己就可以了,以前荷西跟你不是开车送过我好多次吗?"母亲仍然和蔼地说着。

想到母亲是在台北住了半生也弄不清街道的人,现在居然一个人在异乡异地拿着口袋到处打手势问人菜场的路,回公寓又不晓得走小街,任凭堤防上的浪花飞溅着她,我看见她的样子,自责得恨不能自己死去。

荷西去了这些日子,我完完全全将父母亲忘了,自私的哀伤将我弄得死去活来,竟不知父母还在身边,竟忘了他们也痛,竟没有想到,他们的世界因为没有我语言的媒介已经完全封闭了起来,当然,他们日用品的缺乏更不在我的心思里了。(炸醒的思想开始涌起了理解与愧疚。)

是不是这一阵父母亲也没有吃过什么?为什么我没有想到过?

只记得荷西的家属赶来参加葬礼过后的那几个小时,我被打了镇静剂躺在床上,药性没有用,仍然在喊荷西回来,荷西回来!父亲在当时也快崩溃了,只有母亲,她不进来理我,她将我交给我眼泪汪汪的好朋友格丽亚,因为她是医生。我记得那一天,厨房里有油锅的声音,我事后知道母亲发着抖撑着用一个小平底锅在一次一次地炒蛋炒饭,给我的婆婆和荷西的哥哥姐姐们开饭,而那些家属,哭号一阵,吃一阵,然后赶着上街去抢购了一些岛上免税的烟酒和手表、相机,匆匆忙忙地登机而去,包括做母亲的,都没有忘记买了新表才走。

以后呢?以后的日子,再没有听见厨房里有炒菜的声音了。为什么那么安静了呢,好像也没有看见父母吃什么。

"姆妈上车来,东西太重了,我送你回去。"我的声音哽住了。

"不要,你去办事情,我可以走。"

"不许走,东西太重。"我上去抢她的重口袋。

"你去镇上做什么?"妈妈问我。

我不敢说是去做坟,怕她要跟。

"有事要做,你先上来嘛!"

"有事就快去做,我们语言不通不能帮上一点点忙,看你这么东跑西跑连哭的时间也没有,你以为做大人的心里面不难过?你看你,自己嘴唇都裂开了,还在争这几个又不重的袋子。"她这些话一讲,眼睛便湿透了。

母亲也不再说了,怕我追她似的加快步子,大风里几乎开始跑起来。

我又跑上去抢母亲的袋子里沉得不堪的一瓶瓶矿泉水,她叫了起来:"你脊椎骨不好,快放手。"

这时,我的心脏不争气地狂跳起来,又不能通畅地呼吸了,肋骨边针尖似的刺痛又来了,我放了母亲,自己慢慢走回车上去,趴在驾驶盘上,这才将手赶快压住了痛的地方。等我稍稍喘过气来,母亲已经走远了。

我坐在车里,车子斜斜的就停在街心,后望镜里,还是看得见母亲的背影,她的双手,被那些东西拖得好似要掉到了地上,可是她仍是一步又一步的在那里走下去。(这痛苦的背影里,是怎样深重的母爱呀!)

母亲踏着的青石板;是一片又一片碎掉的心,她几乎步伐跟跄了,可是手上的重担却不肯放下来交给我,我知道,只要我活着一天,她便不肯委屈我一秒。

回忆到这儿,我突然热泪如倾,爱到底是什么东西,为什么那么辛酸那么苦痛,只要还能握住它,到死还是不肯放弃,到死也是甘心。

父亲,母亲,这一次,孩子又重重地伤害了你们,不是前不久才说过,再也不伤你们了,这么守诺言的我,却是又一次失信于你们,虽然当时我应该坚强些的,可是我没有做到。

守望的天使啊！你们万里迢迢地飞去了北非，原来冥冥中又去保护了我，你们那双老硬的翅膀什么时候才可以休息？

终于有泪了，那么我还不是行尸走肉，父亲，母亲，你们此时正在安睡，那么让我悄悄的尽情的流一次泪吧。

孩子真情流露的时候，好似总是背着你们，你们向我显明最深爱的时候，也好似恰巧都是一次又一次的背影。(当爱藏在心底，而不流露与表达，其实恰恰是彼此间最深的伤害。)

什么时候，我们能够面对面地看一眼，不再隐藏彼此，也不只在文章里偷偷地写出来，什么时候我才肯明明白白地将这份真诚在我们有限的生命里向你们交代得清清楚楚呢。

读后悟语

第一次读这篇文章，脑海里不由自主地浮现出朱自清笔下那个胖胖的、蹒跚的背影，背负着一份深沉的父爱。父爱是什么？母爱是什么？在你生命的旅途上，你回避不了，也拒绝不了。如同沙漠里滴落的一滴水，你认为它转瞬间蒸发成团团白气，了无痕迹。却不想，它已经长成了一株荆棘，或者下尾骆驼草，深深地，深深地扎根在这里！

本文最巧妙之处，是三毛把自己丧夫的极度悲痛和对父母的感激、内疚穿插在一起，愈是无法承受失去的打击，愈是无法感受到身边关切的目光；愈是心碎无法修补，愈是会让身边的至亲为自己的心碎而心碎却不自知。父母给荷西上坟时那沉重步伐的背影，母亲那个在快蹲下去了般的弯着小腿在慢慢一步又一步拖着步伐跟跄而孤凄的背影，终于惊醒了因失去丈夫而悲痛欲绝的三毛，终于明白自己最悲痛最孤独的时刻，还有父母最最无私的爱。

本文里那些文字，亦像飘荡在秋日絮絮的落花，细腻、敏锐，散发让人心疼的忧伤，酣畅淋漓地表达了作者内心那份对母亲最真挚的情意。

亲情、爱情、周围人的真诚关怀，无尽的细碎会因为这而完整，它们，永远是时光里殷切、清亮的晨钟。所以，好好珍惜吧。

贫 民

[意]亚米契斯

安利柯啊！像隆巴尔地少年的为国捐身，固然是大大的德行，但你不忘记，我们此外不可不为的小德行，不知还有多少啊！今天你在我的前面走过街上时，有一个抱着瘦小苍白的小孩的女乞丐向你讨钱，你什么都没有给，只看着走开罢咧！那时，你袋中是应该有着铜币的。安利柯啊！好好听着！不幸的人伸了手求乞时，我们不该假装不知的啊！(假装不知，其实是我们生活中一种常态。我们理由充足，却恰恰照见人性背后的小。)尤其是对于为了自己的小儿而求乞的母亲，不该这样。这小儿或者正饥饿也说不定，如果这样，那母亲的难过将怎样呢？假定你母亲不得已要至于对你说："安利柯啊！今日不能再给你食物了呢！"的时候，你想！那时的母亲，心里是怎样？(而对陌生人，换个身份，设身处地地替他人着想，说起来很重要，做起来却很难呀！)

给予乞丐一个铜币，他就会从真心感谢你，说："神必保佑你和你家族的健康。"听着这祝福时的快乐，是你所未曾尝到的。(乞丐也有感激之心，我们能体会到其中的真诚吗？)受着那种言语时的快乐，我想，真是可以增加我们的健康。我每从乞丐听到这种话时，觉得反不能不感谢乞丐，觉得乞丐所报我的比我所给他的更多；常这样怀着满足回到家里来。你碰着无依无靠的盲人，饥饿的母亲，无父母的孤儿的时候，可从钱包中把钱分给他们。仅在学校附近看，不是已有许多贫民了吗？贫民所欢喜的，特别是小孩的施与，因为：大人施与他们时，他们觉得比较低下，从小孩子那里接受则是觉得不足耻的。大人的施与不过只是慈善的行为，小儿的施与于慈善外还有着亲切，——你懂吗？用譬喻说，好像从你手里落下花和钱来的样子。你要想想：你什么都不缺乏，世间有缺乏着一切的；你在求奢侈,世间有但求不死就算满足的。你又要想想:在充满了许多殿堂车马的都市之中,在穿着华美服装的小孩们之中,竟有着无衣无食的妇人和小孩,这是何等可寒心的事啊!他们没有食物吃哪! 不可怜吗?在这大都市中,有许多品质也同样的好、很有才能的小孩,穷得没有食物,像荒野兽类一样! 啊! 安利柯啊! 从此以后,如遇有乞食的母亲,不要再不给一钱便自管走开! (贫与富,有与无对比,天天见,却未必会总以一生善良思考。这就是人性所在。)

——父亲

读后悟语

对于贫中的底层——乞丐,我们看到的,听到的,几乎全部是负面消息。于是,我们的同情心在他们面前枯萎了,我们的爱心失落了。看着此文,心里惶惑,我们,可曾常常这样去细心发现并教导孩子和学生超越狭隘自我的爱的真谛吗?

《贫民》仅仅是一个教育的小小的片断,却体现了《爱的教育》一贯的特点:以最浅显的语句,讲述面对生活真相的态度;以最朴素的语句,描述了付出爱的快乐和幸福。

父亲因为看见安利柯没有给一个抱着瘦小苍白的小女孩向他讨钱的女乞丐哪怕一个铜币,从而引导孩子思考施舍与得到之间的关系:乞丐会因为得到施舍而感激,施者会因为真心感激而快乐。然后,接着引导孩子去思考乞丐,思考贫民的苦难,从而让孩子自然而然涌起对乞丐、对贫民、对所有弱者的同情怜悯之心。

心存发自心底的善良和同情,我们才会置换身份,站在对方的角度思考问题,才会真正明白爱。而这,恰恰是本文一个成功之处,也是最好的爱的教育。

"诺曼底"号遇难记

[法]雨果

1870年3月17日夜晚,哈尔威船长照例走着从南安普敦到格恩西岛这条航线,大海上夜色正浓,薄雾弥漫。船长站在舰桥上,小心翼翼地驾着他的"诺曼底"号。乘客们都进入梦乡。(平静中常常藏着不可预知的危机。)

"诺曼底"号是一艘大轮船,在英伦海峡也许可以算得上是最漂亮的邮船之一了。这船装货容量600吨,船体长220尺,宽25尺。海员们都说它很"年轻",因为它才七岁,是1863年造的。

雾愈来愈浓了,轮船驶出南安普敦河后,来到茫茫大海上,相距埃居伊山脉估计有15海里。轮船缓缓行驶着。这时大约凌晨四点钟。

周围一片漆黑,船桅的梢尖勉强可辨。

像这类英国船,晚上出航是没有什么可怕的。

突然,沉沉夜雾中冒出一枚黑点,它好似一个幽灵,又仿佛像一座山峰。只见一个阴森森的往前翘起的船头,穿破黑暗,在一片浪花中飞驶过来。那是"玛丽"号,一艘装有螺旋推进器的大轮船,它从敖德萨起航,船上载着500吨小麦,行驶速度非常快,负重又特大。它笔直地朝着"诺曼底"号逼了过来。

眼看就要撞船,已经没有任何办法避开它了。一瞬间,大雾中似乎耸起许许多多船只的幻影,人们还没来得及一一看清,就死到临头,要葬身鱼腹了。

全速前进的"玛丽"号,向"诺曼底"号的侧舷撞过去,在它的船身上剖开一个大窟窿。由于这一猛撞,"玛丽"号自己也受了伤,终于停了下来。

"诺曼底"号上有二十八名船员,一名女服务员,三十一名乘客,其中十二名是妇女。

震荡可怕极了。一刹那间,男人、女人、小孩,所有的人都奔到甲板上,人们半裸着身子,奔跑着,尖叫着,哭泣着,惊恐万状,一片混乱。海水哗哗往里灌,汹涌湍急,势不可挡。轮机火炉被海浪呛得嘶嘶地直喘粗气。

船上没有封舱用的防漏隔墙,救生圈也不够。

哈尔威船长,站在指挥台上,大声吼喝:"全体安静,注意听命令! 把救生艇放下去。妇女先走,其他乘客跟上,船员断后。必须把六十人救出去。"

实际上一共有六十一人,但是他把自己给忘了。("忘我"有两种——有意识和无意识的两者相比,后一种更显出人性的善与美。)

船员赶紧解开救生艇的绳索。大家一窝蜂拥了上去,这股你推我搡的势头,险些儿把小艇子弄翻了。奥克勒福和三名工头拼命想维持秩序,但整个人群因为猝然而至的变故简直都像疯了似的,乱得不可开交。几秒钟前大家还在酣睡,蓦地,而且立时立刻,就要丧命,这怎么可能不叫人失魂落魄!

就在这时,船长威严的声音压倒了一切呼号和嘈杂,黑暗中人们听到这一段简短有力的对话:

"洛克机械师在哪儿?"

"船长叫我吗?"

"炉子怎么样了?"

"海水淹了。"

"火呢?"

"灭了。"

"机器怎样?"

"停了。"

船长喊了一声:

"奥克勒福大副?"

大副回答:

"到!"

船长问道:

"我们还有多少分钟?"

"二十分钟。"

"够了,"船长说,"让每个人都下到小艇上去。奥克勒福大副,你的手枪在吗?"

"在,船长。"

"哪个男人胆敢抢在女人前面,你就开枪打死他。"

(全是短句!渲染救援工作的急迫。)

大家立时不出声了。没有一个人违抗他的意志,人们感到有一个伟大的灵魂出现在他们上空。

"玛丽"号也放下救生艇,赶来搭救由于它肇祸而遇难的人员。救援工作进行得井然有序,几乎没有发生什么争执或殴斗。事情总是这样,哪里有可悲的利己主义,哪里也会有悲壮的舍己救人。

哈尔威巍然屹立在他的船长岗位上,指挥着,主宰着,领导着大家。他把每件事和每个人都考虑到了,面对惊慌失措的众人,他镇定自若,仿佛他不是给人而是在给灾难下达命令,就连失事的船舶似乎也听从他的调遣。

过了一会儿,他喊道:

"把克莱芒救出去!"

克莱芒是见习水手,还不过是个孩子。(危难时候保护弱者,这是人发自内心的善。)

轮船在深深的海水中慢慢下沉。

人们尽力加快速度划着小艇在"诺曼底"号和"玛面"号之间来回穿梭。

"快干!"船长又叫道。

二十分钟,轮船沉没了。船头先下去,须臾,海水把船尾也浸没了。

哈尔威船长,他屹立在舰桥上,一个手势也没有做,一句话也没有说,犹如铁铸,纹丝不动,随着轮船一起沉入了深渊。人们透过阴惨惨的薄雾,凝视着这尊黑色的雕像徐徐沉进大海。

哈尔威船长的生命就这样结束了。

在英伦海峡上,没有任何一个海员能与他相提并论。

他一生都要求自己忠于职守,履行做人之道。而对死亡,他又运用了成为一名英雄的权利。(许多人都有成为英雄的机会,但大部分人面对危难因为害怕、懦弱主动放弃了。)

读后悟语

在大难临头前，人所做出的下意识反应绝对是一种最人性的体现。有人自私冷漠，有人忧心忡忡，有人大义凛然……

是什么让他们这样反应?是什么成就了不同的做人之道?是他们人生中的修炼，是根植于脑海心底的爱心，只是，究竟是只爱自己，还是也爱他人而已。

读完这篇文章，给我印象最深的不是这场灾难所带来的恐慌，而是哈尔威船长关键时刻闪现的人格精神，除了敬意，还是敬意……文章选取了"诺曼底"号被全速行驶的"玛丽"号大轮船猛撞，船身剖开大窟窿后的救生场面，在简洁的对话中透着镇定威严，在具体的行动上显出有条不紊，时时可见哈尔威船长的坚强、从容和冷静;每一个细节，都照应了开头"真正的强者是那种具有自制力的人"。然而，这自制力的背后，恰恰是"他一生都要求自己忠于职守，履行做人之道"的最好体现。

《"诺曼底"号遇难记》，犹如一曲庞大的、气势雄浑却悲怆的交响乐，但又不乏细微处的抒情，曲尽转折，不能言表。结尾，英伦海峡上涛声渐远渐逝，而一次次的巍然屹立，让哈尔威船长，这尊黑色的雕像，却又渐渐大而清晰……

用双拐支撑飞翔

宋体金　迟宇宙

"我曾经跌倒过,我正在站起来"

孙岩是被人领到钢琴边上的。

当他用手摸索着琴键,用脚试探着寻找踏板的时候,人们知道了:他是个瞎子。他仰着头,一束追光打在他的脸上,看起来就像天堂的光,他纯净得像个天使。

他的手在琴键上摸索着,琴键上跳出的是《李斯特·第六号匈牙利狂想曲》。("跳"充满灵动感,可以想见音乐之美。)他是一个17岁的盲孩子,那一刻,他是大家的孩子。

在这个孩子3岁的时候,一个下着雨的夜里,雨水打在窗棂上敲出滴滴答答的响声,孩子问母亲:"妈妈,这是谁在唱歌?"

母亲说:"这是雨声。"

他把脸扭向窗外,睁着看不见的双眼说:"真好听,像是在唱歌。"

因为他对声音分外敏感,母亲认为这是上苍给这个孩子的补偿。于是,孙岩有了自己的三角钢琴。

"妈妈,琴是什么颜色?"

"白色的,儿子。"

"白色是什么样的颜色?"

"白色,是亮的,和你眼前的黑色正好相反……"

曾经有人问过孙岩：如果给你一天的光明，你最想看的是什么？

他说：绿色，因为它是被植物和动物选择的颜色。

在这残疾人艺术团里，孙岩是最自信的一个，他经常一会儿说要做大政治家，一会儿又说要做中国的比尔·盖茨。人们问：你为什么会这么自信？他没有回答，只是给人们讲了一个故事。(改变他一生的这个故事如此刻骨铭心。)整个小学阶段，上学放学都是同学陪他一起走，有一天是个女孩子陪他回家，路上有一个坑，她跑过去用小手捂住那个坑，大声喊："孙岩，你别过来，别过来！"

人是可以改造环境的，曾经看过残疾人艺术团演出的原联合国社会发展司司长蒙卡尔斯基说："没有残疾的生灵，只有残疾的环境。"在孙岩他们的成长中，在他们的黑暗中，一直需要这样的一双手。

孙岩说，他一直能看到这样的一双手。("需要"然后"看到"是残疾孩子最大的幸福。)

"任何生命都是平等和伟大的"

舟舟的弱智是写在脸上的，他的嘴，他的眼神，他太宽的瞳孔距离……走到世界的任何地方，人们都会知道这是一个弱智的孩子——他不识字，不会做10以内的加减法，分不清方圆，20岁的他智力只有三四岁孩子的水平。他身体强壮，顽皮，生活不能自理，是让整个团里最费神的一个孩子，平时四五个人都侍弄不了他。

每次他都带着他特有的痴痴的笑走上指挥台，他甚至都走不成直线，需要主持人陈鲁豫不停地提醒他、引导他，才能把他带到指挥台上。下面是一个很大的乐队，与通常的演奏不同的是，乐队不是在台上，而是在乐池里面，舟舟是面向观众的。

当他指挥德沃夏克的《自新大陆》时，表情发生了变化，他开始拥有了一种智慧。他对音乐的理解令人们震惊。(唤醒舟舟激情的，绝不仅仅是音乐。)他懂得来自旧大陆的思乡的柔情慢板，那时他的脸上是温柔的，像一个婴儿依偎在母亲的怀里；他也懂得新大陆的躁动不安的激情，他表现出快乐的欣喜，有时候他甚至会随着音乐的节奏轻轻地扭动身体；在高潮到来时，他是癫狂的，他的头、他的身子还有他的指挥棒都随着音乐强烈运动，音乐唤醒了一个弱智孩子内心中蛰伏的激情。

1871年，德沃夏克也是带着这样的癫狂和激情从旧大陆到了美国，在这里诞生了他的《自新大陆》。6年后，他在纽约组建纽约交响乐协会，他想在这里建造最大的音乐厅，他的愿望在美国钢铁大王卡内基的援助之下得以实现。一个多世纪以来，卡内基音乐厅为世界上最优秀的演出提供了标准的舞台。

德沃夏克不能想象，一个多世纪后来自另一个大陆的孩子会登上卡内基音乐厅的舞台，指挥了《自新大陆》；德沃夏克也不能想象，这样弱智的孩子可以在音乐中获救。他们以这种方式相逢。在那一刻舟舟与正常人是没有差异的。他为我们打开了另一扇门，让我们以这样的方式懂得了残疾人内心中隐秘的、快乐的世界。(生命本就是平等的，当以平等对待他人，奇迹便出现了。)

彩排时，一曲终了，陈鲁豫一走上舞台，舟舟就伸长了脖子，期待着。陈鲁豫一边为他擦汗，一边向观众笑着说："他出汗了。"舟舟低下头去，轻轻地在她脸颊上亲了一下。台下一片笑声，那一刻，人们就好像在欣赏自己的孩子。

 **读后悟语**

看完这篇文章，我想起了当今社会对弱势群体的关注：节日去儿童福利院、敬老院探望老人孩子，捐款捐物以表爱心……可是平等亲切与他们真正地交流，却并不多见。然而，正如原联合国社会发展司司长蒙卡尔斯基的话："没有残疾的生灵，只有残疾的环境。"试想，如果没有周围人们创设的没有残废的环境，用一颗"平常心"对待并教育他们，他们能够有今天的辉煌吗？

这双拐，是同情，是爱心，是残疾儿童的精神支柱。替寄为什么会说："我曾经跌倒过，我正在站起来"？因为他一直能看到这样的一双手。那就是同学们给予他的深入心底的关怀，牵引他在黑暗中自信首行。

而智障儿童舟舟，不正是因为"人们就好像在欣赏自己的孩子"，让他可以在音乐的天空里自由翱翔吗？

任何生命都是平等和伟大的，我们拿出真挚的爱，拿出真正的平等尊重，残疾孩子的心灵就一定能越过困境，健康成长，这绝对比单向的给予更有意义。

学 生 作 品

　　我对于生命的前途，并没有一点别的愿望，只愿我能在一切的爱中陶醉，沉没。这情爱之杯，我要满满地斟，满满地饮。

　　　　　　　　　　　　——冰心

我的宝贝

林 啸

我有极为珍贵的一大盒子"宝贝"——各种颜色、不同式样、香味各异的橡皮。

从小我就特别喜欢橡皮，但真正产生了集橡皮的念头还是从初一开始。一次偶然的机会，我去商店买文具，忽地发现文具柜台内有一种香橡皮，很漂亮又很便宜。于是我忙不迭地买下了它，回到家却又舍不得用，就珍藏了起来。这大概就是我正式开始收集的第一块橡皮吧!

一开始集橡皮时怕爸妈不赞成，我还只是"孤军奋战"。总是要背着爸妈用零花钱偷偷地买。可是我没有多少空闲时间去四处购买，而零花钱也毕竟有限。所以所买的橡皮仅限于学校附近的几个商店所卖的，价钱也都在三四块钱之内。这样"奋斗"了一年，我的橡皮却只有40多块。

后来这件事被爸妈知道了，出人意料的是他们竟然十分支持我收集橡皮。有了"同盟军"，又有了经济来源，我购买橡皮的范围扩大了许多，橡皮也就越集越多了。爸爸每次出差到一个地方，都要专门跑文具店或各大商场的文具柜台为我选购橡皮；爸爸的同事知道了我有这个喜好，也专门从国外、国内各地带橡皮回来做礼物送给我；学校里好朋友知道了这事，也会在我生日那天送我各式各样的橡皮；而我自己则更是热衷于此，并乐此不疲。假期旅游或是平常逛街，我最留意的就是是否有新式橡皮。现在我收集的橡皮可真称得上是来源广泛、种类繁多、数量增长迅速了。短短一年时间，我的橡皮总数已经达到280多块，塞了满满一个大盒子。

平时空闲，我总爱重翻出它们，一块块地摆满了地板。我给它们归了类，又编了号。

小小的橡皮就像一个个士兵，而我就像是统率着千军万马的大将军。我的"士兵"们来自祖国各地，甚至于国外，每一个"士兵"都能讲述一个故事、一段经历。在我的眼里，它们是有生命的。它们就像是我心头上的宝贝，和我建立着一丝丝一缕缕的深情。

拿起一颗"星"形橡皮，我仿佛看见了好朋友的笑脸。这一系列的"星"形橡皮是在我生日那天好朋友送给我的。她知道我喜欢收集橡皮，就到处走，到处看，买了许多造型新颖的回来送我。透过这小小的橡皮，我体会到的是友情的真挚与可贵。

还有这种笔头式橡皮，是爸爸的同事从韩国带回来的。能够千里迢迢从异国为我选购橡皮，谁能说这不是长辈们对我的一种关怀、一种爱呢！

当然，最劳心伤神为我选购橡皮的还要数爸爸。每到一个城市，不论日程多紧，公务多忙，身体多劳累，爸爸总要不厌其烦地从一家商店到另一家商店为我选购橡皮。尤其是随着我拥有的橡皮数量越来越多，选购新样式的工作也就越发困难了。往往是面对柜台里琳琅满目的各式橡皮却没有可买的，因为那些种类我都已经拥有了。所以奔波的结果往往是空手而归。尽管如此，爸爸还是尽量不使我失望，总是费好大力气为我买回新样式的。这一块块橡皮中，饱含着是多少爸爸对女儿的爱心呀！

所以每当面对这一块块橡皮，我总是会感觉到一份份沉甸甸的情和一颗颗赤诚的心。这小小的橡皮，它寄托了多少深情厚谊！

我的橡皮，我最亲爱的宝贝！

 同学分析

文章在写我的宝贝橡皮，实际上表达的东西比那些大大小小、色彩缤纷的橡皮大得多。"我"的童心、爱心、耐心和细心，朋友的友情，父母的亲情……都在一块块各式各样的橡皮中渗透和流露。

这样一篇练笔的小文，取材很普通，但能看得出写得很用心，感情投入很真切，这于初练作文者是很值得提倡的。文章从平凡普通的小事写起，零零碎碎、絮絮叨叨都入文了，经过作者一番的苦心经营，就能"形散而神不散"；亲身的经历使得行文如清水芙蓉，流畅自然。其实这才是文章最能打动人之处,希望作者继续朝着这个方向努力,一定能写出更好的文章。

教师点评

一块小小的橡皮,何以成为宝贝,弥足珍贵?何以能拨动你我心弦?"物小情义重"呀。浓浓的父爱,厚厚的朋友情谊,重重的长辈关爱,这样的橡皮虽小,又如何不是因了情而沉甸甸?

"我"从孤身一人偷偷收集橡皮开始,到父母、朋友、父亲的同事的鼎力支持,让"我"与每块橡皮建立了一丝丝一缕缕的深情。一件件与橡皮相关的人和事跃然纸上,很好地体现了这宝贝的宝贝之处。如果仅仅写这一块普通的橡皮,仅仅写自己收集橡皮的艰难,恐怕,这文章就逊色多了。因此,文字的朴素度不影响主题的彰显。

哦,我的宝贝,何止橡皮而已。它还是亲情、友情……

感受底层

梁幸仪

究竟谁处于社会金字塔的最底层?其实没有准确的定义。我只能给出一些我印象中的底层。

尽管人们熟视无睹,甚至刻意回避。但毕竟生活在同一个时空,要想把底层完全排除出个人的视野是不可能的事。让我说一个小故事吧。

机缘巧合,我偶然接到一个任务到校外采访。回校途中,倦极的我在公共汽车上昏昏入睡。此时,一个挂着一根细瘦的竹子的盲人上了车。他一脸的无助、迷茫,皮肤上的太阳斑显示出一个体力劳动者特有的生存印记。我和partner马上把他搀扶到一个空位上。他连声谢谢。我们心中不禁泛起小学作文时"红领巾"做了好事不留名那种崇高感。他拜托我们到站时叫他,我们才得知他与我们有同样的目的地:师大暨大。于是下车后,我们很自然地"做好事做到底"把他送去师大,但我心中就有点纳闷:一个盲人,到大学生的世界里做什么呢?也不管是否唐突,试探着问他。他也不回避,此刻才引出了一大堆故事。他家乡在中国内地某个省份(我忘了),前年到广州打工,做的是爆破的危险工种,在一次工业事故中失去了双目。事后老板无故把他辞退,而且仅仅给了非常微薄的赔偿金,他现在失业在家,老婆又将要生产,生活非常艰难,他说有师大法律系的几个学生愿意尝试帮他进行法律诉讼,讨回公道。

我们未涉世的中学生,听到这些在社会上可能极平常的事,却心潮汹涌,义愤填膺,哪有这么不负责任的老板,应该告他,将他绳之以法。他说已经开过庭了,虽然法庭判他胜诉,但老板却潜逃了,只有其名下的公司却仍在原地,诉讼的关键就是要证明他与该公司的合法雇佣关系,然而他又难以出示那样的证明,我们更激动了。这样的事多么不公平啊！虽说天网恢恢,疏而不漏,但至高无上的法律居然都不能为弱者讨回一个公道！法院做出的判决应有至高无上的权威,而来到现实世界中的判决却阻力重重。我们这两个小小的"新闻工作者"决心仿效中央台什么《焦点访谈》之类节目的做法,把他的故事拍成纪录片,送到中央电视台。那天晚上我们还跟师大法律系的学生一起吃了一顿饭,他们不断地夸我们有同情心,有新闻触觉,但说到能否真为他讨回公道,他们也就有难色,似乎胜算不多。

如果说最开始我们还是很有热情,到后来便真是心灰意冷了,虽然把这件事拍成了纪录片,但怎么把片子交到中央电视台呢?即使交到,又真的会有人看吗?每天交到中央电视台的带子应该很多吧,要说惨,还有比炸瞎眼睛更惨的,况且人家潜逃之前至少给了你一点赔偿金呢!在父母的冷嘲热讽下,我惊诧地发觉自己对一名弱者所应有的同情心已下降到零甚至"负数",而且还会提出许多冠冕堂皇的理由去说服自己,他根本不值得我同情。用妈妈的话说:"天下的坏事那么多,你理得了多少,还是先管好你自己吧。"我想,这不单单是我个人的想法,或许很多人在面对急需关怀和帮助的弱者时,会给自己这样一个理由使自己缺乏同情心的行为看起来比较合理,避免受到良心的谴责。这或许就是我们虚伪的一面吧。我们一方面大谈道德,像一个政治家一样讨论宏观的社会问题,对种种不公平的现象疾恶如仇。但对于身边最需要关情的一双手却不愿给予一些温暖。人,终究是自私啊!而且我们还拼命去摆脱那么一点负罪感。其实究竟对于身边的弱者,我们是否有责任去提供应有的帮助,又或者是冷眼旁观?我想我们必然有责任,否则就不会有负罪感。

后来,把片子寄到央视的雄心也就随着时间的推移一点点泯灭了。再到后来,我们与他几乎失去了联系。突然有一天,他打电话过来,说:"我的老婆生了个儿子,明天就满月了,你们来喝满月酒吧,我们这里还有几个工友,你们来了,他们还能向你谈谈他们的事。"我们却借故推托了。我们害怕见到那些缺胳膊少腿的人,害怕见到阴暗潮湿的房屋,害怕听到阴暗的房屋传出一声叫人心碎的婴儿的啼哭。说到底,见到那些景象会加重我们的负罪感。而且我们害怕听到那些故事。难道我们还要欺骗他们,给他们希望,然后拍成一部部永远寄不出去的纪录片,把他们的悲惨尘封在某个不见天日的角落,让他去化成灰、去被遗忘吗?我们的拒绝显然令他有一丝不快,但他也很理解我们,认为我们学习太忙了。

很久了,我把这件事埋藏在心底,借以逃避良心的叩问。今天提笔时才发现,如果我打开那个箱子,悔恨会如潮水般湮没我的心。其实,那个时候他或许真的只是需要我们的出现,一句真挚的祝福,伸出手抚摩一下小生命的脸,祝愿他能改变旧的命运,但是我们没有。我想起德兰修女如何走出高墙,"要帮助那些最穷的人,首先要把你自己变成最穷的人,这样你才能真正体会到你的痛苦。"身处象牙塔里,以一副高高在上的姿态俯瞰生活,你是不可能生出真正的怜悯的。

我们也不应该再以"心有余而力不足"为借口。难道从我们口中说出一句真心实意的关怀话也那么困难吗?连握一握那布满污垢的手的勇气都没有吗?不要说天下间有太多的穷苦人你无法帮助,帮助一个人逃离地狱,你已经是天使了。

同学分析

从文中可以看出,作者是一个善良、富有爱心而又热爱思考的中学生——这也是作者"感受底层"的收益。作者从其亲身经历的一件事谈起,从自己的所想所做生发开去,以一种批判的眼光看待社会的阴暗面,反省自己的所作所为,真切地表达了自己的感受,其中还不乏闪光点的思考。这种观察生活、思考生活的做法很值得中学生朋友学习——这也是解决文章不知道写什么好,怎么写好一篇文章的首要条件。

作者在文中采用"夹叙夹议"的方式,很有"杂文"的特点:既把事情交代清楚了,又能清楚地表达自己的观点。给作者的建议是:能否把"叙""议"部分都再简练一些,将自己的观点表达得更清楚和更有说服力?

教师点评

　　题目叫作《感受底层》，可是，看完后，感受最深的，分明不是感受底层，而是小作者对待这底层的态度与思索，是悔意和良知。想必在小作者心底，感受最深的，恰恰是底层给她带来的种种行为观念的冲击。

　　文章以纪实的手法，写了我与同学因为"做好事做到底"的思想，认识理解了一个盲人的悲惨遭遇，从而满腔激愤，希望拍个纪录片寄至中央电视台，帮助那可怜的盲人讨回公道，结果，却在现实中，在碰壁后，在父母的冷嘲热讽下，开始惊诧地发现自己对一名弱者所应有的同情心已下降到零甚至"负数"，且以种种理由说服自己，以逃避良心的谴责。甚至最后连那名盲人孩子的满月酒也不敢喝，只是因为负罪感。

　　文章成功之处就在于小作者深刻剖析自我行为的根源，更批判了同情心只是挂在口上之人的虚伪心理，心理活动细腻而真实。的确，以高高在上的姿态俯瞰生活，人是不可能生出真正的怜悯的。就让我们还是先伸出爱的双手，迈出行动的第一步吧。

坚硬与脆弱

邓小姗

我一直认为，龟是无懈可击的。它忠实坚硬的外壳，如浑然天成的一堵铁墙，时刻散发冷峻的寒光，抵挡任何危机，以保它们长命百岁。

事实上，自然界中，能吃得动龟的动物确实没有多少，只要龟敏捷地往壳中一缩，管他利爪锐牙，都会万事大吉。

它们是那么的安全，以致一直以来，我都只注意着它的外壳，那么坚硬，那么完美，我从来没有想过壳下面会有什么。也许，是与之相称的，一副健硕的身躯。

一个有风的晚上，乌黑的天，灯火通明的街。我无聊地漫步在这整条小食街上，"大排档"、人群、吆喝声、一掀一掀的锅盖……什么都有，一切，沸沸扬扬，兴高采烈，当然，除了那些被养在火炉旁水盆里的"海鲜"。

前面有几个孩子在围看着什么。我走过去，却看到了我绝不会想象到更不会相信的画面：油光满面的老板用粗大的手把一只龟倒扣在砧板上，抡起了他的刀。突如其来的惊愕迅速浸漫了耳边喧闹的声音。老板当然不会注意到我，带血的钢刀落下举起又落下，一下、两下、三下，快速、准确、又冷又狠。四周变得寂静，我只听到钢刀与龟壳的短促的敲击声，一下、两下、三下，每一下都震撼心灵。我明显看到，人造钢刀的寒光胜过了天然生成的铁墙。四脚朝天的小龟，那唯一保护它的外壳，被无情地击碎，再击碎。血溅到我的袖子上，我仿佛看到里面还凝聚着它童年的欢笑，它无忧的生活，还有，它无声的呻吟……如今，一切都灰飞烟灭。我战战兢兢地走上前，惊讶地发现，原来看似坚硬的外壳下面，只是几丝稀疏的肠子，几丝虚弱的肌肉。并没有健硕的身躯。

这是我一直认为的无懈可击的动物啊。

可如今它成了一堆血肉模糊的碎片,那么轻易地,风轻轻一吹,仿佛就要消散。

原来人类的屠刀才拥有不可一世的无敌。

浓浓的香味传来,又一锅野味搬上了桌。是兔肉?山狸?我下意识地望了望还被困在笼里的兔子、山狸,以及它们身上已经失去光泽的毛皮。可是,它们的身上都没有壳。它们会更容易地死在屠刀下的,因为屠刀无敌,人类的占有欲无敌。

又一阵心寒。来自冰洋深处幽暗的寒。

人类的占有欲无敌。穿山甲、娃娃鱼、丹顶鹤,长期被认为是难得的佳肴。华南虎的皮、麋鹿的角、亚洲象的牙,长期被认为是上乘的收藏。

或许,某条毒蛇终其一生可以咬伤咬死一两个人,可是,人类可以吃它的肉,灭它的族。

或许,某只黑熊终其一生可以咬伤咬死一两个人,可是,人类经常剥它的皮,红烧它的掌。

随着它们的逐渐灭绝,人类反而更加骄横,为所欲为。可怜的野生动物,纵使长有十层、一百层再坚固的外壳,面对人类的屠刀,也无法保存自己的生命。更何况,它们大多数都没有壳。它们软弱得像铡刀口上的一撮草,火炉顶上的一撮冰。

抬头看天,我看不到流星。刚才那只龟的牺牲是那么的微不足道,就像耳边拂过的风。拂过的风,仿佛带过魔鬼撒旦的欢笑,那种欢笑,正从地狱最深处,带着黑冰湖的残酷气息,往上传,乃至侵蚀人间,侵蚀人类的心灵。

人类正变得残酷,不可一世。残酷,不可一世如商纣、夏桀、东吴孙皓,终会招致灭亡。

上帝赋予人类最伟大的力量,人类是否应该善用这些力量呢?

 同学分析

作者从小食街发生的一件宰杀龟的小事谈起,以小见大,对人类与动物、环境以及人类自身等一系列问题提出自己的看法,这种深入生活、勤于思考的精神值得学习;而且作者的知识积累是丰富的,这在其文中广阔的视野和有见地的看法中都能看出。

从写作技巧上来看,作者对夹叙夹议运用得较好。叙述的部分语言生动,篇幅不多却能清楚地将事件交代清楚;议论以叙述为基础,有感而发,层层递进,最后直指人类的命运这样深刻的问题,做到水到渠成而且很有说服力。作者虽然没有给出答案,但答案在读完文章已是不言自明的。

文章的语言很有特点,可见作者文字功底之扎实:长短句间隔,节奏韵律感很好;作者注意用词,重视词语的感情色彩;作者在叙述和议论之外还不忘渲染气氛的环境描写,都很值得借鉴。

 教师点评

如果仅仅是在文章中发表对人类残忍对待大自然和动物的批评,那么,这样的文章可以找到很多。然而,本文最大的优点是以散文的笔调,犀利地直指人心,在平凡中挖掘了人性的弱点,暴露了人性的残酷一面,“我一直认为,龟是无懈可击的”的想法在大排档厨师的屠刀下,“成为一堆模糊的碎片,那么轻易地,风轻轻一吹,仿佛就要消散”。小作者以龟在自己心目中的形象被屠刀改变而引出对人性的剖析,点出主旨:“人类的屠刀拥有不可一世的无敌。”然后再深入思考人类心灵的扭曲,发出“上帝赋予人类最伟大的力量,人类是否应该善用这些力量呢?”

想起有人说过这样一句话:“我以为,现在以至以后的若干年,人对动物的怜悯有些奢侈。君不见同类同种同胞同室之间的凌辱虐杀的事例俯拾皆是?”

看来,人类要拯救动物,先得拯救自己。

第四辑

烦恼锻造成长 苦难铸就精神

　　如果说生命是一个永恒的话题，那么，成长就是这个话题中最精彩的段落。少年，充满阳光、充满希望的年华，却总有挥之不去的烦恼。成长，伴随着苦难。幸亏，有可敬可爱的老师用他们的正直、爱心扶持着、影响着孩子们；有亲爱的妈妈，用她粗糙而温暖的手抚慰孩子脆弱的心。也许，正是经历了一个个的烦恼，才成就了我们。在某种意义上说是烦恼锻造了成长。

　　生命的意义在于它坚定的信念、不屈的斗争。渺小的人类能够成为地球的主宰，正是因为这种精神！

名 篇 赏 析

　　人生最高的奖赏和最大的幸运产生于某种执著的追求,人们在追求中找到自己的工作与幸福。

——[美]爱默生

寂寞的十七岁

白先勇

一

回到家里，天已经蒙蒙亮了。昨天晚上的雨还没有停，早上的风吹得人难耐得很，冰浸的。大门紧闭着，我只得翻过围墙爬进去。来富听到有人跳墙，咆哮着冲过来，一看见是我，急忙扑到我身上，伸出舌头来舔我的脸。我没有理它，我倦得走路都走不稳了。我由厨房侧门溜进去，走廊一片浑黑。我脱了皮鞋摸上楼去，经过爸爸妈妈卧房时，我溜得特别快。

回到家里第一件事情就是到浴室里去照镜子。我以为一定变得认不出来了，我记得有小说写过有个人做一件坏事，脸上就刻下一条"堕落之痕"。痕迹倒是没有。只是一张脸像是抽过了血，纸白一般，两个眼圈子乌青。我发觉我的下巴颏在打哆嗦，一阵寒气从心底里透了出来。

我赶忙关上灯，走进自己房里去，窗外透进来一片灰蒙蒙的曙光，我的铁床晚上没有人睡过，还是叠得整整齐齐的，制服浆得挺硬，挂在椅背上，大概是妈妈替我预备好早上参加结业式用。我一向有点洁癖，可是这会儿小房里却整洁得使我难受。我的头发粘湿，袖口上还裹满了泥浆，都是新公园草地上的。我实在不愿泥滚滚地躺到我的铁床上去，可是我太疲倦了，手脚冻得僵硬，脑子里麻木得什么念头都丢干净了。我得先钻到被窝里暖一暖，再想想昨天晚上到底是怎么回事。我的心乱得慌，好多事情我得慢慢拼凑才想得起来。

<h1 style="text-align:center">二</h1>

说来话长,我想还是从我去年刚搭上十七岁讲起吧。十七岁,啧啧,我希望我根本没有活过这一年。

我记得进高一的前一晚,爸爸把我叫到他房里。我晓得他又要有一番大道理了,每次开学的头一天,他总要说一顿的。我听妈妈说,我生下来时,有个算命瞎子讲我的八字和爸爸犯了冲。我顶信他的话,我从小就和爸爸没有处好过。天理良心,我从来没有故意和爸爸作对,可是那是命中注定了的,改不了。有次爸爸问我们将来想做什么;大哥讲要当陆军总司令,二哥讲要当大博士,我不晓得要当什么才好,我说什么也不想当,爸爸黑了脸,他是白手成家的,小时候没钱读书,冬天看书脚生冻疮,奶奶用炭灰来替他渥脚,所以他最恨读不成书的人,可是偏偏我又不是块读书的材料。从小爸爸就看死我没有出息,我想大概有点道理。

我站在爸爸写字台前,爸爸叫我端张椅子坐下。他开头什么话都不说,先把大哥和二哥的成绩单给我。大哥在陆军官校考第一,保送美国西点,二哥在哥伦比亚读化学硕士。爸爸有收集成绩单的癖好,连小弟在建国中学的月考成绩单他也收起来,放在他抽屉里。我从来不交成绩单给他,总是他催得不耐烦了,自己到我学校去拿的。大哥和二哥的分数不消说都是好的,我拿了他们的成绩单放在膝盖上没有打开。爸爸一定要我看,我只得翻开来溜一眼里,面全是A。

"你两个哥哥读书从来没考过五名以外,你小弟每年都考第一。一个爹娘生的,就是你这么不争气。哥哥弟弟留学的留学,念省中的念省中,你念个私立学校还差点毕不得业,朋友问起来,我连脸都没地方放——"(大哥、二哥的理想与成绩单和"我"形成了鲜明的对比,难怪爸爸要教训"我"。)

爸爸开始了,先说哥哥弟弟怎么怎么好,我怎么怎么不行。他问我为什么这样不行,我说我不知道。爸爸有点不高兴,脸沉了下来。

"不知道?还不是不用功,整天糊里糊涂,心都没放在书本上,怎么念得好?每个月三百块钱的补习老师,不知补到哪里去了。什么不知道! 就是游手好闲,爱偷懒!"

爸爸愈说愈气。天理良心，我真的没有想偷懒。学校的功课我都按时交的，就是考试难得及格。我实在不大会考试，数学题目十有九会看错。爸爸说我低能，我怀疑真的有这么一点。

爸爸说这次我能进南光中学是他跟校长卖的面子，要不然，我连书都没得读，因此爸爸要我特别用功。他说高中的功课如何紧如何难，他教我这一科怎么念，那一科该注意些什么。他仔仔细细讲了许多诸如此类的话。平常爸爸没有什么和我聊的，我们难得讲上三分钟的话，可是在功课上头他却耐性特大，不惜重复又重复的叮咛。(概述爸爸教"我"如何学习。)我相信爸爸的话对我一定有益，但是白天我去买书，买球鞋，理发，量制服，一天劳累，精神实在不济了。我硬撑着眼皮傻愣愣地瞪着他，直到他要我保证：

"你一定要好好读过高一，不准留级，有这个信心没有？"

我爱说谎，常常我对自己都爱说谎话。只有对爸爸，有时我却讲老实话。我说我没有这个信心，爸爸顿时气得怔住了，脸色沉得很难看。我没有存心想气他，我是说实话，我真的没有信心。我在小学六年级留过一次级，在初二又挨过一次。爸爸的头转过去没有理我。

我走出爸爸房门，妈妈马上迎了上来，我晓得她等在房门口听我们说话，爸爸和妈妈从来不一起教训我，总是一个来完另一个再来。

"你爸爸——"

妈妈总是这样，她想说我，总爱加上"你爸爸——"我顶不喜欢这点，如果她要说我什么，我会听的。从小我心中就只有妈妈一个人。那时小弟还没出世，我是妈妈的幺儿，我那时长得好玩，雪白滚圆，妈妈抱着我亲着我照了好多照片，我都当宝贝似的把那些照片夹在日记里。天天早上，我钻到妈妈被窝里，和她一起吃"芙蓉蛋"，我顶爱那个玩意儿，她一面喂我，一面听我瞎编故事。我真不懂得她那时的耐性竟有那么好，肯笑着听我胡诌，妈妈那时真可爱。(在妈妈迎过来教训"我"时，"我"想起了儿时与妈妈的亲昵。长大了，再也不是妈妈的幺儿了，又少了一份关爱，多了一份唠叨。)

"你爸爸对你怎么说你可听清楚了吧？"

妈妈冲着我说，我没有理她，走上楼梯回到我自己房里去，妈妈跟了上来，妈妈的脾气可不大好，爸爸愈生气愈不说话，妈妈恰巧相反。我进房时，把门顺带关上，妈妈把门用力甩开骂道：

"报应鬼!我和你爸爸要给你气死为止。你爸爸说你没出息,一点都不错,只会在我面前耍强,给我看脸嘴,中什么用呀!畏畏缩缩,这么大个人连小弟都不如!你爸爸说——"

"好了,好了,请你明天再讲好不好?"我打断妈妈的话说。我实在疲倦得失去了耐性。妈气哭了,她用袖子去擦眼泪,骂我忤逆不孝。我顶怕妈妈哭,她一哭我就心烦。我从衣柜里找了半天拿出一块手帕递给她。真的,我觉得我蛮懂得体谅妈妈,可是妈妈老不大懂得人家。我坐在床上足足听她训了半个钟头。我不敢插嘴了,我实在怕她哭。

妈妈走了以后,我把放在床上的书本、球鞋,统统砸到地上。

三

我不喜欢南光,我慢些儿再谈到它吧。我还是先讲讲我自己。你不晓得我的脾气有多古怪,从小我就爱躲人。在学校里躲老师,躲同学,在家里躲爸爸。我长得高,在小学时他们叫我傻大个,我到现在走路还是直不起腰来。升旗的时候,站在队伍里,我总把膝盖弯起来缩矮一截。我继承了妈妈的皮肤,白得自己都不好意思。有人叫我"小白脸",有人叫我"大姑娘"。我多么痛恨这些无聊的家伙。我常在院子里脱了上衣狠狠地晒一顿,可是晒脱了皮还是比别人白,人家以为我是小胖子,因为我是娃娃脸,其实我很瘦,这从我手梗子看得出来,所以我总不爱穿短袖衣服,我怕人家笑。我拘谨得厉害,我很羡慕我们班上有些长鸟里鸟气的同学,他们敢梳飞机头,穿红衬衫,我不敢。人家和我合不来,以为我傲气,谁知道我因为脸皮薄,生怕别人瞧不起,装出一副高不可攀的样子,其实我心里直发虚。

我不是讲过我爱扯谎吗?我撒谎不必经过大脑,都是随口而出的。别人问我念什么学校,我说建国中学;问我上几年级,我说高三。我乘公共汽车常常挂着建中的领章,手里夹着范氏大代数。明明十七,我说十九。我运动顶不行,我偏说是篮球校队。不要笑我,我怕人家瞧不起。爸爸说我自甘堕落,我倒是蛮想要好的,只是好不起来就是了。("我撒谎不必经过大脑",方方面面夸耀自己,正是"我"极度自卑的心理表现。)

我找不到人做伴,一来我太爱扯谎,二来我这个人大概没有什么味道,什么玩意儿都不精通。我贴钱请小弟看电影他都不干,他朋友多,人缘好,爸爸宠他,说他是将才。小时我在他腿子上咬下四枚牙印子,因为妈妈有了他就不太理睬我了。我想着那时真傻,其实我一直倒喜欢他的,可恨他也敢看不起我,我一跟他说话,他就皱起鼻子哼道:"吹牛皮。"

一到礼拜天,我就觉得无聊。无聊得什么傻事都做得出来。我买了各式各样的信封,在上面写了"杨云峰先生大展"、"杨云峰同学密启"、"杨云峰弟弟收"。我贴了邮票寄出去,然后跑到信箱边去等邮差。接到这些空信封,就如同得到情书一般,心都跳了起来,赶忙跑到房里,关起房门,一封封拆开来,妈妈问我哪儿来的这么多信,我有意慌慌张张塞到裤袋里,含糊地答说是朋友写来的("我"给自己寄很多空信,填补没有朋友的空虚。)

礼拜天晚上,爸爸和妈妈去看京戏,小弟有的是朋友,家里只有我孤鬼一个。我只有把来富放到客厅来做伴,来富傻头傻脑的,我不大喜欢它,它是小弟的宝贝。我觉得实在无聊了,就乱打电话玩,打空电话。有时我打给魏伯飏,他是我们班长,坐在我后面,在南光里只他对我好。其实他家里没有电话,我是在瞎闹。我跟他说烦死了,一晚上抽了两包香烟。我常偷妈妈的香烟抽。抽烟容易打发时间。我跟魏伯飏说如果不要剃光头,我简直想出家当和尚,到山里修行去。我告诉他,我在家里无聊得很,在学校里更无聊,倒不如云游四海,离开红尘算了。我在武侠小说里常常看到有些人看破红尘入山修道的。

有时我打给吴老师,她是我小学六年级的国文老师。我碰见这么多老师,我觉得只有她瞧得起我。她把我那篇"母亲"贴到壁报上去,里面我写了妈妈早上喂我吃"芙蓉蛋"的事,我得意得了不得,回家兴冲冲讲给妈妈听,妈妈撇了撇嘴道:"傻仔,这种事也写出来。"妈妈就是这样不懂人家。不知怎的,我从小就好要妈妈疼,妈妈始终没领会到这点。我喜欢吴老师,她的声音好柔,说起国语来动听得很。我不大敢跟我同年龄的女孩子打交道,在班上不是她们先来逗我,我总不敢去找她们的。不知怎的,她们也喜欢作弄我。我告诉吴老师听,我考进了建国高中,第一次月考我的国文得九十分,全班最高。我答应过年一定去跟她拜年。其实吴老师早嫁人了,跟先生离开台北了。我去找过一次,没有找到她。("我"为什么喜欢吴老师?这跟妈妈有关系吗?)

我会这样自言自语拿着听筒讲个把钟头,有一次给小弟撞见了,他说我有神经病,其实我只是闷得慌,闹着玩罢了。

我在家里实在闷得发了傻,没有一个人谈得来的。爸爸我可不敢惹,我一看见他的影子,早就溜走了。我倒是很想和妈妈聊聊,有时爸爸出去应酬,撂下她一个人在客厅里闷坐,我很想跟妈妈亲近亲近。可惜妈妈的脾气太难缠,说不到三句话,她就会发作起来。

先是想念在美国西点的大哥,想完大哥又想二哥,然后忽然指我头上来说:

还不是我命苦?好儿子大了,统统飞走了,小弟还小,只剩下你这么个不中用的,你要能争点气也省了我多少牵挂啊!你爸爸老在我面前埋怨,说你丢尽了杨家的脸,我气起来就说:"生已经生下来了,有什么办法呢。只当没生过他就是了。"

说完就哭,我只得又去找手帕给她。去年暑假我偷了爸爸放在行李房的一架照相机,拿去当了三百块,一个人去看了两场电影,在国际饭店吃了一大顿广东菜,还喝了酒,昏陶陶跑回家。当票给爸爸查到了,打了我两个巴掌。那次以后,爸爸一骂我就说丢尽了杨家的脸。我不晓得为什么干下那么傻的事情,我猜我一定闷得发了昏。(写"我"和妈妈聊天,却突然回忆去年偷爸爸照相机的事,以及对补习老师没有真心话,这与文章的内容有联系吗?)

我对补习老师也没有真心话说。我的补习老师全是我爸爸派来的奸细。补习老师头一天来,爸爸就把他叫去,把我从小到大的劣迹,原原本本都抖出来,然后交代他把我的一举一动都要报告给他听,他跟补习老师所讲的话我都听得清清楚楚。因为我们家个个都有偷听的本事。

你说叫我跟谁去说话,只有跟自己瞎聊了。不要笑话我,我跟自己真的说得有滋有味呢。

四

在学校里我也是独来独往的。一开始我就不喜欢南光。谭校长是爸爸的老同学,爸爸硬把我塞进去。我猜谭校长也有苦说不出,我的入学试,数学十一分,理化三十三分,英文三十五分。谭校长劝爸爸把我降级录取,爸爸不肯,他说十七岁再念初三太丢人。谭校长勉强答应我试读一个学期,所以一开学爸爸就叮嘱我只许成功不准失败。爸爸死要面子,我在小学那次留级,爸爸足足有三四天没出大门,一个朋友也不见。

我不喜欢南光的事情难得数,头一宗我就跟我们班上合不来。他们好像一径在跟我过不去似的。我们是乙班,留级生,留校察看生,通通混在里面,而且我们班上女生特多,嚷得厉害,我受不了,我怕吵。

同学大略分为两三类。有几个是好学生,就像考第一的李律明,上了高中还剃个和尚头。鼻头上终年冒着粉刺，灌了脓也不去挤。余三角讲课时，他们老爱点头，一点头，余三角就把黑板擦掉，我连几个角还分不清楚。这些人，没的说头。有些同学巴结他们，为的是要抄他们的习题，考试时可以打个Pass。我不会这套，做不出就算了，所以老不及格。

还有一些是外罩制服，内穿花汗衫的。一见了女生，就像群刚开叫的骚公鸡，个个想歪翅膀。好像乐得了不得，一天要活出两天来似的。我倒是羡慕他们，可是我打不进他们圈子里，我拘谨得厉害。他们真会闹，一到中午，大伙就喋喋不休谈女人经，今天泡这个，明天泡那个。要不然就扯起嗓子唱流行歌曲，有一阵子个个哼Seven Lonely Days，我听不得这首歌，听了心烦。过一阵子，个个抖着学起猫王普里士莱，有两个学得真像。我佩服他们的鬼聪明。不读书，可是很容易混及格。

读后悟语

白先勇，台湾现代著名作家，他的小说吸收了西洋现代文学的写作技巧，融合到中国传统的表现方式之中；同时，继承了中国传统小说以形写神，由外入内的传统，通过人物的言行、具体的事件揭示人物的性格或心理。第二部分，作者运用对比来探究"我"寂寞的原因。一是在读书方面"我"与优秀的父兄的对比，二是人物语言的对比：爸爸恨铁不成钢，话说得很重——"就你这么不争气"、"就是游手好闲，爱偷懒!"妈妈本想以柔克刚，"我"竟不领情。她发作起来，劈头盖脸的、边哭边骂，把思念大哥、二哥的苦楚都转嫁到我身上，好一通埋怨。第三部分，选取典型事例表现"我的寂寞"。因为长得白，同学总是笑我。"我"用傲气掩饰自己的心虚，用撒谎体现自己的能力。"一到礼拜天，我就觉得无聊。"给自己寄空信、抽烟，其中详写了自言自语给国小的吴老师打电话，妈妈"不懂人家"，吴老师却"瞧得起我"。"我"尝试"跟妈妈亲近亲近"，"可惜妈妈太难缠"。补习老师又是"爸爸派来的奸细"。"我"无人可说，"只有跟自己瞎聊"，寂寞便成了我挥不去的影子。

成绩真的那么重要吗?为了几个阿拉伯数字，我们竟然不惜扭曲一个少年的心?

少年"尝尽"愁滋味

琼 瑶

　　我的少年时期，是我回忆中，最不愿意去面对的一段日子。每次提起这段岁月，我都有"欲说还休，欲说还休"的感慨。现在，为了让这本书中有个"真实"的我，我试着来回忆那个时期的我!

　　那个时期的我，真是非常忧郁而不快乐的。

　　生活是安定了，流浪的日子已成过去。(我在那栋日式小屋中，一直住到我出嫁。)但是，我的情绪，却一日比一日灰暗，一日比一日悲哀。当我安定下来，我才真正体会出生命里要面对的"优胜劣败"。原来，这场"物竞天择"的"生存竞争"，是如此无情和冷酷! 我的心，像是掉进一口不见底的深井，在那儿不停止地坠落。最深切的感觉，就是"害怕"和"无助"。(作者是怎样描写"害怕"和"无助"的感觉的?)

　　怎么会变成这样子的呢?

　　童年的我，虽然生长在颠沛流离中，虽然见过大风大浪，受过许多苦楚，但，我仍然能在苦中作乐，仍然能给自己编织一些梦想。尽管我显得早熟，有孤独的倾向，我还是能在我的孤独中去自得其乐，可是，我的少女时期，就完全不一样了。(第四段的问句在文章的结构中起什么作用?)

　　一切是渐渐演变的。

　　进了中学，我才发现我的功课一塌糊涂。童年那断断续续的教育，到了第一女中，简直就变成了零。除了国文以外，我什么都跟不上，最糟的是数学、理化等，每到考试，不是零分，就是二十分。一女中的课业非常严，考上一女中的是好学生。(我不知怎样会歪打正着地考了进来,对我而言,简直是祸而不是福。)人人都应付自如,只有我一败涂地。学校里的考试又特别多,从小考,到周考,到月考,到期中考,到期末考……简直是考不完的试。我知道人生像战场,你必须通过每一种考试。而我呢?就在学校教育这一关,败下阵来。

这时,母亲已经去台北建国中学教书。父亲是大学教授,母亲是中学教员,我的家庭,几乎就是个"教育家庭",这种家庭里,怎么可能出一个像我这样不争气的孩子呢?父母都困惑极了,他们不相信我是愚笨的,愚笨的孩子不会写文章投稿。(对了,我唯一的安慰,是常常涂涂抹抹,写一些短文,寄到报社去,偶尔会登出来,我就能获得一些菲薄的稿费。)父母归纳出一个结论:我不够用功,不够专心,不够努力。

我想父母是对的。我可以很专心地去写一篇稿,就是无法专心地去研究x+y是多少;我可以一口气看完一本小说,就是无法看懂水是由什么组成的,人是什么化合物。总之,我的功课坏极了,也让父母失望极了。

如果我家的孩子,都跟我一样,那也就罢了。偏偏,小弟在学校中锋芒毕露。他不用功、淘气、爱玩……却有本领把每科学科都考在八十分以上。麒麟脾气更坏了,动不动就和同学打架,但是,考起试来,总算能勉强应付。小妹进了幼稚园,像奇迹一样,她展现了令人难以相信的才华,认字飞快,写字漂亮,能跳芭蕾,能弹钢琴……在进小学以前,就被誉为天才,进了小学一年级,她更不得了,无论什么考试,她不考九十九,她考一百分。

父亲逐渐把他的爱,转移到小弟身上去。母亲一向强调她不偏心,总是"努力"表现她的"一视同仁"。但是,人生就那么现实。当你有四个孩子,你绝不会去爱那个懦弱无能的,你一定会去爱那个光芒四射的! 一天又一天过去,母亲越来越爱小妹,父亲越来越爱小弟。而且,他们也不再费力掩饰这个事实。一举手,一投足,一个眼神,一个微笑,爱会流露在自然而然之中。我和麒麟这对双胞胎,当初的一麟一凤,曾"喜煞小生陈致平"的,现在,已成为父母的包袱。(倒数第二段,细节描写,父母的偏爱流露得那么自然。)

从小,我和整个家庭是密不可分的。我的感情,比任何孩子都来得强烈。我热爱我的父母和兄弟姐妹,也渴望他们每一个都爱我。如今回忆起来,我那时对父母的"需要",已经到达很"可怜"的地步。我功课不好,充满了犯罪感,充满了自卑,充满了歉疚,也充满了无助。我多希望父母能谅解我,给我一点安慰和支持。(结尾议论,点明"我"愁的深层原因。)

读后悟语

少年时期的忧郁，是要面临"优胜劣汰"。这场冷酷无情的生存竞争远比颠沛流离、充满许多苦楚的生活要可怕。在"小考、周考、月考、期中考、期末考"的鏖战中，"我"败下阵来。学校教育强调全面发展，而我却只有"国文"是跟得上的。"我"会写文章投稿，数理化却屡亮红灯，父母因此得出结论："我不够用功，不够专心，不够努力。"偏偏小弟、小妹，一个比一个光彩照人，父母也就毫不掩饰地偏爱着他们。"我功课不好，充满了犯罪感，充满了自卑，充满了歉疚，也充满了无助。"

文章开篇设悬念，少年时期是"欲说还休"。接着，将悬念推向更深一层，"我非常忧郁而不快乐"，"最深切的感觉，就是'害怕'和'无助'。"中间借用设问句引出下文，"我"的片面发展，使父母对"我"的爱越来越少。父母的偏心点点滴滴展现在细节描写中。结尾，作者不禁疾呼："我多希望父母能谅解我，给我一点安慰的支持。"少年的烦恼，有其成长中不可避免的困难。但许多时候，正是父母的求全心理加重了他们的忧郁。反思我们，不也常常在全面发展的大旗下，苛刻地要求每一个孩子做得同样好。人生来就是有差异的，每个人都有他的长处亦不可避免的有他的短处。为什么要用统一的模式去框定他呢?目前，我国专业人才的匮乏，恐怕与这种片面理解全面发展的培养观念不无关系。而琼瑶的成就，正是对这种观念的最好反击。作为台湾当代最成功的言情小说家，其四十余部作品全部被拍成电影;其故事凄婉优美，感动了千千万万人。

论劝谏

[英]艾狄生*

　　一般而言，我们最难于接受的便是规劝。我们往往把提出劝告的人视作对自己看法的一种渎犯，认为把自己当成儿童或愚人看待。(开篇第一句话，就讲明规劝的尴尬地位。)我们把这类晓谕视作一种隐含的责备，把他人在此情形下为我们自身利益所捐献的诚悃视作一种冒昧行为或造次举动。而事实上，那些进献忠言的人，至少在这点上，也确乎比我们高出一筹，他之所以要进行规劝，无非因为相比之下，他认为我们在行为抑或认识上确有某些不足。惟其如此，故使劝谏并乐为人所采纳成为极难的艺术；实际上古往今来的无数作家，其间的相互消长，亦每每与他们在这门艺术上的造诣不无关系。试想为了使这帖良药不苦口，人们曾经尝试过多少方法？或依赖于优美之文词，或凭借于动听之韵律，或乞求于警策之谈吐，或借势于简练之箴言，因而使自己的一番意思，能够达之于人。(借用一组排比句，生动地描述了劝谏方式之多，从侧面论证了达到劝谏目的之难。)

　　然而在所有上述种种进言方法之中，我以为最为有效的一种，也即是最为人们所欣然乐从的一种，则再无过于寓言，不拘这寓言以何种形式出现。(笔锋一转，提出作者认为

---

*艾狄生(1672—1719)，英国文学评论家、散文家。1706年任副国务大臣，旋任议会议员，他是英国期刊文学的创始人之一。曾主编《闲谈者》、《旁观者》。他的小品文短小精悍，不像培根辞高义严，也不像十九世纪哈兹里特个性奔放，而是文体优雅，富于观察力，有较深的见解。

人们乐于接受的有效的进言方式。)如其我们能以这种方法进行劝说或提出忠告,其效果将远胜于其他各种,理由是这个方式最不易招致人们的恶感,也最不易引起各种反对。

这种方法之妙,只需稍加思索,便不难明白。首先,一般阅读寓言之际,我们往往不觉自己在受人指教,而是自己在教自己。我们阅读某人的书,不过读其故事而已,至于那规箴劝诫,则只是我们自己得出的结论,而非出自于作者的传授。于是书中种种道德教训遂入人于无形。我们受教于非所预期,进德益智于不知不觉。总之,借助于此法,人之茅塞既经洞开,遂自信其处处无不在自己引领自己,因而也不易唤起一般在听人劝说时的不快之感。(想一想,作者从哪两个方面论证这种有效的进言方式?)

其次,我们如对人性稍加体察,必将发现,人心通常最感悦怿之际,亦即当人所从事的活动能使人对其自身的完美与才力有所感觉之时。心灵的这种极为自然的虚荣之感,在阅读寓言一类书时往往最能得餍足;原因在阅读这类作品时,整个写作活动也仿佛有了他的一半;这时每个发现也即是他自己的发现;而读的过程亦即是将此人此事不绝地用于某个环境的过程,因而就这方面而言,则一个人自己既为书的读者,亦为书的作者。于是毫不奇怪,遇到这种情形,即当一个人的心智对其自身甚感满意,又能对其种种发现发生兴味,这时他必对引起这一切的某部作品深具好感。正是这种原因,《押沙龙与亚希多弗》*遂成为英国诗中迄今最负盛名的篇章。诗的本身固然极佳,但即使写得再好,如其构制不能予读者以从中驰骋其才智的机会,谅其亦未必会这样脍炙人口。

既然这种迂回的进言方法绝无伤人之弊,故我们只需稍稍翻检一下古代史册便不难看到,旧日聪颖之士在向帝王进谏时,往往喜用寓言的形式。许多人人皆知的事件不需讲,这里仅举一则土耳其的故事,其中不无东方式的虚夸之处,但我以为内容仍颇可喜。

据云,某苏丹因连年对外穷兵黩武,对内专横暴敛,早已使境内田舍荒芜,人丁萧条。苏丹阶前有一觋者(至于其人是否怪异抑或狂妄,则不得而知),自称善解鸟语,凡各种鸟类一旦啼叫,无有不晓。某晚,觋者随帝狩猎归,见废墟颓垣之侧有鸱枭一双聒噪树间。苏丹对觋者曰:"彼鸟叽叽喳喳于树上,然殊不解其所言为何事。朕甚欲知之。汝其趋往

---

*《押沙龙与亚希多弗》,英国十七世纪诗人戴登的长篇政治讽刺诗,取圣经中大卫王之子押沙龙及其谋士亚希多弗篡逆国事为譬喻,攻击当时蒙冒公爵(查理王二世庶出子)。

听之,归以复我。"觋者潜树下,作仔细聆听状。旋复命苏丹曰:"臣于鸟之所言实已窃闻其一二,惟内容则不敢言。"苏丹必欲闻其详始。觋者乃曰:"然则臣亦只得据实而陈之矣。适才树上两鸟,乃为其子女作联姻之议耳。据臣闻之,雄鸟之父语于雌鸟之父曰:'亲家,俺对此婚事实无不欣然乐从,惟为令爱来日之生计计,自非有五十荒村作伊妆奁莫办。"雌鸟之父对曰:"区区五十亦何足挂齿,弟则颇有心以五百为小女作赔,惟望亲家晒纳是幸。天佑吾苏丹万寿无疆!只需他圣人长御宇内,亲家你我应不愁国中无荒村耳。"

[议论文中列举事例,一般要求语言简练,作者为什么要详写苏丹和觋(xí,男巫)者的对话?]

　　据故事称,苏丹竟闻奏而大动,着即将通国之废城荒村修缮一新,并称,自是于其行事亦颇能咨诹民意云。

读后悟语

　　艾狄生(1672—1719),英国文学评论家,他的小品文短小精悍,富于观察力,有较深的见解。这篇文章一反"良药苦口利于病,忠言逆耳利于行"的传统思维,转而论证最有效的进言方式。作者深知,人们都了解听从规劝的好处,但是难免把它"视作对自己看法的一种渎犯"、"视作一种隐含的责备",因此,"使劝谏并乐为人所采纳成为极难的艺术"。劝谏的目的是让人们知错就改,情绪上的抵触本身就是一道障碍。作者借用一组排比句,生动地描述了无数作家想方设法使这帖良药不苦口,但人们往往是道理上的巨人,行动上的矮子。在此困惑之际,作者从容提出自己的观点:"我认为最为有效的一种,也即是最为人们所欣然乐从的一种,则再无过于寓言了。"接着,作者从阅读和人性两个层面进行论证:阅读某人的书,书中的规箴劝诫是我们自己得出来的,是自己引领自己,不易唤起不快之感。从人性方面说,"人心通常最敏感悦怿之际,亦即当人从事的活动能使人对其自身的完美与才力有所感觉之时。"读寓言,人们仿佛从写作、发现到结论都全程参与,任自己的才智在其中驰骋,人们便在潜移默化中接受了劝谏。最后,作者以穷兵黩武、专横暴敛的土耳其苏丹欣然接受一觋者寓言式的劝谏为例,有力地证明了自己的观点:寓言是最为有效的一种劝谏方式。

　　全文语言简洁清晰,以退为进,论证角度新颖,思想深刻。

妈妈的手

琦　君

忙完了一天的家务,感到手臂一阵阵的酸痛,靠在椅子里,一边看报,一边用右手捶着自己的左肩膀。儿子就坐在我身边,他全神贯注在电视的荧光幕上,何曾注意到我。我说:"替我捶几下吧!"

"几下呢?"他问我。

"随你的便。"我生气地说。

"好,五十下,你得给我五毛钱。"

于是他双拳在我肩上像擂鼓似的,嘴里数着"一、二、三、四、五……"像放连珠炮,不到十秒钟,已满五十下,把手掌一伸:"五毛钱。"

我是给呢,还是不给呢?笑骂他:"你这样也值五毛钱吗?"他说:"那就再加五十下,我就要去写功课了。"我说:"免了、免了,五毛钱我也不能给你,我不要你觉得挣钱是这样容易的事。尤其是,给长辈做一点点事,不能老是要报酬。"(这一部分的语言描写很有特色,虽然是平常话,但是把母子间融洽和谐的关系以及儿子对母亲的不经意、做事就要报酬的心态刻画得栩栩如生。想一想作者还借助了什么描写增加文章的生动?)

他噘着嘴走了。我叹了口气,想一想这一代的孩子,再也不同于上一代了。要他们鞠躬如也地对长辈杖履追随,已经是不可能的事。所以,作为20世纪70年代的中老年人,第一是身体健康,吃得下,睡得着,做得动,跑得快,事事不要依仗小辈。不然的话,你会感到无限的孤单、寂寞、失望、悲哀。(作者是怎样从"我"和儿子过渡到母亲的?)

我却又想起,自己当年可曾尽一日做儿女的孝心?

　　从我有记忆开始,母亲的一双手就是粗糙多骨的。她整日地忙碌,从厨房忙到稻田,从父亲的一日三餐照顾到长工的"接力"(乡语,点心之意)。一双放大的小脚没有停过。手上满是裂痕,西风起了,裂痕张开红红的小嘴。那时哪来像现在主妇们用的"萨拉脱、新奇洗洁精"等等的中性去污剂,洗刷厨房用的是强烈的碱水,母亲在碱水里搓抹布,有时疼得皱下眉,却从不停止工作。洗刷完毕,喂完了猪,这才用木盆子打一盆滚烫的水,把双手浸在里面,浸好久好久,脸上挂着满足的笑,这就是她最大的享受。泡够了,拿起来,拉起青布围裙擦干。抹的可没有像现在这么讲究的化妆水、保养霜,她抹的是她认为最好的滋润膏——鸡油。(找出描写妈妈的手的语句,想一想怎样抓住特点进行描写?)然后坐在吱吱咯咯的竹椅里,就着菜油灯,眯起近视眼,看她的《花名宝卷》——这是她一天里最悠闲的时刻。微弱而摇晃的菜油灯,黄黄的纸片上细细麻麻的小字,就她来说实在是非常吃力。我有时问她:"妈,你为什么不点洋油灯呢?'她摇摇头说:"太贵了。"我又说:"那你为什么不去爸爸书房里照着明亮的洋油灯看书呢?"她更摇摇头说:"你爸爸和朋友们做诗谈学问。我只是看小说消遣,怎么好去打搅他们。"(看看作者是怎样选材的?)

　　她永远把最好的享受让给爸爸,给他安排最清静舒适的环境,自己在背地里忙个没完,从未听她发出一怨言。有时,她真太累了,坐在板凳上,捶几下胳膊与双腿,然后叹口气对我说:"小春,别尽在我跟前绕来绕去,快去读书吧。时间过得太快,你看妈一下子就已经老了,老得太快,想读点书已经来不及了。"

　　我就真的走开了,回到自己的书房里,照样看我的《红楼梦》《黛玉笔记》。老师不逼,绝不背《论语》《孟子》。我又何曾想到母亲勉励我的一番苦心,更何曾想到留在母亲身边,给她捶捶酸痛的手臂?

　　四十年岁月如梦一般消逝,浮现在泪光中的,是母亲憔悴的容颜与坚忍的眼神。(抓住最能表现人物特征的地方进行描写,学会惜墨如金。)今天,我也已到了母亲那时的年龄,而处在高度工业化的现代,接触面是如此的广,生活是如此的匆忙,在多方面难以兼顾之下,便不免变得脾气暴躁,再也不会有母亲那样的容忍,终日和颜悦色对待家人了。

　　有一次,我在洗碗,儿子说:"妈妈,你的手背上的筋一根根的,就像地图上的河流。"

　　他真会形容,我停下工作,摸摸手背,可不是一根根凸起,显得又瘦又老。这双手曾经是软软、细细、白白的,从什么时候开始,它变得这么难看了呢?也有朋友好心地劝我:

"用个女工吧,何必如此劳累呢?你知道吗?劳累是最容易催人老的啊!"可不是,我的手已经不像五年前、十年前了。抹上什么露什么霜也无法使它们丰润如少女的手了。不免想,为什么让自己老得这么快?为什么不雇个女工,给自己多点休息的时间,保养一下皮肤,让自己看起来年轻些。

可是,每当我在厨房炒菜,外子下班回来,一进门就夸一声:"好香啊!"孩子放下书包,就跑进厨房喊:"妈妈,今晚有什么好菜,我肚子饿得咕嘟嘟直叫。"我就把一盘热腾腾的菜捧上饭桌,看父子俩吃得如此津津有味,那一份满足与快乐,从心底涌上来,一双手再粗糙点,又算得了什么呢?

有一次,我切肉不小心割破了手,父子俩连忙为我敷药膏包扎,还为我轮流洗盘碗,我应该感到很满意了。想想母亲那时,一切都只有她一个人忙,割破手指,流再多的血,她也不会喊出声来。累累的刀痕,谁又注意到了?那些刀痕,不仅留在她手上,也戳在她心上,她难言的隐痛是我幼小的心灵所不能了解的。我还时常坐在泥地上撒赖啼哭,她总是把我抱起来,用脸贴着我满是眼泪鼻涕的脸,她的眼泪流得比我更多。母亲啊!我当时何曾懂得您为什么哭?(体会作者于不经意间的自然过渡。想想这里运用了什么手法?)

我生病,母亲用手揉着我火烫的额角,按摩我酸痛的四肢,我梦中都拉着她的手不放——那双粗糙而温柔的手啊!

如今,电视中出现各种洗衣机的广告,如果母亲还在世的话,她看见了"海龙""妈妈乐"等洗衣机,一按钮子,左旋转,右旋转,脱水,很快就可穿在身上。她一定会眯起近视眼笑着说:"花样真多,今天的妈妈可真乐呢!"可是母亲是一位永不偷懒的勤劳女性,我即使买一台洗衣机给她,她一定连连摇手说:"别买别买,按电究竟不及按人钮方便,机器哪抵得双手万能呢!"(想想作者模仿妈妈的语言是否合适?怎样才能取得这样的效果?)

可不是吗?万能的电脑,能像妈妈的手,炒出一盘色、香、味俱佳的菜吗?

 **读后悟语**

将一个平凡的爱情故事放在北冰洋最大的海难中,《泰坦尼克》取得了惊心动魄、感人肺腑的效果。是否文章要感人,就必须制造惊天动地的悲剧情节?没有灾难,就不成故

事吗?

其实,真正打动我们的恰恰是平凡小事中的点点滴滴。琦君深知此理,《妈妈的手》从小处起笔,所选择的还是小事,却不能不使我们动容。全文以"妈妈的手"为主线,选取生活中一些平凡琐细的事例,歌颂母爱的伟大。妈妈整日忙碌着,在终日劳作和碱水的浸泡中,一双温润的玉手变得"粗糙多骨","满是裂痕","又老又瘦"。一天的工作结束后,把手浸在滚烫的水中是妈妈最大的享受,妈妈所能用的最好的滋润膏也只是"鸡油";妈妈最悠闲的时候是借着菜油灯看书——妈妈总把最好的享受让给爸爸。这就是妈妈!"妈妈",一个多么温婉亲切的称呼,她总会触动我们心底最柔软的部分,唤起无限的甜蜜。有人说:妈妈是一堵墙,能为儿女遮风挡雨。爸爸永远是做大事的,真正支撑一个家、使这个家井井有条的是妈妈。她用这双普普通通的手为家人安排了舒适的生活,这双手倾注了妈妈对丈夫、儿女最深沉的爱,那双"满是裂痕"的手是儿女幸福的源泉。

巧用对比是本文另一个特点,其中分单纯的对比和通过对比自然过渡两类。妈妈清洁厨房用的是强烈的碱水,现在主妇们用的是中性的洗洁精。"我"割破了手,父子俩帮着包扎、又轮流洗碗;妈妈割破手指,从不会喊出声,谁又注意到?现在的主妇有洗衣机,如果妈妈还在世,她一定会说:还是双手万能。这是单纯的对比。

文章从"我"写起,通过儿子对"我"的态度和自己对妈妈的愧疚的对比,转入对妈妈的回忆。对比母女两代妈妈的容忍,又回到自己的身上——只要父子俩生活舒适、"吃得津津有味,那一份满足与快乐,从心底涌上来","我"终于理解妈妈了。生活在父子关爱之中的"我"和妈妈"难言的隐痛"的对比,再次从对"我"的叙述转入对妈妈的追忆。这是通过对比自然过渡。

本文以妈妈的手为主线,运用对比使文章的内容穿梭于母女两代妈妈之间,颂扬中国妈妈的耐劳、俭朴、无我的精神。

永远的细节

梅子涵

9岁那年,父亲突然地当上了右派。他想不通,就自杀,被救护车救走。事情被弄得家喻户晓,451弄里没有人不知道。451弄是一个大院子,一幢幢的日本式房子。严老师住在我家对面的一幢,小学也是在大院里,救护车是必然要从严老师家门前开过的。那时候,严老师一定听说了,救护车里救的,是她的学生梅子涵的爸爸。

我当然还要去上学,像以前一样做着好学生,上课认真,遵守纪律,热爱劳动……走过一天一天的日子。就在那一年,我入队了。严老师宣布:中队学习委员,梅子涵。

我当时只是激动,戴上两条杠的红标志感觉自己走在阳光和春风里,其他没有想过。没有想过严老师在确定名单时会想过些什么,会不会犹豫过,让一个家喻户晓的右派的儿子当中队委员……我没有想,因为那时我是一个小孩。可是现在我会想。我会想,当时严老师如果因为我的父亲当了右派,就没让我这个一贯的好学生当中队学习委员……那么我会怎样?我的感觉会怎样?它对我的后来会有怎样的影响?

我非常奇怪,一直到我小学毕业,一直到我家后来搬离,严老师从来都没有在我的面前提起过我爸爸的事,更是没有提到过"右派"这两个字,一次也没有过。可是我的有些同学提到过,有些邻居也提到过。(老师的肯定像灿烂的阳光,驱散"我"心头的阴云,那颗稚嫩的心因此而坚强。现在"我"才明白这件事对于"我"的意义。)

这是为什么?

我小时候是一个胆小的孩子,不大说话,默默地努力,把向往放在心里,看见别的小孩优秀,就会有羡慕的目光和心理。学校有一个合唱团,每个星期都要在音乐教室练唱,指导老师是漂亮的梳着两根很长的辫子的张老师。我们班级有好几个同学是合唱队的队员，我不知道他们是怎么参加的，我也不知道如果我想参加那么应该怎样。我不懂得打听，我不知道如果你要知道一些事情，那么你就需要去问的，我也是一个非常老实的孩子(直到如今，还是非常老实)。每个星期，在练唱的日子，我看见同学们拿着乐谱夹精神抖擞地走进校门，整齐动听的歌声从音乐教室里传出来，我就微微地兴奋、微微地惆怅、微微地向往。

有一天，我看见练唱的同学走出了教室，张老师也走了出来，我竟然无比勇敢地走上前去，说，张老师，我也想参加合唱团，可以吗?张老师返身走回音乐教室，打开琴盖，指定了一首我们学过的歌让我唱。我就"天真烂漫"地放声唱起来，越唱越高，无可收拾，最后一句"杀鸡"了。这是一次并不合格的考试，可是张老师笑笑说，你下个星期来参加活动吧。我至今仍旧记得"下个星期"和"下个星期"之后的日子里，我走进音乐教室，我的声音加入了同学们的声音里放声歌唱时，我的那份振作的、饱满的、兴奋的、自豪的、无比珍惜的心情和感觉，是讲不清楚的，但是记忆犹新，如在眼前。(作者连用两个"下个星期"，以示那段日子的刻骨铭心;一系列描写心情的词语，更突出了"我"的激动。)

这是我第一次通过毛遂自荐，实现向往。这是一个多么漂亮的女老师对一个天真的小男孩的精神理解和满足。这是我至今、也可能是一辈子唯一的一次参加合唱团，进行歌唱的训练。(文中两次说张老师漂亮，"漂亮"的含义是什么?)

我现在想来，我的考试并不合格啊，我的那最后无可收拾的"杀鸡"声，不是连我自己都很难为情吗?可是张老师为什么二话没说就接受了我呢?而如果当时张老师没有接受我，而是说"你再好好努力吧"一类的话，那么给予我的又会是什么?初三下学期，6月份了，"文化大革命"的气息在中学里已经闻得见，对学生也是越来越讲"家庭出身"了。"出身好"的感觉越来越好，"出身不好"的心头的阴影和沉重日益增加。一定是学校的布置吧，班主任唐老师在下午放学以后把工人子弟留下来开会。那时候我正坐在自己的位子上做作业，工人子弟集中在前面几排听唐老师讲话。我浑身不自在，有些难为情有些自卑……可是我这时听见唐老师说……工人家庭往往书很少，知识分子家庭书都比较多，比如像梅子涵同学的家庭，所以班级里成立图书馆，他拿了那么多书来……我忘记了唐老师是在什么话题里讲起这段话的，我只记得她当时讲着这段话时，表达的是一种肯定的赞赏的意思，从而使我的不自在和自卑瞬间就烟消云散，心里明亮了许多，甚至有了些少年的自豪。

我不知道，唐老师当时讲这番话，是不是因为看见我低着头坐在那儿做功课。我在后来的日子，也从来没有对唐老师提起过这件事，但是我现在想，不单是当时那一刻我的内心感觉，就是后来我所走的人生道路，我成了一个与书本打交道的教授，成了一个写书的作家，难道和唐老师有意或者无意地讲了这一番话没有关系吗？

一个人的成长故事总可以写出很多里面繁多的角色和章节，有的时候我们都会忘记了其中谁是很重要的。

老师是很重要的。(成长的故事很多，细节更是数不胜数，正是老师赋予了那些细节光彩，让孩子充满自信。)

所以我总不忘记老师。我不仅是常常记起那些通常的上课故事和师生之情，还有别的，还有别的许多很小的细节，它们就那样无声地影响了我甚至决定了我，意义比授予我的知识更重要，赋予了我生命的热情、勇气、信心、希望，赋予了我童年尽可能多的诗意。

谢谢您，老师！

 **读后悟语**

谁也无法预料自己生命中将会遭遇什么，我们无法选择自己的家庭，更不能选择生活的时代。父亲被打成右派，同住在一个大院的严老师不可能不知道，她却宣布："中队学习委员，梅子涵。"老师的信任如煦暖的阳光，驱散"我"满心的阴霾。对合唱的向往，使"我"鼓起勇气提出参加合唱团，张老师微笑着同意了。参加合唱的日子里，心中那复杂而美妙的感觉"讲不清楚"，却刻骨铭心。"文化大革命"的气氛越来越浓，"出身不好"的"阴影和沉重日益增加"，在"我"深感自卑的时候，是唐老师的赞赏，"使我的不自在和自卑瞬间就烟消云散"，"甚至有了些少年的自豪。"三件小事，三位充满爱心的老师，三句普普通通的话，却"赋予了我生命的热情、勇气、信心、希望，赋予了我童年尽可能多的诗意"。也许老师们所做的只是他们认为应该做的，但是这些细节对"我"来说，却"无声地影响了我甚至决定了我"。

老师！一个多么神圣的称呼！您一个赞许的眼神、一次慈和的微笑、一句温暖的话语，就会给孩子莫大的信心，甚至成就一个人！每个孩子都是一张白纸，最终能成就怎样的一幅画，单靠他自己手中那支笔是不够的，他们需要另一支、甚至几支笔为那幅画添上绚丽的色彩，生命的颜色便因此而丰富！

是上帝爱上你的眼泪

太 平

"婷然……"陷在熟悉的来苏水儿味里。我知道这还是医院,是不断地给我妈妈承诺的地方。婷然就是我的名字,妈妈说这个名字很美,而起这个名字的时候并不知道我是瞎的。(含蓄地介绍"我"和"我"的处境。)

医院里不知道多少个人夸我长得漂亮,虽然我不知道长得漂亮该是什么样子,不过也许像妈妈,我摸过妈妈的脸,和我的差不多。

我就这么胡思乱想着在医院中央的小花园的走廊上跌倒了。

"你没事儿吧?"一个男孩的声音很柔和地向耳边飘过来,听着像止痛药的功效,膝盖的疼痛略有减缓,我轻轻地向声音的方向笑了笑,算是表示我的谢意。从他那里散发过来的医院里同样的来苏水儿味,想来他在医院待了不少时日了,后来的谈话证实了这一点。(因为看不见,这里着重描写"我"听觉和嗅觉方面的感觉。描写人物,要抓住人物的特点。)

这个世界总会有一种默契发生在两个人身上,那走廊上长长的椅子,总是坐了我们俩,一开始的刻意相逢慢慢变成了一种习惯——一种相知的表达方式。我们坐得很散,感觉他的声音绕过来荡过去,絮絮的,轻音乐一般,却总是没有气力,轻飘飘的,像棉花。

认识这么久,我只知道他叫小伟,我能猜到他一定也是病人。坐在那里,娓娓地和我说着他的故事。他说他小时候是在乡下长大的,那里有着他的童年。他说那里有着清亮的总是游动着鱼的河流,有着高而深邃的蓝色天空和无边无际的金黄油菜花地。

他说金黄的油菜花的时候,我问他:"金黄的油菜花是什么样的?"其实他说的清亮的河和蓝色的天空我也没有见过,可是我忽然对金黄产生了极大的兴趣。他想了一下,说:"冬天里晒太阳的感觉你知道吗?"我笑了,我第一次觉得我能那么准确地把握一种颜色。我沉默了好久,然后他轻轻地握住我的手,"婷然,知道白色是什么样子吗?"我摇了摇头,"那是一种很纯洁很淡然的感觉,有点像你,那是上天命名的颜色。"那个下午,他开始给我描述所有的颜色,用所有我能感觉到的东西形容。(他对颜色的描述,像金色而温暖的阳光,照亮了"我"黑暗的世界。)

于是,我知道金黄色就是和阳光一样温暖的东西,见到金黄的油菜花地也会有温暖的感觉。蓝色很高很高地挂在天上,很沉静,很悠远。

"是吗?"我惊叹着这个世界的丰富,"你什么时候看不见的?"小伟问。"我生下来就看不见东西,妈妈说只有移植眼角膜才能看见东西,所以我大概要一直在这里等了。"我慢慢走进花园,摘了一朵花,回到长椅,问小伟这朵花是什么颜色的?小伟说是淡粉色的,就像平时喝的草莓奶昔。"小伟,你说我会有看得见东西的一天吗?"他不说话了,我看不见他,只是感觉着他还坐在我面前。他的呼吸声在充满药味的院子中央游荡,像温暖的风。"没关系,"我低头闻着花香,"至少我还可以闻到花的香味,你怎么了?别为我难过好吗?"我摸索着他的方向,半天没有说话的他伸过手来,握住我,说:"你可以的。"声音虽然还是那么轻,但是很坚定,那一刻我觉得就算是以后也看不到东西,我也是满足的。

当妈告诉我医院终于有眼角膜可以移植的时候,我尽量做出高兴的样子,心里却依旧是淡淡的,没有兴奋也没有激动。

"小伟,我……我能在手术前摸摸你的脸吗?那样我可以想象着你的样子进手术室,也许我就不怕。"我辨着他的方向。

风轻轻穿过走廊,他牵起我的手,放在他的脸上,我的手冰得他打了一个冷战。"凉到你了吧?"我不好意思地问,我感觉到他的嘴角向脸两边弯了弯,他是在笑了,"没关系。"他大概很瘦,颧骨很高,鼻梁也高,很直,眉毛是粗的,生得很杂,眼睫毛很长,一眨一眨的样子。嘴唇紧紧地抿着,也许因为太瘦,可以感觉到唇边的纹路。

"小伟很丑吧?"听得出他在尽量使自己的语气轻快一点。我笑着摇摇头:"其实我也不知怎样是美,怎样算丑,小伟对我好,那么小伟一定不丑。"小伟轻轻地叹了一口气:"婷然,你的眼睛能看见东西的时候,会永远记得小伟吗?"(小伟的肖像并不漂亮,"我"却断定"小伟一定不丑",孩子对美有自己独特的看法。)

"当然会啊，能看见的时候，除了妈妈，我第一个就要看看你的样子，然后要你领我来看看这个花园，尤其像草莓奶昔的花。你怎么问这个问题？你要出院？"

"不是，随便说说的，手术前别紧张哦。好了，回去休息吧。"小伟像兄长似的在我额头上轻轻拍了一下。我突然有一种强烈的不安，但终于还是被更强烈的兴奋和害怕压得无影无踪了。

一个月以后。

纱布一圈圈地解了下来，我能听见我的心怦怦跳着，妈妈一定也很紧张，几乎连她的呼吸也听不到，医生鼓励我睁开眼睛，我却还是紧紧地闭着，害怕希望过后仍旧是失望，医生轻轻地笑着，开导着我，那温和的声音让我想起了小伟，我急切地想看到他的样子，慢慢地睁开了眼，其实当时房间里百叶窗都关上，光线不是很强烈，我还是感到一阵头晕，赶快又闭了眼睛，可是这些光线是多么吸引我，压住了我强烈的恐惧，我忍不住再次睁开了双眼，先是模模糊糊的一片，好多影子围在四周，渐渐变得清晰。

先是一张妇人的脸，喜极而泣样子，满眼的关切，我知道这一定是妈妈，我的泪忍不住流了下来，我终于看到十七年的关怀来自哪里，妈妈紧紧地拥住我，一句话也说不出来，反反复复地抚着我的头，最后竟控制不住呜咽起来，辛酸和喜悦夹杂迸发出的泪滴滚烫地渗透我的心灵。

百叶窗打开的时候，阳光毫不顾忌地挤进房间，我眯起眼睛，终于看到温暖的颜色，不由得好奇油菜花又会是什么样子的呢？我跑到窗前，贪婪地让眼光四处扫射，我看见粉的花，白褂的医生护士，穿着条纹服的病人，绿草地，还有那片长廊，我猛地一回头，"小伟呢？我要见小伟，妈妈。"妈妈一句话也没有说，旁边的妇人却呜呜大哭起来，从我能看见开始，这个妇人就坐在旁边的人群里看着我，眼睛一直没有离开过。(妈妈的沉默、妇人的大哭，营造了一种不祥的气氛。)

"这是小伟的妈妈，小伟的眼角膜现在就在你的眼睛上。"护士说。那个妇人哭得更厉害了，"那……那小……小伟呢？"我的心忽然被一种战栗紧紧地攥着，无法保持话语的连贯。

那盒录像带开始播放的时候，房间里一个人也没有，给了一份属于我自己的空间。

那张年轻而苍白的脸出现在屏幕上的时候很祥和，我的心情一阵莫名的激动，忍不住跑到屏幕前闭上眼睛用手去摸，无棱无角，光滑一片。

"婷然,等你看到这些的时候,也许我已不在人世了,其实我一直很消沉,就在我接到大学录取通知书的时候,医院的诊断书也到了,绝症,我是被判了死刑的人,于是,我每天在花园游荡,看着万物的生机,感受那份椎心的痛,直到那天,你的沉静打动了我,一个失明的人处事那样的淡然,最重要的是,从那天开始,我觉得自己不再仅仅是一个等待死亡的人,我可以把我知道的一切教给你,教你认颜色,看你满足的样子,我的心也慢慢平静,很多事情都是上天注定的,也许我属于这个世界的时间是太短了,可是在最后的时刻还是有人和我分享,我欣慰了。

当我决定移植眼角膜给你的时候,我妈妈是不同意的,说那样死得太不完整,她伤心地哭了好久。我对她说其实那就像是我的重生,你可以看到我的眼睛在另一个人脸上闪耀,也许偶尔可以找得到熟悉的目光。而且眼角膜对于你是重生,而对我已没有意义。看到这儿你别哭,你如果哭打湿的可是我的眼睛……"说到这儿,小伟笑了笑,那张脸瘦瘦的,唇边果然有纹路。我的泪落得不受控制,无声无息,我不想打扰小伟说话。(人性,原来可以如此单纯! 如此高尚!)

"记住我的样子了吗?我记住了你的样子,深深地印在脑海里了,这张脸会像天使一样带我去天堂的,复明之后见不到我也不要难过,我很幸福,真的。"电视上雪花点哗哗闪着,妈妈和小伟的妈妈走进来,这一次,我是真心实意地跪在小伟妈妈面前:"妈妈,从今以后让我也叫您妈妈吧。"小伟的妈妈扶起我,带着泪笑了,"是啊,这双眼睛多像小伟,好孩子。"所有和小伟走过的地方,我开始慢慢地回顾,长椅上我好像看见小伟清瘦的身影闪过,那草莓奶昔似的花开得正艳,粉红粉红。

我还是习惯闭上眼睛回忆小伟的样子,似乎还可以摸到他光洁的额,高高的颧骨和鼻梁,长长的眼睫和紧闭的唇。录像带我不敢再看第二遍,那张脸永远铭刻心间……

 **读后悟语**

这是一个凄婉动人的故事:上帝给了她美貌,却将她打入黑暗的世界;上帝给了他深造的机会,却剥夺了他的健康。生命,也许正是有了缺憾才美丽;缺憾,造就了默契和相

知,也许正是这样,生命才得到了升华!

寓情于描写叙述中,让具体情境打动读者,这也是此文第一大成功技巧。

其实,这个故事很简单,也可以这样写:

我叫婷然,生下来就看不见。我一直在医院等着做眼角膜移植手术。一天,我在医院的花园里认识了也是病人的小伟,他告诉我好多颜色。他说天空是蓝色的,油菜花是金黄色的,花是粉红色的…"

我问他:金黄色的油菜花是什么样的?

他说:"是跟阳光一样温暖的东西。"

我很想看看粉红色的花,小伟鼓励我说:"你一定要有信心!你可以的!"

相比之下,你认为文章这样处理,效果会怎么样呢?

学 生 作 品

天将降大任于斯人也,必先苦其心志,劳其筋骨,饿其体肤,空乏其身,行拂乱其所为,所以动心忍性,增益其所不能。

——孟子

如果上帝在第十九层地狱

高　珊

离高考仅有二十几天了。三次模拟考试的成绩均创下一中历史上的最高纪录，我对即将到来的高考充满了信心。夏日的天气也一天比一天炎热，一次洗澡时，我突然发现身上出现了一批细小的出血点。可能是过敏吧，过几天就会好，我想。没工夫管它，现在要把全部精力都投入高考备战中。

然而，皮肤上的出血点并没有像我希望的那样消失，反而日益增多，逐渐遍布全身。6月底，复习进入白热化阶段，我却开始不断流鼻血，身上的淤斑也越来越多。父母焦急地翻着各种医书却不得要领，而我坚持要等高考完才肯去医院。日子一天天滑过，高考的压力身体的不适弄得我焦头烂额。我咬着牙，默默地承受着别人不用承受的压力，不让老师和同学知道。

7月7日，同数万考生一道进入考场。9日上午考完最后一科，下午便住进了医院。验血的化验员怎么也不相信自己的眼睛，在连续采了四次血后，终于无可奈何地把化验单递给父母。血小板仅有11个单位，而正常人应是100~300个单位。

我躺在病床上，手上扎着吊针，心里在计划着暑假如何度过。那时的我，并不知道后面将有一段如此艰辛的日子在等着我。

第一次骨穿结果是骨髓轻度左移，怀疑是再生障碍性贫血，随后又被否定。十天以后病情没有好转，父母带我到中国科学院协和医院血液病研究所。第二次骨穿确诊为原发性血小板减少，是一种稀少的血液病，至今原因不明。开始注射大剂量激素和丙种球蛋白。每天几千元的花费让一家本不富裕的生活变得更加拮据。父亲像小学生一样跟在医生后面抽空子就问,小心翼翼的模样,让我看着心里酸酸的。在父母心目中,我这个让人操心的女儿远比他们自己重要……

如此低的血小板,随时都可能引起大出血。如果出血部位在内脏或脑部……天黑了,我的脑海里一片空白。我一直不愿承认、不敢面对的问题终于来了——那就是死亡。夜那么黑,我突然感到十分害怕,一向自诩为坚强的我偷偷哭了。一睁开眼睛看到的就是白色,到处都是白色,令人压抑的白色。我蜷在宽大的病号服里,窝在床上,伸出一双被扎得稀烂的手,试图抓住什么,却什么也抓不到。肉体、灵魂都不是我的,只有痛苦还是。

一瓶一瓶往体内输液,又一筒一筒地从体内抽血。我沉默着,闭着眼睛接受这一切。痛苦,生命的孪生姐妹,它无时无刻不在提醒我,让我清楚地意识到生命的存在。在忽然到来的厄运面前我茫然若失,咀嚼着失意和无奈。

高考来得轰轰烈烈,走得平平淡淡。我考出了711分的好成绩,列岳阳市第四。我一直向往北京对外经济贸易大学,它所要求的分数、视力以及1.65米以上的身高,我都达到了,并且通知我去面试。我满怀希望,以为梦想终于能够实现了。可就在面试的前两天,大剂量的激素使我的容貌突然发生了巨大的变化,令人无法面对的变化。医生轻描淡写地说这是常见的药物反应,没什么大不了的。没什么大不了!可这足以让我无法通过面试……

我理想的校园,那个我不知念了多少遍的校名,无数次在漫漫长夜激励我奋斗不息的名字,就这样与我失之交臂……在人生这样一个路口,我感觉到一阵痛,难以名状而又无处不在,是不是人永远无法与命运对抗呢?是不是命中注定的东西永远无法改变呢?无论我考前多么用功,无论我模拟成绩多么优异,无论我的心态多么平和,都抵不上命运安排的一场病?我本应该是出色的,然而面对自己孱弱的身体,我无处可逃。

为了治疗的方便,我填报了本省的湖南大学。入学后,拖着病体辗转于学校和医院之间,放弃一切活动,放弃一切竞争。我默默地做着应该做的事。艰难的生活中,偶尔我也会想起高中的灿烂岁月。那时,市三好学生属于我,百人乐队指挥属于我,作文、英语、化学、生物竞赛一等奖属于我,钢琴、演讲、辩论、主持人大赛第一名属于我……可为什么一夜之间就全变了呢?为什么我要失去这么多呢……

看似平静的日子一天天过去,我在大学也快一个学期了。可快要期末考试的时候,我突然开始鼻口出血,到医院一检查,血小板竟然只有4个单位。医生一边给我输血,一边下了病危通知。由于失血过多，血色素降到7克，血压也降为90和40，心跳更少到了每分钟50次。第三次骨穿后，医院对我进行了全脾切除手术，谁知80%的有效率中竟然不包括我。手术后我身体更加虚弱了。

　　无奈只好再次使用激素，药物的副作用全都积在体内，18岁的我不得不接受这些残酷的事实。常常在深夜里疼得醒来，望着黑漆漆的夜空问自己：为什么上帝赐予我这许多优秀的资质，又一项一项地从我身上夺去呢？该美丽的时候不美丽，该健康的时候不健康，该奋斗的时候却不能奋斗……就像狂风里的一支小蜡烛，虽然燃着，但却燃得那么微弱，那么艰难！医院又挂起了白幡，邻床的那个女孩儿去了，和我一样的病。我有一种在梦幻中的感觉，一切都那么不真实。那个15天前还笑着同我招呼的女孩儿呢？她才21岁啊，21，多好的年龄！母亲能承受这痛失爱女的打击吗？她会怎样地以泪洗面，度日如年呢？21年，她给这世界留下了些什么？而我又曾给这世界留下些什么？

　　死者已矣，生者何堪？

　　生命如此坚强却又如此脆弱。一个人活着不容易，却这么容易就死去了。一切静止，一切消失。苦恼的事，快乐的事，都没有了。过去的困顿，过去的繁华，都消失了。这就是死亡，躺在那儿，任人凝视，任人伤感，一切无知。谁能明白这个冰冷的身子曾有一个怎样的世界？我常常站在医院顶望着脚下的明明灭灭的灯火，熙熙攘攘的人群，忽然觉得生命真的好卑微，有时坚如磐石，更多时候却又细若游丝。

　　其实父母所受的煎熬远比我大，看着别人的孩子健健康康地去上学，而我……这种事情对他们太残忍。父母只有我一个孩子，他们对我倾注的爱是无法用语言来表达的。为了挽救我脆弱的生命，父母卖掉了钢琴、房子……在全国到处求医。短短半年他们不知流过多少泪……看着他们日渐憔悴的样子，我却无能为力，我能做的只有照顾好自己，在父母面前竭力掩饰内心的脆弱，把坚强乐观的一面表现出来，我知道父母有苦从不对我说，现在我的生命就是他们希望的唯一寄托。

　　医生警告我要避免用脑，但我从未放弃学业。我不敢计划将来，生活的变数太多。但至少现在我要好好把握。因为在生活中，有那么多的爱伴我同行。

　　记不清是在第几次住院时，心情异常烦闷。精神和肉体上的痛苦让我无法忍受，寂寞和忧郁更令我苦不堪言。我像一只被关在笼子里的受伤的小兽，烦躁、委屈、伤心一股脑全涌上心头。我拒绝继续住院和治疗，吵着要回家！

这时，门外探进几张熟悉的面孔，紧接着涌进一大帮人，是我的同学们！他们居然找到了这儿！我的心情一下子明亮了起来，笑容在每一个年轻的脸上跳跃，他们有的捧来一大束鲜花，有的塞给我一个布娃娃，有的给我递上老师的课堂笔记。我听着他们迫不及待地讲述校园里发生的新鲜事，忘记了苦恼，忘记了悲伤，完全地融入到这欢乐的气氛中。我要快些治好病，快些回到他们当中，这是我唯一的心愿！

也许上帝在创造人的同时也创造了苦难，每一个人所承受的多或少，重或轻只能由个人的命运来决定。苦难是人生的一个标志，它说明我们依然活着，如果一个人死去了，他当然不会有任何痛苦了，但他也不会有任何快乐。当一个人在这个世界上还有他留恋的东西感动的东西，他只有活着，才能感受这世上的一切——痛苦或者快乐。

我爱这个世界，爱每一个人，爱是生命给人类最珍贵的礼物，正是这些爱的瞬间，持续地温暖和关照我，走过阴暗，走过泥泞，带给我幸福和满足。上帝所创造的最伟大的东西，不是这个世界，而是爱！只要心存自信。

偈语曰："上帝爱我，所以惩罚我。"有时候就觉得如果有上帝，那他应该在第十九层地狱，若想见到他要先穿过前十八层。那么，让上帝赐我一颗平静而坚忍的心：接受不可改变的，改变可以改变的吧。

同学分析

生活本身就是一篇最好的文章，何况是像作者那样不寻常的一段生活，即使不加润色地把它写出来，也不可能是一篇平庸之作。"珍惜生命，战胜病魔"，是人类精神领域永恒的主题，本文延续着这一传统，并在以下几方面意义上推进了一步：

1.绝望中的呼告带给人无法抗拒的震撼。"如果有上帝，他应该在第十九层地狱，若想见到他要先穿过前十八层"，这是近乎于宗教精神的坚忍和隐忍，受难与赎罪都是生命的常态。2.哲学家般形而上的思索真实而动人。"这就是死亡，躺在那儿，任人凝视，任人伤感，一切无知"，没有矫情的祈求和夸张的描写，没有"为赋新词强说愁"。

故事是那么真实动人，以至于我认定这是真实的作者，真实的生活。我们或许，有资格在这里对高珊的文章指指点点,因为当我们还在这里求神拜佛仰望星空的时候,她正在向第十九层地狱勇敢地前行。

 **教师点评**

　　每次读这篇文章,我都被深深地感动着。小作者是不幸的,在学业最激烈的战场上她病了;但她又是坚强的,她经受了常人无法经受的痛苦。本文以病痛为线索,紧紧围绕着与病痛抗争的主题选材,写了发病、位院检查、第一次骨穿、与理想校园失之交臂、第三次骨穿、同病房女孩的"离去"、"我"的忧郁烦闷和振作。其中,详写第一次骨穿、与理想校园失之交臂、"我"的忧郁烦闷和振作,详略安排得当,叙述跌宕起伏。与其说是作者的不幸打动了我们,不如说是她冷静、深刻的思考震撼了我们。作者毫不掩饰自己的脆弱,坦言自己的苦楚,她思考生命:"苦难是人生的一个标志。""让上帝赐我一颗平静而坚忍的心:接受不可改变的,改变可以改变的吧。"

　　本文善于在自己的经历中选择并提炼材料,注意详略安排,叙议结合。作者的思考贯穿整个与病痛抗争的过程中,成功刻画了一位饱受病痛折磨,却坚强自信的女孩。

莘莘学子

张雪媛

一、飞鱼

莫宁给我讲过一个故事——有一种鱼，它们都长着翅膀，在天空中飞翔是它们的梦想，它们每天都拼命向着水面游去。在它们到达水面的那天，它们会得到一个飞起来的机会，飞得足够高的，就变成了鸟儿，永远不再回到水里，更多的却跌回水中，变成普通的鱼，只能羡慕地仰望蓝天。这种向往飞翔的鱼就叫做——飞鱼。

莫宁讲故事的时候，一脸的憧憬。我知道她在讲什么。

最后她说："已经高三了，我要做飞得最高的鱼。"

莫宁是认真的，她把心爱的画笔、画夹全都锁了起来，还把原来就少得可怜的睡眠又克扣掉了一个小时。尽管这样，"做飞得最高的鱼"依然是个极困难的梦想，尤其对莫宁这样只是中等偏上成绩的学生来说。

但是莫宁别无选择。

考大学，几乎是从这个封闭、落后的山城逃出去的唯一方法。而每年只有将近30个人考入大学，也就是说，每届1000多人中只有30个人能够真正飞出去。百分之三的升学率足以让每个人急得发狂。

我们在政治课上背诵着老师要我们背的东西，在作文中写着"我们热爱家乡，要为家乡建设做贡献"……实际上我们却一个个拼了命要离开这里，已经离开的，又想尽一切办法要留在外乡。这真是个绝佳的讽刺。但是我们都心甘情愿地生活在这个讽刺当中。

再见莫宁,已是"一模"(第一次模拟考试)之后了,她瘦了很多,眼睛红红的。我早就听说她每天都熬夜到很晚。

莫宁很高兴地对我说,她已升至年级前30名了。我望着她瘦削的脸和欣喜的神情,不知该说些什么。"我们班QQ的爸爸花十多万给她买了北京户口。一片薄薄的纸,100多分的加分,就是上线与落榜,重点与非重点的差距。一样的分数,人家可能去上清华,我们只能在地方大学里谋个座位……"莫宁的话已是完全的"高三味"。

QQ,北京户口,100多分?我们除了羡慕还能做什么呢?那些提前变成鸟儿的幸运的飞鱼们。

莫宁只能拼命地学,因为她爸爸只是个普通的下岗工人。

她爸爸一直把下岗的事瞒着莫宁,直到有一天,我和莫宁一起上学时,看到她爸爸那微驼的身影,正一下一下蹬着人力车转过街角。那天风很大,漫天黄沙。莫宁就站在弥漫的沙尘中痛哭失声,直到现在,回忆起那时的情景;我仍觉得凄凉无比。就在那一天,莫宁给我讲了飞鱼的故事;

然而,莫宁最终还是没能做成"飞得最高的鱼。"她因为用眼过度而暂时失明,休学一年。我才知道,她每天靠咖啡支撑着,只睡4个小时,每天都要用光一支油笔芯。那时"三模"刚刚结束,她已经是第10名了。

莫宁离校的那天我去送她,她戴了墨镜,不愿让我看见她迷茫失神的眼睛。

莫宁被作为了勤奋学习的榜样,校长在全校大会上表扬她。但是我看到她脸上一道清晰的泪迹。

九月,我升入高三。

我又想起了莫宁,想起那个关于飞鱼的故事。

二、悬念

离期末考试还有两周。

高二年级×班。

第N节课后的课外活动时间,教室内仍保持着90%以上的上座率——或埋头苦干,奋笔疾书,或托腮皱眉,冥思苦想———派努力学习的大好景象。

忽听角落传来窃窃私语声——

A:"听说这个假期只补两周的课。"

B:"真的假的,少补一个星期,太棒了。"

A的前桌回过头去,A的前桌的同桌放下笔,A的……

消息以340m/s的速度传开。越来越多的声音加入进来,整个教室热闹得像滚开的沸水——多一周的假期对于学生来说是份怎样美妙而又难得的诱惑。

"每次都补三周。为什么这次少了一周?"

"管他为什么,少了就好。"

"×班老师透露,补课按原计划,还是三周。"

"听说上面来检查,实行减负。"

"班主任那儿一点动静都没有,肯定还是三周,怎么会少?"

"凡事往好了想嘛,一定是两周。"

……

有人提议——掷硬币——正面为两周,背面是三周,让硬币决定我们的——"命运"。

马上有人贡献硬币一枚。

硬币被高高弹起,它在60多双眼睛的注视下落在桌子上,滚到地上,大摇大摆地滚到了柜子后面。

正准备挪柜子,突然——后门处传来几声咳嗽——暗号,老师来了。

一阵忙乱,不到几秒钟,已各归各位,抓起书本。重做奋笔疾书状,做冥思苦想状。老师进来,巡视一周,颇为满意。班长壮了壮胆子,小心翼翼地问:"老师,听说……这次假期少补一周课……"

"学校没通知。学生的任务是学习,怎么成天就关心着放假……"

众人倒吸一口气,不敢再提"挪柜子"的话。

但是好消息还是悄悄传来,那枚硬币是正面——两周,天意如此。

考试前一天,考前动员大会,无非是考试纪律、考场须知等等。让人牵挂的只有最后一项——假期安排。

校长讲完考场须知,一脸严肃地通知——散会。起身离去,剩下台下的人面面相觑,舍不得走,脸上都写满了沮丧——不做新的安排,看来是三周了。

又见校长匆匆走上台来——"另外,还有一件事要通知——"

众人大喜——果然有不同的安排。

"因为课程紧张,这个假期不休息。"

同学分析

《莘莘学子》是一部带有黑色幽默意味的作品。莫宁的梦想是做一条"飞鱼",却因为用功过度而失明、休学,学校竟还把她作为勤奋学习的榜样;班上在热烈地讨论假期补课是两周还是三周,最后却传来假期完全不休息的消息。这两个具有鲜明的反讽意味的章节,讲述在同一社会环境中发生在同一社会群体身上的两个故事,除此之外,他们还在主题上发生关联;对高考制度之公平性、有效性和正当性的怀疑。这两章在情感曲线上保持一致,随着故事的展开,先是稳步爬升,在故事的末尾处达顶峰,然后骤然跌入谷底。

《飞鱼》意境悠远,"飞鱼"的象征具有一种油画般的美;《悬念》情节紧凑,具有一种黑白剪影式的鲜明纯粹的美。

教师点评

这篇文章在结构上的突出特点是运用小标题,选取了高中学习生活的两个片段,反映紧张的学习状况。《飞鱼》以升上高三的莫宁为主角,飞鱼飞出水面变成鸟的故事,是一则童话;偏僻山城的孩子考上大学飞出山城,也是百分之三的几率。为了"要做飞得最高的鱼",莫宁不断地克扣自己的睡眠,靠咖啡支撑,在她终于进入年级前十名时,却因暂时失明而不得不休学。《飞鱼》选取校园中我们熟悉的人和事,语言真实、质朴。

《悬念》以语言描写为主,写高二某班同学对补课安排的猜测。离期末考还有两周,高二某班的课外活动时间,90％的同学还在课室努力学习。但他们最关心的是有多少假期,于是开始掷硬币赌命运。老师的威严、校长的严肃以及不容置疑的安排,与学生的闹剧形成了鲜明的对比。全文从自己熟悉的学习生活中选材,以叙述、描写为主,通过人物的言行、具体的事件表明作者的态度,其情感浸润在字里行间。

昨夜之灯

霄 帆

我悠闲地听着音乐,懒散地逛着街,看着路旁五颜六色的橱窗打发着一天天无聊的日子,不曾醉生梦死,然而心却始终不曾轻松过。我怀念我的灯。

这些日子我常常地想起我的那些去年"中箭落马"的难兄难姐们,现在该是怎样玩命的拼搏。于是,在沉寂的夜里,我会点起一支蜡烛,演绎一些心情故事,我想千里之遥的他们定会感受到我这烛光的温馨。

人们都说时光会冲淡一切,包括伤痛。然而多日来我却始终不曾放自己一马,无法给自己一个宽容。看着四周星星点点的红的、紫的花朵,我想现在二中的校园怕也遍地都是娇柔的虞美人在风中翩翩起舞。然后,就是月季,就是玫瑰。我想起去年的这个时候,我每天顶着满天的星辰穿行在朦胧寂寥的大街上急驶到学校,然后到花园中去摘一朵刺玫瑰悄悄地插在讲桌上的花瓶中。那些日子,我想一朵朵红的、黄的玫瑰肯定温暖着我们所有为高考拼命的学子的心。今年的此时,二中的校园里怕也盛开着一片片姹紫嫣红的希望吧?!

然而,我却不敢写信。

我想起那些日子,每天晚自习放学回家,书桌上总留有妈妈做好放在保温瓶中的蛋汤。我啜着汤,一勺一勺期许,一勺一勺希望,于是我的白天总是太长,黑夜总是太短。我好困可我不能睡,我的书房正中悬挂着我稍加改动的那位老人家的条幅:"三更睡亦要五更起,最怕一日暴十日寒。"实在困得不行了,就放下书本走到户外看着夜空,数数星星,再回首看自己孤单地亮着灯立在寒夜中的小屋,觉得特别的凄美,又特别的辉煌。

坎坷中,随岁月逝去的,是少年不负责任的轻狂。

你说,我的家书能写什么呢?我用什么抚平母亲额上的岁月痕,撑起父亲弯下去的脊梁?清明节那天,这里的天空有太阳,我的心却下起了雨。我想起奶奶去世前怔怔地看着我却说不出一句话,我的心痛得要死……

唯一能做到的,就是点起两支白烛,燃两篇祭文,安慰一下自己,也宽慰一下九泉之下的灵魂。

烛光跳跃,我又想起那段"白热化"的日子,那时自加的压远远超过了一个标准大气压乘以我们的表面积。雪片般纷飞的试卷,堆成山的书籍资料,满教室都是醒脑提神的"清凉油"味儿。老师刚下讲台,下面同学们"唰"地扑倒在课桌上一片。那情景,让人看了鼻子都酸酸的。真的,哪怕趴在课桌上睡三分钟也好啊。我还记得那天晚自习的摸底考试。我站起身去交试卷,只觉头顶的日光灯旋转了起来,随即扔麻袋似的躺在了地上,一点儿也不觉得痛。一向沉默的同桌背起我就往医务室跑,大家也跟着跑。我不知折腾了大家多久终于"睡醒"了。满头白发的老校医含着泪慈爱地说,孩子,身体要紧哪……那一刻,我真想叫她一声"奶奶"……

你说,我给我那些正玩命儿的难友们写什么呢?我不想言不由衷,不想说其实我过得并不好,不想说大学其实也不是什么"伊甸园",就让他们在黑夜仍然燃着人间烟火的"象牙塔"里做他们美丽的梦吧……

昨夜挑灯夜战为着考学,今日处心积虑为着日后踏上社会思索。我常常在疲惫的夜里对自己说,为自己活一次,多好!然而我却不能也不会如此自私。

我依然怀念我的昨夜之灯,我觉得它已经定格在了我的生命中,在无数个打算放纵自己的日子想起来,都给我敲响了一记永不放弃的警钟!

同学分析

高考迄今为止还是中国学生面临的第一场人生重大挑战。这一场考验是如此严峻,以至于那些在这之前没有经历过太多风浪的中学毕业生们对以后的生活产生了错觉,他们之中的大部分人会认为大学是"伊甸园",大学生生活是安全的、稳定的、无忧无虑的。结果在大学的第一年,他们就会发现,事实并非他们所想象的那样。高中生活的点点滴滴又涌上心头。

大学里的教授说,这是大学新生的"心理断乳期"。《昨夜之灯》的作者大概就处在这样一个时期。

很欣赏作者把"昨夜"与"今天"的生活进行对照的写法,这两者分别代表高三和大一两段日子。"昨夜"与"今天"穿插着出现,给人带来一种大梦初醒、恍如隔世、亦真亦假、如梦似幻的感觉。矛盾的情绪在那些恍恍惚惚的现实与回忆交错的片断当中表达得自然而深刻。

教师点评

冲过了刀光剑影的高考,剩下的是几许空虚和落寞。今日的悠闲和懒散,让"我"着实无聊,不禁想起了"昨夜之灯"。本文用几个写景的场面串起了全文,星星点点的花,让"我"想起了二中的校园和为高考拼搏的日子。每天晚自习回家,桌上都放了盛着妈妈满满希望的保温瓶。奶奶去世前怔怔地看着我的眼神,使"我"困到极点却不敢睡;满课室的清凉油味、课间同学们在课桌上扑倒一片,"我"在交试卷的那一刻突然"睡着"了。作者选取考前奋战的一幅幅画面,和几个突出的事件,展现了高考前白热化的冲刺场面。经过了那样的"玩命",大学的生活不免显得有些空虚了。大学是走向社会的一个过渡阶段,这里的人们已经不再像高三的学生那样单纯地为着一个目标奋斗。学业上的压力陡然小了,让人有一种"失重"的感觉,还要"处心积虑为着日后踏上社会思索"。这篇文章既是对在灯下奋笔疾书的准考生们的慰藉,也是对懒散的自己的勉励。"昨夜之灯",永远是最单纯、最充实的记忆。

世界很很小也很大

男孩·女孩

　　和青少年谈爱情，是十分有意义的事情。教育的首要职责就是使人成为人，而爱情是人类最美好的情感，人的全部道德都可以在爱情上反映出来。爱情是人类文明的产物，一些男孩女孩正是由于不理解什么是爱情，才会走入种种爱的误区，才会接受许多伪爱情的观点，例如"不在乎天长地久，只在乎曾经拥有"。爱情，不是洪水猛兽；爱情，等待我们去了解，也许，等我们真的知道这是一份怎样的情感之后，"爱情"，就不是一句容易说出口的话了。

名 篇 赏 析

　　爱情是天作之合,心灵纯洁的联系:当两颗心在相爱中渐渐老去……尽管失去了火焰,却依然保持着光辉。

——[法]雨果

什么是爱情

[俄]苏霍姆林斯基

亲爱的女儿：

你提出的问题使我忐忑不安。

今天你已经十四岁了，已经迈进开始成为一个女人的年龄时期。你问我说："父亲，什么叫爱情？"(许多孩子也思考这个问题，但为什么他们不向爸爸妈妈寻求答案呢？)

我的心经常为这种思想而跳动，就是今天我不再是和一个小孩子交谈了，进入这样一个年龄时期，你将是幸福的。然而只有你是一个明智的人，你才是幸福的。

是的，几百万年轻的十四岁的少女怀着一颗跳动的心思考着这样一个问题：什么叫爱情？每一个人对它的理解都各不相同。希望成长为男子汉的年轻小伙子也在思考这一问题。亲爱的小女儿，现在我给你写的不再是过去那样的信了。我内心的愿望是：告诉你要学会明智地生活，也就是要善于生活。("明智的生活""善于生活"，是所有父母对孩子的愿望。爱情是生活的一大主题。)我希望做父亲的每一句话都能像一颗小小的种子，促使你自己的观点和信念的幼芽萌发出来。

爱情这个问题也同样使我不平静。在童年和少年时代我最亲近的人是我的祖母玛丽亚，(想一想，爸爸为什么不直接对女儿讲道理，而借助祖母的故事呢？)她是一位了不起的人，渗透到我内心的一切美好、明智和真诚的品质都是受恩于她。她死于战争前夕。她在我面前打开了童话、本族语言和人性美的世界。有一天，在一个早秋的寂静夜晚，我和她坐在一棵枝叶茂密的苹果树下，望着空中正在飞往温暖的边远地区的仙鹤，我问祖母："奶奶，什么叫爱情呀？"

她能用童话讲解最复杂的事情。此刻她的一双眼睛呈现出沉思而惊异的神情。她以一种特别的、与往日不同的目光看了我一眼，说："什么叫爱情？……当上帝创造人类时，他在地球上播下了一切有生命的种子，并教会他们延续自己的后代，生出和自己同样的人。他把土地分给一个男人和女人，告诉他们怎样搭窝棚，给男人一把铲子，给女人一捧种子，然后对他们说：'你们在一起过日子吧！延续后代，我要办事去了，一年之后，我再来，看看你们的情况怎么样。'

整整一年之后，有一天一大早，他和大天使加弗利尔来了，他看见这一对男女坐在小棚子旁边，地里的庄稼已经熟了，他们身旁放着一个摇篮，摇篮里睡着一个婴儿，这一对男女时而望望天空，时而又彼此看看，就在这一瞬间，他俩的眼神相碰在一起，上帝在他们身上看见了一种不可思议的美和一种从未见过的力量。(这种"美"和"力量"来源于何处?)这种美远远超过蓝天和太阳，土地和长满小麦的田野。总之，比上帝所制作和创造的一切都美，这种美使上帝颤抖、惊异以至惊呆了。

他向大天使加弗利尔问道：'这是什么?'

'这是爱情。'

大天使耸耸双肩，上帝走向这对男女，问他们什么是爱情，但是，他们无法向他解释，于是，上帝恼火了，(上帝为什么会"恼火"?)他说：

'那么，好吧！我要处罚你们，从即刻开始，你们要变老，你们生命的每一小时，都要消耗掉一点你们的青春和精力！五十年后我再来，看看你们的眼神里表现出什么……'"

"上帝为什么还能生气呢?"我问奶奶。

"是的，要知道，一个人不能擅自创造连他自己本人也没有见过的东西。但是，你往下听啊！五十年后他和大天使加弗利尔又来了。他看见了一座非常好的小木屋代替了原来的小棚子，草原上修起了花园，地里的庄稼已经熟了，儿子们正在耕种，女儿们正在收麦，孙子们正在绿草地上玩耍。在小木屋前坐着一个老头和老太婆，他们时而看看红色的朝霞，时而又彼此望望。上帝从他俩的眼神里看见了更加美丽和更加强大的力量。而且好像增加了新东西。(这种变化说明了什么?)

'这是什么?'上帝问大天使。

'忠诚！'大天使回答说，但是，他还是不能解释。

这次上帝更加恼火了。他说：

'人！你们为什么没有老多少？那好吧，你们的日子不长了，以后我再来，看看你们的爱情将变成什么。'

三年后他与大天使又来了。他看见男人坐在小山坡上，一双眼睛呈现出非常忧虑的神色，但是，却仍然表现出那种不可思议的美和力量，已经不仅仅是爱情和忠诚，而且蕴藏着一种新的东西。

'这又是什么？'他问大天使。

'心头的记忆。'

上帝手握着自己的胡须，离开了坐在小山坡上的老头，面向着麦田和红色的朝霞，他看见，在金色麦穗旁边站着一些青年男女，他们时而看看布满红色朝霞的天空，时而又彼此看看……上帝站了很久，看着他们，然后深深地沉思着走了。"(你能回答"什么是爱情"了吗？)

"这就是爱情，我的小孙子！爱情是人类永恒的美与力量，一代一代地相传。我们每一个人最终都要变成一把骨灰，但是，爱情将成为赋予生命的、永不衰退的、使人类世代相传的纽带。"

我的小女儿，这就是爱情！世上各种有生命的东西生活、繁殖，成千上万地延续自己的有生命的后代。但是，只有人懂得爱。而且说实在的，只有当他善于像人那样去爱的时候，他才是一个真正的人。("一个真正的人"怎能不懂得人类精神世界中最美丽的爱情是什么呢？孩子们，懂得爱，你的人生才会更加亮丽，先懂得什么是爱情，再去走近爱情吧。)如果他不懂得爱，不能提到人性美的高度，那就是说他只是一个能够成为人的人，但是还没有成为真正的人。

 **读后悟语**

什么是爱情？一个众说纷纭却从来说不清楚的话题。作者(转述祖母说的故事)用童话的形式来解释是明智的，这样便于说明爱情的一些基本特征，比如：动物的"爱"主要是一种生殖本能，所谓"自私的基因"；复杂的感情只有人类独具，爱不等于性本能，所以，人

的爱情"比上帝所创造的一切都美"。那些眼神的对视、彼此的欣赏、长相守的忠诚以及比生命更长久的心头的记忆,只有人类才能演化出如此丰富深厚的美,因此,"爱情是人类永恒的美与力量",并代代相传。有时候,反过来思考问题也是有趣的,比如问:什么不是爱情?

上帝创造了世界,创造了万物,创造了人,却创造不了爱情。爱情这种复杂的情感只有人类独具,它不是外界可以给予,可以强加的。它产生于人的内心深处:

是一种对美的钟情,对善的向往;

是眼与眼相对的凝视,心与心碰撞的火花;

是相聚时的愉悦和满足,是离别时刻骨的思念;

是双方精神上的渴盼,是你中有我,我中有你;

是彼此无言的允诺,是生死相守的忠诚;

是人类创造的一种永恒的、极致的美! 是人类世代流传的不衰的、坚实的力量!爱情——人类最美好、最高尚的情感!

繁 星

[法]都 德

　　在吕贝龙山上看守羊群的那些日子里,我常常一连好几个星期看不到一个人影,孤单单地和我的狗拉布里以及那些羔羊待在牧场里。(偏僻的环境,孤独的心境,牧羊少年多么希望与人交往。)有时,于尔山上那个隐士为了采集药草从这里经过,有时,我可以看到几张皮埃蒙山区煤矿工人黝黑的面孔;但是,他们都是一些淳朴的人,由于孤独的生活而沉默寡言,不再有兴趣和人交谈,何况他们对山下村子里、城镇里流传的消息也一无所知。因此,每隔十五天,当我们田庄上的驴子给我驮来半个月的粮食的时候,只要我听到在山路上响起了那牲口的铃铛声,看见在山坡上慢慢露出田庄上那个小伙计活泼的脑袋,或者是诺拉德老婶那顶赭红色的小帽,我简直就快活到了极点。我总要他们给我讲山下的消息,洗礼啦,婚礼啦,等等,而我最关心的就是斯苔法奈特最近怎么样了,她是我们山庄主人的女儿,方圆十里以内最漂亮的姑娘。(少年的害羞,使他只是默默的关注美丽姑娘身边发生的故事。)我并不显出对她特别感兴趣,装作不在意的样子打听她是不是经常参加节庆和晚会,是不是又新来了一些追求者;而如果有人要问我,像我这样一个山沟里的牧童打听这些事情有什么用,那我就会回答说,我已经二十岁了,斯苔法奈特是我一生中所见过的最美的姑娘。

　　可是,有一次碰上礼拜日,那一天粮食来得特别迟。当天早晨,我就想:"今天做弥撒,一定会耽误给我送粮来!"接着,将近中午的时候,下了一场暴雨,我猜想,路不好走,驴子一定还没有出发。最后,大约在下午三点钟的光景,天空洗涤得透净,满山的水珠映照着阳光闪闪发亮,在叶丛的滴水声和小溪的涨溢声之中,我突然听见驴子的铃铛在响,它响得那么欢腾,就像复活节的钟群齐鸣一样。(为何今天的铃铛声特别欢腾?可联系前面的揣测体会这种欲扬先抑的写法。)但骑驴来的不是那个小伙计,也不是诺拉德老婶。而是……瞧清楚是谁!我的孩子们哟!是我们的姑娘!她亲自来了,她端端正正地坐在柳条筐之间,山上的空气和暴风雨后的清凉,使她脸色透红,就像一朵玫瑰。

小伙计病了,诺拉德婶婶到孩子家度假去了。漂亮的斯苔法奈特一边从驴背上跳下来,一边告诉我说,她迟到了,是因为在途中迷了路;但是,瞧她那一身节日打扮,花丝带、鲜艳的裙子和花边,哪里像刚在荆棘丛里迷过路,倒像是从舞会上回来得迟了。啊,这个娇小可爱的姑娘,我一双眼睛怎么也看她不厌。我从来没有离这么近地看过她。在冬天,有那么几回,当羊群下到了平原,我回田庄吃晚饭的时候,她很快地穿过厅堂,从不和下人说话,总是打扮得漂漂亮亮,显得有一点骄傲……而现在,她就在我的面前,完全为我而来;这怎么不叫我有些飘飘然?

她从篮筐里把粮食拿出来后,马上就好奇地观察她的周围,又轻轻地把漂亮的裙子往上提了提,免得把它弄脏,她走进栏圈,要看我睡觉的那个角落,稻草床、铺在上面的羊皮、挂在墙上的大斗篷、牧杖与火石枪,她看着这一切很开心。

"那么,你就住在这里啰,我可怜的牧童?你老是一个人待在这里该多烦呀!你干些什么?你想些什么?"

我真想回答说:"想你,女主人。"而我又编不出别的谎话来;我窘得那么厉害,不知说什么好。(最想表达的话却说不出口,少女看出来了吗?)我相信她一定是看出来了,而且这坏家伙还因此很开心,用她那股狡猾劲使我窘得更厉害:

"你的女朋友呢,牧童,她有时也上山来看你吗?……她一定就是金山羊,要不然就是只在山巅上飞来飞去的仙女埃丝泰蕾尔……"

而她自己,她在跟我说话的时候,仰着头,带着可爱的笑容和急于要走的神气,那才真像是埃丝泰蕾尔下了凡,仙姿一现哩。(少女很轻松,没有感情的负荷倒显得自然。)

"再见,牧童。"

"女主人,祝你一路平安。"

于是,她走了,带着她的空篮子。

当她在山坡的小路上消失的时候,我似乎觉得驴子蹄下滚动的小石子,正一颗一颗掉在我的心上。我好久好久听着它们的响声;直到太阳西沉,我还像在做梦一样待在那里,一动也不敢动,唯恐打破我的幻梦。(寂寞的时光完全可以在回味这段美丽的遭遇中度过。)傍晚时分,当山谷深处开始变成蓝色,羊群咩咩叫着回到栏圈的时候,我听见有人在山坡下叫我,接着就看见我们的姑娘又出现了,这回她可不像刚才那样欢欢喜喜,而是因为又冷又怕、身上又湿,正在打颤。显然她在山下碰上了索尔格河暴雨之后涨水,在强渡的时候差一点被淹没了。可怕的是,这么晚了,她根本不可能回田庄了,因为抄近的小路,我们的姑娘是怎么也找不到的,而我,我又不能离开羊群。要在山上过夜这个念头使她非常懊恼,我尽量使她安心:

"在七月份,夜晚很短,女主人……这只是一小段不好的时光。"

我马上燃起了一大堆火,好让她烤干她的脚和她被索尔河水湿透了的外衣。接着,我又把牛奶和羊奶酪端到她的面前。(这是少年干练、体贴的一面。)但是这个可怜的小姑娘既不想暖一暖,也不想吃东西,看着她流出了大颗大颗的泪珠,我自己也想哭了。

夜幕已经降临。只有一丝夕阳还残留在山巅之上。我请姑娘进到"栏圈"去休息。我把一张崭新漂亮的羊皮铺在新鲜的稻草上,向她道了晚安之后,就走了出来坐在门口……上帝可以作证,虽然爱情的烈火把我身上的血都烧沸了,可我并没有起半点邪念。(羞涩的少年变成了一个文雅、体贴的绅士。)我想着:东家的女儿就躺在这个栏圈的一角,靠近那些好奇地瞧着她熟睡的羊群,就像一只比它们更洁白更高贵的绵羊,而她睡在那里完全信赖我的守护,这么想着,我只感到无比的骄傲。(我是为自己的纯洁爱情而骄傲。)我这时觉得,天空从来没有这么深沉,群星也从来没有这么明亮……突然,栏圈的栅门打开了,美丽的斯苔法奈特出来了。她睡不着。羊儿动来动去,使稻草沙沙作响,它们在梦里还发出叫声。她宁愿出来烤烤火。看她来了,我赶快把自己身上的羊皮披在她肩上,又把火拨得更旺些,我俩就这样靠在一起坐着,什么话也不讲。如果你有在迷人的星空下过夜的经验,你当然知道,正当人们熟睡的时候,在夜的一片寂静之中,一个神秘的世界就开始活动了。(神秘的世界中存在着隐秘的爱情故事。)这时,溪流歌唱得更清脆,池塘也闪闪发出微光。山间的精灵来来往往,自由自在;微风轻轻传来种种难以察觉的声音,似乎可以听见枝叶在吐芽,小草在生长。白天,是生物的天地;夜晚,就是无生物的天地了。要是一个人不经常在星空下过夜,夜就使他感到害怕……所以,我们的小姐一听见轻微的声响,便战栗起来,紧紧靠在我身上。有一次,从下方闪闪发亮的池塘发出了一声凄凉的长啸,余音缭绕,直向我们传来。这时,一颗美丽的流星越过我们的头顶坠往啸声的方向,似乎我们刚才听见的那声音还携带着一道亮光。

"这是什么?"斯苔法奈特轻声问我。

"女主人,这是一个灵魂进入了天国。"我回答她,划了一个十字。

她也划了一个十字,抬着头,凝神片刻,对我说:

"这是真的吗?牧童,你懂巫术吗?你们这些人都懂吗?"

"没有的事! 我的小姐。不过,我们住在这里,离星星比较近,所以对天上发生的事比山下的人知道得更清楚。"

她一直望着天空,用手支着脑袋,身上裹着羊皮,就像天国里的一个小牧童。

"瞧! 那么美! 我从来没有见过这么多星星……牧童,你知道这些星的名字吗?"

"知道,小姐……你瞧,(牧童现在的娓娓而谈,不再羞涩,难道不是爱情的力量?)在我们头顶上的是'圣雅各之路'(银河)。它从法国直通西班牙。这是加里斯的圣雅各在正直的查理大帝与阿拉伯人打仗的时候,为了给他指路而标出来的。再远一点,你可以看见'灵魂之车'(大熊星座)和它四个明亮的车轴。走在前面的三颗星是三头牲口,对着第三颗的那一颗很小的星星,就是车夫。你看见周围那一大片散落的小星吗?那都是仁慈的上帝不愿意接纳进天国的灵魂……稍微低一点,那是'耙子'或者叫'三王',这个星座可以给我们牧人们当时钟,我现在只要朝它一望,就知道已经过了午夜时分。再稍微低一点,老是朝着南方的是'米兰的约翰',它闪闪发亮,是群星的火炬(天狼星)。我给你讲讲我们牧人关于它的传说。有一天夜里,'米兰的约翰'和'三王'以及'北极星'(昴星),被邀请去参加他们朋友的婚礼。'北极星'急急忙忙从上面那条路先出发了。'三王'从下面那条路抄近赶上了它;但'米兰的约翰'这个懒家伙,它睡得很迟才起来,一直落在后头,它很恼火,为了阻拦它的同伴,就把自己的拐杖向它们扔去。所以,'三王'又叫做'米兰的约翰的拐杖'……不过,所有这些星星中最美的一颗,是我们自己的星,那就是'牧童的星',每天清晨,当我们赶出羊群的时候,它照着我们,而到晚上,当我们驱回羊群的时候,它也照着我们。我们还把它叫做'玛格洛娜',美丽的玛格洛娜追在'普罗旺斯的皮埃尔'(土星)的后面,每隔七年就跟它结一次婚。"

"怎么! 牧童,星星之间也有结婚的事?"

"有的,小姐。"

正当我想向她解释星星结婚是怎么一回事的时候,我感到有件清凉而柔细的东西轻轻地压在我的肩上。原来是她的头因为瞌睡而垂了下来,那头上的丝带、花边和波浪式的头发轻柔可爱地紧挨着我。她就这样一动也不动,直到天上的群星发白,在初升的阳光中消失的时候。而我,我瞧着她睡着了,心里的确有点激动,但是,这个皎洁的夜晚使我产生美好的念头,我得到了它圣洁的守护。在我们周围,群星静静地继续它们的行程,柔顺得像羊群一样;我时而这样想像:<u>星星中最秀丽最灿烂的一颗,因为迷了路,而停落在我的肩上睡觉……</u>(这是超越了俗欲的审美联想。)

读后悟语

    繁星璀璨的夜空下,坐着像星空一样美丽的少女。

    繁星灿烂的映照下,伴着像星空一样纯洁的少年。

    在溪流清脆的歌唱中,少年讲着星星的故事。

    在山风微微的轻拂中,少女听着星星的故事。

    就这样静静地坐着,一动也不动。

    就这样默默地共度一个美妙的夜晚。

    于是

    我们看到

    有一种情像繁星一样闪耀起来

    有一种情像空气一样流动起来

    这就是爱,这就是尊重

    如繁星般美丽,如空气般清新

    如静夜般无言,如星空般纯净

    那纯洁的少年呼吸着这爱的气息

    那美丽的少女呼吸着这爱的气息

    爱是无言的

    爱从来不说我爱你

　　正如星星之间

　　以无言的方式相爱

　　以无言的方式致意

　　这篇小说的情节安排充分体现了情节为塑造人物形象、突现主题服务的创作原则。

　　开头大段的心理描写极力渲染牧羊少年对美丽少女的爱慕和思念。随后的情节则仿佛是有意满足少年的愿望般，让美少女与他在山上共度一夜，却又实在是以此来表现少年的善良和纯洁。这些我们可以通过少年的行动、语言和心理描写窥见。

　　同时以这样两个少男少女的故事赞美了纯洁的爱的美丽。

爱情的珍珠

H.G.威尔斯

　　道德家认为,珍珠比最璀璨绚丽的宝石更加可爱,因为它是一种生灵经历了痛楚才生成的。对此我无话可讲,因为我对珍珠毫不迷恋,它们恍惚迷离的光泽丝毫不会使我动心。同样,《爱情的珍珠》究竟是一则最残忍的故事,抑或仅仅是一首关于美之永恒的精致寓言,这个世代延续的争论,凭我自己的力量也无法判定孰是孰非。

　　故事发生在印度的北方,这里有产生天下最动人的爱情故事的第一流沃土。这个国度充满了阳光、湖水、茂密的森林、成群的山冈和富饶的幽谷。远方天际群山起伏,峰峦和山梁上覆盖的皑皑白雪可望而不可即,终年不化。(这段人间仙境般的环境描写为这浪漫的故事提供了最好的背景。)一位年轻的国王治理着这个国家。他遇上一位天香国色、温柔可爱的姑娘,就娶为王后,全身心地热爱着她。爱情是他们的,它充满了欢乐、柔情和希望,它既细腻入微又大胆而热烈,无与伦比,你能梦想到的一切爱情都不能与之相提并论。他们的爱情持续了一年半光景,忽然有一天,王后被密林中的一种毒刺扎了一下,便香消玉殒了。

　　王后死去了,国王痛不欲生,一言不发,呆立不动。人们担心他会自杀;他没有儿子或兄弟来继承他的王位。他俯伏在爱妻的灵床脚下,滴水不进;灵床上是王后娴静的遗体。就这样过了两天两夜,后来,国王站了起来,吃了一点东西,平静地四处徘徊,似乎已经做出了什么重大的决断。国王下令把王后的遗体殓入铅与银铸的灵柩。(这是国王选择的纪念王后的最好方式。——首先为亡妻的肉身制作最精美的灵柩。)灵柩外面是一口中棺,用最珍贵、最芬芳的包金木料做成;最外面是用雪花石膏做的石椁,镶嵌着珍奇的宝石。国王在池塘边,在花亭、水榭、矮丛和皇宫的楼阁里挨过大部分时光,追索亡妻的芳踪,昔日他们曾厮守在这些地方。他最后回到了大臣们中间,当众宣布了自己的打算。

他说自己再不能去接近别的女人,再不能想到她们了,所以决定找个英俊的青年代替自己,训练他担负起国王的重担。等这个青年能代替他的时候,就让他去行使国王的权力。而国王本人将毕其余生,竭尽全力,用他的全部资金,用尽所有归他支配的财富去修一个建筑,纪念他那位无与伦比、温柔可爱的心上人。这个建筑应该尽善尽美,比现在的和未来一切建筑都更加辉煌,它落成以后将成为一个奇迹。(接下去,要为灵柩修建最完美的安置之所。)人们将对它无比推崇,赞不绝口,都期待一饱眼福,从世界各地到这里参观,缅怀王后的芳名和她的一切。国王说,这个建筑将命名为"爱情的珍珠"。

臣民全都同意了他的打算,于是他开始实施了。

年复一年,他终年全力以赴地装修这颗"爱情的珍珠"。人们在一处地方垒起一个用天然石料筑成的巨型底座,从那里可以远眺幽谷对面群山上的开阔雪景。那里有村落、小山和一条蜿蜒的河流,离那里很远的地方还有三个城池。人们把雪花石膏外椁放在那儿,又修起一座精致的亭子。亭子周围是用奇特可爱的宝石做的"立柱",还有雕刻得巧夺天工的围墙。巨大石椁上面是亭子的穹顶,上面有尖尖的立角和圆顶,如同钻石一般,精美绝伦。起初,"爱情的珍珠"的规划并不像它后来实施时那么大胆精巧。当时它的规模要小一些,更富于装饰性,外部的镶嵌也更繁复,包括许多透景,还有不少玫瑰色的精巧立柱。石椁摆在其中,宛如孩子睡卧在花丛里。(注意文中对"爱情的珍珠"极尽奢华的描述性语言,难道越是奢华越能体现国王对王后的爱吗?)当初的圆顶上铺满了琉璃瓦,用银子做框架,用银子相连接,不过这个办法又被别的方法代替了,因为它显得过于致密,没有秀拔腾飞的态势,不足以体现国王不断增长的想象力。

因为,此时的国王已经不再是深爱着年轻王后的翩翩少年,而俨然是一个严肃稳重的男子汉了,(岁月改变了少年的容颜,这个稳重的男子汉此时心中的爱情还那般炽烈吗?)他一心只想着"爱情的珍珠"。逐年的努力使他研究了修建拱门、墙壁和飞檐的种种新方法,研究了上百种石料、上百种色彩和上百种效果,这都是他以前没想到过的。他的色彩感觉更高雅、更冷静。过去,珐琅嵌金丝的熠熠闪光使他赏心悦目,而现在他对这些已经兴味索然。现在他寻求的是碧空般的蓝色,是朦胧玄妙的明影,是出人意料的一束乳白光芒,微泛紫色,他在追求恢弘开阔的胜境。他对雕刻、装饰、镶嵌以及所有小心翼翼弄出来的东西全都厌腻了。他提到以前的装饰时说："这些东西挺漂亮。"他把它们用在了附属的建筑上,以免妨碍他的主要计划。他的艺术趣味越来越高。目睹"爱情的珍珠"从雏形渐渐变成一个超越人类的现实,博大恢弘,壮丽无比,人们半是敬畏,半是痴迷。"这个奇迹真了不起啊,"人们私下议论着,"爱情会创造出奇迹来。"全世界的女人,不论她们有没有别的爱人,都爱上了这位感情深挚、气度宏伟的国王。

一条宽阔的走廊从建筑中心穿过。对这片景致,国王越来越关心了。他从建筑内部的门道排列着无数立柱的走廊望去,目光掠过建筑中心的空地(空地上那些玫瑰色立柱早被去掉了),掠过亭子的顶部,亭子底下摆着那个雪花石膏外椁,穿过一个精心设计的出口,望见了远方群山的开阔景象,万山之王就伏卧在几百里以外的地方。两边是立柱、拱门、飞檐和画廊,高耸欲飞,宽敞而含蓄,宛若一队巨型的大天使隐伏在上帝周围的阴影里。人们看到这番严谨的美景,起初欣喜若狂,继而战栗起来,心生敬畏。 (国王是个建筑师,还是忠实爱情的卫道士?)国王常常伫立在这里,眼望这番景色,感慨万端,不过他并未完全心满意足。他觉得,在完成自己的任务之前,"爱情的珍珠"的什么地方还有待改进。他总是吩咐在它上面做些小小改动,或是把刚刚改过的重新恢复起来。一天他说,如果没有那座亭子,雪花石膏外椁会显得更加简洁。他揣度了好一阵,才下令把亭子拆掉搬走。(终于,在守卫亡灵的亭子上动手了。)

第二天,国王来了以后一语未发,接着两天还是这样。接着他整整两天没露面。后来他回来了,带一位建筑师和两位著名工匠,还有个随从。

人们聚在一起,默默地观看,置身于他们建成的宁静而辽阔的空间里。完美的建筑上没留下任何艰苦劳作的痕迹,俨然浑白天成。

只有一件东西破坏了这种绝对的和谐。那个雪花石膏外椁放得有点不是地方。

它还像当初那么大,可是,似乎从那时起它就一直在渐渐扩大。它很惹人注目,它打断了连贯起伏的线条。外椁里面是铅银合铸的中棺,最里面是王后——这一切美景的不朽来源。而此时此刻,那石椁仅仅像只小小的黑匣子,在"爱情的珍珠"的宏伟景色中很不得体地摆在那儿,如同有人在蓝宝石般的天上掉下来的一只小旅行袋。(恢弘的建筑与华丽的棺木为什么不和谐?)

国王沉思良久,但谁也不知道他在想什么。

最后他终于开口了。他指着那个棺材说:"把那个东西搬走吧。"(你想到这样的结局了吗?)

读后悟语

　　年轻人总是爱山盟海誓,总是在炽热相恋时,说什么海枯石烂不变心,不相信有什么会改变两个人相亲相爱的感情,国王也是一样,他认为世界上没有什么能超越自己对王后的爱情,也相信可以用自己所有的财富和智慧为这份爱情作证。

　　而在现实生活中,一旦遇到生活中的具体问题。爱情变得实际起来的时候,变得实际的爱情就会随着时间变得平淡。国王想用一生一世来证明自己的爱情,想用恢弘的建筑来承载自己的爱情,想以不朽来纪念不朽,但国王毕竟也是个俗人,国王不是也忘记了自己一切行为的初衷了吗?

　　也许爱情只有归于平淡后才是真,才是经历了时间磨炼的珍珠。

　　文章浓墨重彩地描绘了国王为他深爱着的王后修建的"爱情的珍珠"的富丽、恢弘,却在文章结尾处,即宏伟建筑落成之时,搬走了那体现国王建筑目的,带给国王建筑灵感,成为国王建筑美的来源的雪花石膏外椁。这看似突兀而令人深感意外的结局却能最有效地导引读者去思考:什么才是真正的爱情珍珠?

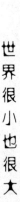

谈女性的美

[俄]苏霍姆林斯基

亲爱的儿子,你好!

你是在促使我写整整一本论文集。先谈友谊和爱情,然后谈女性。(这是全文要论述的主要话题:女性的美。)现在你要求谈谈父辈的审美观点。那好吧,我就来谈谈这个问题。不过,我希望你能把我的这些话永远铭记在心。

自从出现了人类,从人对晚霞的奇丽美景看得出神的那一瞬间起,他就开始审视自己本身。(懂得什么是美的人,自己也将成为一道美丽的风景。)美——这是人性的深刻体现。它是我们生活中的快乐。人之所以成为人,是因为他看到了空旷澄莹的万里晴空,夜空中闪耀着的灿烂星光,满天耀眼的金色彩霞,刮风天前落日映红周围的黄昏,海天相连处立起的海市蜃楼,茫茫无际的草原深处,三月积雪里的青凛凛的阴影,在蔚蓝色天空中飞翔的群鹤,在日光下灼灼发光的颗颗露珠,阴沉天气里的绵绵秋雨,丁香灌木里的紫色云团,向日葵的娇嫩的细杆和蓝色的风铃草——他看到了在他面前展示的一幅幅大自然的美丽的图画,感到十分惊异。(女性美属于自然美,所以文章从自然美写起。)于是,他也在大地上创造新的美。如果你对这美丽的景致也赞叹不已,流连忘返,那么,你的心也将开放出高尚的美的花朵。

人是最高尚的美的化身。女性的美是人类美的顶峰。(中心句。)伟大的诗人荷马、但丁、莎士比亚、歌德、普希金、舍甫琴科、米茨盖维奇把对女性美的炽热情感倾注在不朽的艺术形象之中。他们纯洁歌颂曾被自己热恋过的女性的美,成了许多代人爱情、道德、情感的标准。女性的美——并不是由性的本能所引起的,也不是什么与性的要求不可分离的。你把下面别林斯基的一段话记在笔记本上，并把它记住："这是一个非常美丽的年轻妇女，在她的面容上您看不出有什么特定的表情——这不是情感、心灵、善良、爱情、自我牺牲、思想、意向的高尚性的体现……她只是美丽、可爱、生气勃勃——仅此而已。您没有爱上这个女人，也不希望被她爱上。您静静地欣赏她的优雅的举止和轻盈的姿态，与此同时，在她的面前，您的心不知为什么却跳得更加强烈，而且温柔的、幸福的和谐，刹那间在您的心中发出娓娓动听的声音。"

人的外表上的美体现了我们对美的标准的认识。(谈女性美先从人的外表美谈起。)外表的美——不仅是指人类学所说的身体各个部分的完美无瑕，也不仅是指身体的健美。这是内在的高尚精神的表现，即内心充满情感与思想、道德尊严和对别人与自己的尊重以及谦虚的精神。人的眼睛往往荟萃着人的精神生活，反映人的思想和表达人的情感。人的道德修养和一般精神文明程度越高，内在精神世界在外表上的表现也就越加鲜明。

内在的美和外表的美的统一——这是人的道德尊严的审美表现。(更进一层，谈内在美与外表美应统一，这不单指女性，所有的人都应给别人这样的美感。)人追求美，多追求外貌，看上去很美，这没有什么不好的。然而我认为(不知你怎么看?)这种愿望加上道德规范就全面了。这种道德规范取决于人类美在多大程度上反映了创造活动的本质。人的美只有当他从事自己所喜爱的，就其性质来说是强调人的个性所特有的某些好的品质的活动时才表现最为突出。这时，他的外貌似乎是由于其内在的精神而现出光华。铁饼运动员米隆的美，体现在内在精神力量同强健的体力结合起来的那一时刻，这并非偶然的。正是在这个结合中凝聚着她的美。一个正在思考如何去进行创造的少女的美，比起一个游惰度日的少女来，要瑰丽得多，深刻得多。游手好闲是美的大敌。劳动的人——拖拉机手、飞机驾驶员、果木园艺家才是真正的美。内在精神的美，在理智受到鼓励并被创作之光所照耀的时刻，使学者、思想家、诗人、发明家的面部焕发出智慧的光彩。如果你希望美——你就得忘我地劳动，直至你感觉到自己已经成为一名创造者、一名能手，成为自己理想事业的主人；直至你的眼睛，由于感受到人的最大幸福——创造的幸福，而放射出激情的光彩。

美是灵感的伴侣。冈察尔有一部叫《向日葵》的短篇小说。里面讲一个雕塑家受人之托雕塑一个少女——向日葵高产能手的半身像，可是这个少女长得十分难看，连雕塑师见了都感到惊讶。少女的容貌不能激发雕塑师的灵感，于是他拒绝了这项工作。一次在去车站的路上，雕塑师经过一片正开着花的向日葵地，在那里他才看到了自己的主人公——她正在劳动。然而这时她的容貌看上去却同初次见面时截然不同。它因劳动的美感而显出了光彩，在外表上流露出内在的美。"她真美！"雕塑师禁不住高声地说道。这时在他的想象中已经塑造出了少女的面容。(美来自何处？不仅来自外貌，还来自劳动，来自创造，这不禁使人联想到一句广告词：认真的女人最美丽。)

外表的美有其内在道德根源。为人们所喜爱的创造可以使人变美，改变人的容貌——使它变得清秀和富有表情。

繁难——即通常人们所说的"创造艰苦"，也可以创造美。正如悲伤使人的脸部布满深深的皱纹一样，"创造艰苦"是使人的面孔变美的最精巧和最熟练的雕塑家。反之，内在的空虚也可以使人的面部表情冷漠和迟钝。

如果内在精神的丰富创造人的美，那么无所事事，更何况不道德的行为，则会将这种美毁掉。(这里谈的已经不仅是女性的美，而是对人的精神美的理解。与上文从正文来解说形成的对比。)当你同一个大的集体中的许多青年人接触时，在许多清楚的、熟悉的面孔当中你看见一些没有什么能够引起你注意的面孔，它们的形象隐隐约约，使你只有一个模糊的印象，而不十分清晰。同样道理，精神空虚也可以使人的形象模糊不清。

不道德的行为可以使脸变得丑陋。撒谎、伪善、空谈都使人逐渐形成一种呆滞的神色：他回避直视别人的眼睛，因为在他的眼睛中没有真实的思想，他把它隐藏起来了。阿谀奉承、奴颜婢膝不仅使眼睛、面容表现出卑躬屈膝，而且给整个举止也留下了这种痕迹。自己要做自己的主人。要珍惜自己的尊严——这是人的真正的美的源泉。

人类的标准——这同时也是道德的标准。健康的身体、崇尚的道德、高尚的美感——这正是我们通常所说的那种和谐。(充满理想主义的审美理想。)如果不能使人成为美好的，以及使人的崇高的情感之———爱情，成为美好的，那就不能使我们的生活也成为美好的。我们社会里的千千万万人中的每一个人，形象地说，都闪耀着自己的内在的美，这才将是人类美的顶峰。我坚决地相信，到了共产主义，所有的人都将是美丽的，不可能不是这样的，因为内在的美的花朵和外表的美的花朵将同时开放。

你——自己精神美的创造者，你的美也将影响着你周围的一些人。(每个人都可以是美的载体。)

给你寄去格林的《选集》。这本书不仅要用脑子读，而且要用心读，不仅要逐字逐句地读,而且要领会它的精神。

　　祝你身体健康,精力旺盛!

　　拥抱你,吻你。

你的父亲

 读后悟语

　　这是一封充满深沉父爱的信,体现了一个善于思辨的父亲循循善诱,由浅入深,由略到详,逐层深入的说理方式,他先从自然界的美谈起(略写),再引到人类的美(女性的美)(详写)。

　　而人类的美又是从外表美(略)说到内在美和外表美的统一(详写),以及内在美对外表美的影响。

　　最后得出人类美的标准也是道德标准的结论,使人心悦诚服。

　　什么是女性的美?首先我们想到的就是外貌的美,当然漂亮的脸庞能让人赏心悦目。但外貌美"如盛夏的水果,是容易腐烂而难保持的"。只有把内在美和外在美统一起来,才是人类的高尚的审美表现。

　　美的特质首先是善良。善良是美的良好处方,它可以弥补因外貌所造成的不足,使女性的脸上呈现一种柔和的光辉。

　　美的特质还应是温柔。温柔可以说是美丽的武器,柔能克刚,能润物于无声,化干戈为玉帛;为女性增添母性的光辉。

　　美的内核应是智慧。智慧宛若聪明女神的导引,可以派生出优雅的举止和谈吐;可以凿璞成玉,决定人美的格调,美的个性。

　　美的外表应是微笑。微笑是美的彰显,足以冰释谬误,开化顽愚。它显现于脸颊,展现着对成功的嘉奖,对创伤的理疗。

　　美的微笑决定于热情的性格。热血充盈的面孔是女性最美的造型,开朗则是热情的钥匙,是女性最叫人爱戴的风情。

美的灵魂是自信。自信才能有效地发挥自身的潜能,催化深层美的显现,使魅力愈加神奇、感人。

美的试金石是宽容。宽容是人最美丽的品性,它可以消除误会,化解仇恨;像山溪的清泉,清澈洁净,使风度的神韵从心灵流滴出来。

所有这一切便形成了美的气质。这美要附着在健康的身体上,奉献在充实的工作中,才能亮丽在平凡的生活里。

我 不 流 泪

梦娃娃

我是一个女孩子。

我曾为琼瑶笔下那凄婉忧伤的爱情故事而流泪；我曾为一只被遗弃的小猫无家可归自己却无能为力而流泪；我曾为一个未成年的孩子因考试未过90分被亲生母亲活活打死而流泪；我也曾为少女的心事和眼底那份淡淡的忧郁而流泪……（写出女孩子的特征——女儿是水做的！）

有人告诉我："你是琼瑶笔下的烟云。"

可是,我知道:我最快乐,也最忧郁;我最活泼,也最文静;我最爱笑,也最爱哭(真实的自己。)……在别人眼里,我是一个永远也长不大的小女孩——幼稚、顽皮、天真、孩子气!我活得洒脱,活得轻松。直到有一天,当我猛然发现,我的生日蜡烛已经是18支而不是15支;当我意识到我已是一个少女而不是那个17岁生日吵着要妈妈买吹气猫的小女孩时;当同学们用"小孩儿""兔子""三毛"来代替我的名字时,我才真真切切地意识到——和同龄人相比,我少了重要的两个字——成熟。(猛然发现自己的变化何尝不是成熟呢?)

我问了许许多多的人——老师、同学、朋友、男孩子、女孩子、熟悉的、陌生的——"你眼里的女孩子是什么样子的?"回答:"文静、温柔、浪漫、成熟。"我不禁黯然。也许,我算得上文静,算得上温柔,也算得上浪漫。但是,我却无法,也不能称自己成熟。

问多了,问累了,我便不再问。多问一次,眼里便多一分忧郁,心底便多一分失望,那忍了又忍的泪水,终于不再沉默。(长大的女孩与现实的矛盾。)

于是,多少个细雨霏霏的早晨,我期待心灵的启迪;多少个夕阳西下的黄昏,我咀嚼着最后一缕阳光;多少个星光灿烂的夜晚,我的梦里闪烁着无数颗小星……我一遍又一遍地问着自己:"**是否应该为了别人而改变我自己?**"(问得好! 问得真实!)

留一头披肩的长发,不再让别人老说我只有16岁;换上一件带袖的长连衣裙,遮盖自己的天真和稚气,然后提醒自己不要老是笑,老是调皮……

但是,仍然没有人说我成熟。(为赋新词强说愁!)

我却累了。

我想起了那个贪婪地望着书亭里各种各样的书刊杂志却因为无法全部拥有而皱鼻子、掀眉毛的女孩;我想起了那个因为一次跳远不及格倔强地跳了一次又一次咧嘴想哭却又冲着同学笑了的女孩;我想起了那个望着被冲走的凉帽无可奈何地对着大海扮鬼脸的女孩;我想起了那个喜欢微笑着看人,喜欢歪着头想问题的女孩;我想起了那个腮边还挂着泪珠却又抿嘴笑了的女孩;我想起了上体育课写"大雨哗哗下,锦西来电话,叫我快回家,老师不给假"的女孩……泪水又漫上了我的眼睛——我何苦和自己过不去?我何苦要去追求什么成熟?何苦要活得这么压抑、这么累?是呀,**正因为我是我,我不是别人,所以我才和别人不一样,我为什么要为了"好女孩"的标准来改变我自己呢?** 放开笑容,唱起"女孩,女孩,随着那风飘过来……"数着星星,告别那风雨飘摇的季节。(这才是真的成熟! 也许人生就是一个由流泪到不流泪的过程。)

我不流泪。

读后悟语

曾几何时,对着镜子装扮成熟的面孔;曾几何时,忙着翻书寻找成熟的定律。仿佛一眨眼间,三十年的日历就翻了个尽,镜前人疑惑地寻找那对镜跳舞的女孩儿。什么是弹指一挥间?什么叫时间转瞬即逝?只有走过来的人才知道,成长的岁月,没有定律;成长的岁月,不必太牵强。保持自我的个性也是一种美。

文章开头简洁一句就道出了流泪的原因:因为就是女孩。这就第一次凸现了题目与特别的矛盾性及其所蕴含的对成熟的追求的隐含性。

接着作者的一次次追问,一次次思考,一次次改变形象都是这种对成熟的外在表现的刻意追求。最后以"我不流泪"回扣文题,即照应结构,更重要的是体现作者经过岁月,经过思考过后的对成熟的一次真正诠释,刻画了一个走过花季雨季女孩的心理路程。

作者善于运用排比句式,这种易于抒发情感的句子被作者运用得十分娴熟,连叙述语言也朗朗上口,全文共四处用到,在语言形式方面多少有点单调。

青春之门

赵 冬

  我是一个喜欢在人家门前徘徊的孩子,无意间看见的小花猫或蓝风铃什么的,都会引逗得我在人家门口默默地望上半天。(写出童年的天真。)我的一双眼睛以外永远是一扇门,把自己内心世界与外面的大世界隔绝开来,于是心中就总是酝酿着孩提时代的那种清纯,于是眼睛就总是贪婪地向门外张望。(又写出童年的好奇。)

  从前一直认为那扇门很大,大得连风雨都推不动。那时门里只有爸爸妈妈、姐姐和玩具熊,一本旧旧的连环画早就翻烂了;一首催人入梦的童谣早就唱厌了;一段关于公主与巫婆的故事早就听腻了⋯⋯可门却关得那么严,我出不去。(青春期的骚动产生了新的渴求。)只好经常站在窗前,夏天看窗外的白鹭在云里钻来钻去,心儿便也插上了翅膀飞出大门;冬天用手在窗花上模仿各种野兽在雪地中的脚印, 每一串脚印都跳到了门外⋯⋯懂事的时候,我就试图接近那扇门,有时间就与它培养感情,跟它说话,给它唱歌,向它做鬼脸儿⋯⋯可是不论我怎样讨好,它都不理我,它离我好远呵!

  后来,我可能是长大了,在某年某月的某一天,那扇门竟忽然地向我洞开了。我一下子仿佛置身于另一个清新的世界。跑啊跳啊,朋友也多起来,调皮的鸟,溢香的花,青翠的山,幽蓝的湖,还有伙伴的友情,对知识的求索,对异性那种神秘而清纯的爱慕⋯⋯排山倒海地向我堆来。穿越过一段时间的隧道,我终于跨过了这扇既陌生而又熟悉的大门。(跨入青春之门的欣喜之情溢于言表。)

  由小男孩迅速长成个小伙子,这不能不算是大自然对自己的慷慨。那扇绚丽芬芳的五彩门已经被丢在身后了,喜欢在门前徘徊的我,突然像失去了什么,周围是一片空濛寂寥,于是便发现了自己的孤独。总想把甜蜜和痛苦都揉进梦里,让一个清丽修长的身影夜夜光着脚熨干我潮湿的情绪;总想把静谧和骚动都捏进指缝,让一个绵软的笑时时眯着眼流入我荒凉的田野。(写出了青春期的真实感受。)

这就是我所踏上的青春阶梯吗?这样的年龄悄悄地来了,这样的季节悄悄地来了,谁也无法拒绝,谁也无法回避。青春的门应该是属于诗的,它不仅奔流着执著的血浆,还燃烧着热情的生命。清晨,我在它的轻唤中醒来;夜晚我在它的抚慰中睡去;仅仅是在短暂的瞬间,我便迎来了青春之门,我便告别了青春之门,向人生的又一新领域奋力攀登。仅仅只是在短短的路途中,便留下了一生中最多最多的回忆……

想停下来深情地沉湎一番,怎奈行驶的船却没有铁锚;想回过头去重温旧梦,怎奈身后早已经没有了归途。因为时间的钟摆一刻也不曾停顿过,所以使命便赋予我们将在汹涌的大潮之中不停地颠簸。(青春短暂,要好好把握。)

生命不是一张永远旋转的唱片;青春也不是一张永远不老的容颜。爱情是一个永恒的故事,从冬说到夏,又从绿说到黄;步履是一个载着命运的轻舟,由南驶向北,又由近驶向远……你看到那阳光明媚、金色羽毛升起的地方,矗立在歌吟里、掩映在诗词中的,不分明是一扇神奇玄妙的青春之门么?(承接上文的叙述小结青春之门的神奇与玄妙。)

人生就像是小姑娘跳方格格一样,无论愿不愿意,都必须跨过这一扇又一扇庄严的大门。

读后悟语

文章紧扣文题中的"门"字,选实际意义上的"大门"再自然地引到了虚写的象征意义的眼睛以外的门,心灵之内的门,用诗一般的语言为我们描述一个儿童对门外世界的好奇和向往。

全文以时间为序,用门内和门外作对比。门外是一个急切的充满向往的躁动不安的少年;门里是一个兴奋欣喜,又"空虚寂寞"以至"孤独"甜蜜的青年。可在他还想流连,不想回味之时,时间的河流在钟摆的节律下簇拥着把他送出这道"门",身后没有归途。这其中所蕴含的道理你读懂了吧?

最后作者还告诉我们:"无论愿不愿意,都必须跨过这一扇又一扇庄严的大门。"你知道该如何无怨无悔地走过那一扇扇人生之门了吗?

伤疤情结

谢宗玉

　　初二时，班上有个同学，叫小江。小江的鼻子不知咋搞的，上面有明显的斑痕，估计是小时候受过伤，或被狗咬过，或被猫抓过。因斑痕呈瓣状，有点像猫鼻。大家就给了他个诨号，叫猫鼻子。叫的人也不觉得是侮辱，应的人也不觉得是被侮辱。久而久之，他的真名像被人忘了。(故事必要的交代。)

　　有一天，我们和猫鼻子在江边散步。两名"吃吃"笑着的少女迎面而来，因为美丽，就不免有些傲气的样子。那时我还是浑小子一个，看了她们一眼，又继续说自己的话，可身边四五个男孩像突然哑了，竟没有一个接腔。刚才还像群闹鼠，这会儿因为两名少女的经过，都不说话了。我感到莫名其妙。特别是小江，他本来走在路中间，少女应该与他擦身而过，可他一下子就踱到路边了，还用手掩着鼻子，把脸扭到一边，装着吐口水的样子。我突然知道，原来他挺在乎自己有缺陷的长相。(观察仔细写得就形象、生动。)

　　我再叫他猫鼻子，他答应得挺勉强的。我是第一个感觉出来的，从此我就叫他真名了。但其他人仍叫他诨号，终于有一天他怒不可遏，大打出手，与一个叫他诨号的人干了起来。那人不单叫他猫鼻子，还明显带有奚落的成分。他就再也忍不住自己压抑好久的情绪了。(为"情结"蓄势。)

　　有了这一架后，再没有人当面叫他的诨号了。他似乎松了一口气。可那是十四五岁的年龄，动不动就会闹翻，而一闹翻，别人必会骂他猫鼻子。这时再听，自然就更刺耳了。每每这时，他必满脸紫红，眼睛里放出仇恨的光芒。他追着人打，一副恨不得要置人于死地的样子。但追不上，他就绝望地哭，换成一副恨不得自己死了算了的样子，让人心惊胆寒

197

　　我正庆幸之际，突然发现自己身上也有伤疤，在耳朵根子后。记得是初二下学期要结束的时候，是毛桃初长成的夏季。有天夜里醒来，我突然发现裤衩里滑腻腻地湿了一片。我不知道是怎么回事，心里又羞又怕。第二天当班上一个女生向我投来一束漫不经心的目光时，我就像电击了般怔了半晌。我脸红耳赤，转身跑到寝室，偷偷拿着别人的小镜子，前前后后，左左右右，把自己的那张脸看了至少十几分钟。这时我就发现耳根后那条伤疤了。红红的有半条手指宽，半根手指长，不声不响地伏在耳根后。我的脑子当即"嗡"的一声，呈糨糊状了。我马上怀疑那女生漫不经心的目光不是因为喜欢，而是因为厌恶。她在看我的伤疤？天啊，我怎么也会同小江一样啊？我叫小江猫鼻子，可人家背地里又叫我什么呢？想到这里，我的全身都寒得发颤……整整一个上午，我待在寝室都没出来。
（青春期的敏感，再为"情结"蓄势。）

　　下午我也没心思上课，早早收拾书本，将课桌上锁，回家去了。看到村庄的时候，我心里突然有股无名怒火在蹿。找到母亲，我恶声恶气地对她说："我耳后的伤疤是怎么来的？"母亲从没见我这个样子，呆了一下，然后柔声问我："怎么了？"我一副哭腔，喊道："我不去念书了！"母亲有些生气了，说："你怎么了啊？"我不言语了，两行泪从眼睛里肆意滑落。母亲的声音又低下来了，她说："你看你这孩子……"

　　然后我才知道伤疤原来是我四岁时与堂姐打架，被堂姐拿火棍烧的。烂了好长一段时间，后来伤痛好了，我也就忘了疤。如果不是因为情窦初开，我也许永远发现不了那个伤疤。

　　而既是情窦初开的年岁，却让我突然发现这个伤疤，这又是多么的残忍啊。开始的那段日子，我真有说不出的忧伤和绝望。我恨我父母，恨他们没有保护好我。更恨我堂姐，我恨不得拿刀杀死她才好。如果按照这个思路，写个短篇小说，那一定引人入胜。
（"爱"的冲动。）

　　没人的时候，我就对着镜子，侧着头，使劲儿地搓那个伤疤，好像这样能把伤疤搓走似的。可伤疤哪能搓得走啊，搓久了，我把半边脖子都搓红了，这样一看，伤疤倒像更长更宽了。我气急败坏，把镜子都砸碎了。后来我就怕照镜子了。我跟人把课桌换到教室最右边，这样上课的时候就只有墙壁能看见我耳后的伤疤。再后来我也与小江一样，特怕碰见女生，怕与女生说话。但初三时，我莫名其妙居然不可救药地爱上了班上的一个女生。那女生笑得特甜，她在教室里说什么话时，老爱看着我，我就怀疑她对我有意思，然

后我就爱她爱得一塌糊涂，可又不敢表示，只是人变得越发自卑和纤敏。("爱"的敏感与
羞涩。)

　　高中时学鲁迅的《阿Q正传》，当老师读到阿Q因为头上的瘌子而怕别人说亮说光时，
别的同学哄堂大笑，只有我，霎时满脸通红。我还算不错，背着这一条"沉重的伤疤"，
居然也能同别人一样考上了大学，而小江就没有我幸运。他的伤疤比我的明显得多，他
大概被自己的伤疤"压垮"了。　(真是"谈伤疤色变"!)

　　大学时，谈恋爱，我老爱走在女朋友的右边。如果哪一回，女朋友走在我的右边了，
我耳根后的伤疤总痒痒地有种火燎的感觉。好像女友的目光是火，在烧它。后来结婚了，
我似乎放了好大的心。有一回躺在床上，我终于忍不住自己提起这个伤疤来。我对妻子
说："我的那个伤疤是不是好难看?"妻子漫不经心，问:"哪啊?"我说："就是耳根下那
个呀。"妻子"哦"了一声说："让我看看，我可从没注意呢。"我听了真是哭笑不得。我哀
哀地叹了一口气，然后把年少时伤疤带给我的痛苦全告诉了妻子。妻子没心没肺地"呵
呵"笑个不停。笑到一半，她突然想起了什么，就停住了，然后凑到我的脸前，说："你发
现没有?我的眉角也有一条伤疤，读中学时，我也自卑过好长一段时间呢。"我爬起来，仔
细看了看妻光洁的额头。天，她所谓的伤疤几乎要戴显微镜才能找到。她居然也说为它在
意了好长一段时间! (看来，"伤疤情结"还挺流行!)

　　然后我就想，是不是每个人在成长的过程中，都要经历一段"伤疤情结"?而其本质的
原因，是我们对异性开始有了最初的关注?嘻，我也许是少年维特烦恼中的一种吧。(交代
原因。)

　　二十六岁后，我有个笔名叫玉疤子。这倒没有什么自谑的成分，不知为何，我感觉这
名字挺温馨的。(原来"伤疤情结"只是属于"那个特定的时期"。)

读后悟语

　　上初中时，原本光洁的脸上突然长出许多痘痘来，而且愈演愈烈，额头上，下巴上都
相继毫不相让地鼓出一片片的"米粒"。

那时候,没读过安徒生《丑小鸭》的故事,也不知道这要持续多久。于是,每对着镜子狠命地用手挤,用手抠。后来经验人士告诉这样会留下疤痕,才停止了那种自残似的"治疗"。

每天羡慕那几张为数不多的光洁的脸。每天自卑于自己这张难看的皮,每天抱着同样的梦,希望有一天恢复当初的光洁。那时候,可供参考的书籍远不如现在的多,仅从杂志上看到要忌油炸,少油腻,多食水果、青菜和豆腐。那时候,水果稀少而昂贵,谁家的条件可供"多食"?于是便只吃青菜和豆腐,倒便宜了爱吃香的弟弟。那时候,怕异性的目光,如果偶有哪个男生多瞅几眼,便想找个地缝钻进去,急急扭转脑袋佯装别有风景。那时候,心里暗自喜欢班上的一个男生,便更在意自己的形象,自己的脸。

后来,不知不觉地脸光了, 自己也出落成人。再后来做了老师,成了家,又看着一茬茬学生重复着与自己一样的烦恼和斗争。甚至还有为自己身材矮小而沮丧,为自己身体上的缺陷而失落。才渐渐明白,原来青春是要给人以磨难的。从磨难中走出来,才能坚强、豁达,才能如上文作者一般勇敢地正视自己的伤疤,给自己取个"玉疤子"的笔名,也才意味着你的成长。

所谓情结,是指心中有某种纠缠不清的情感。为表现这一情结给作者带来的影响,他不惜选用了三个例子。先是客观描述:即自己莫名其妙地看着"猫鼻子"由不在乎到怒不可遏的变化过程(这一部分体现了作者细致的观察力)。然后做主观陈述:即通过个人体验,这里作者从生理变化写起,通过感觉、心理、语言、神情、动作等多角度、多侧面地描写了一个男孩由懵懂到爱的成长过程。最后写到妻子的情结,但一笔带过,三个例子的安排可谓详略得当恰到好处。这是我们学习写作时应该借鉴的。

学 生 作 品

　　爱一个人就是指帮助他回到自己,使他更是他自己。

——[加拿大]梅尔勒·塞恩

风曾吹过……

潘晓蕾

　　雪儿和峰儿是同桌，第一次见面，雪儿有些羞涩，低着头不肯说话。峰儿是个大大咧咧的男孩，他领着雪儿扯东扯西的，扯他家美丽的大吊灯，扯他对门可爱的小花狗，扯自己新买的NIKE牌运动鞋……雪儿看着他有神的大眼睛，痴痴地笑开了。

　　风曾吹过，种子点点头，于是泥土中冒出了一株小芽儿，嫩绿嫩绿的……

　　时间一长，他们熟悉了。他们之间总有聊不完的话题，从商纣王的暴政到妲己的美貌，从奇异的UFO到诡秘的金字塔，从韩寒的《三重门》到郭敬明的《幻城》……（其实，这才是一种最好的状态，无忧无虑、畅所欲言。）

　　风曾吹过，芽儿点点头，于是芽儿又长出了两片新叶……

　　后来，他们分开坐了，但默契的心却没有分开。上课时，两人争着回答问题的相视一笑；跑800米时，两人互相鼓励的眼神；遇到挫折时，一个"你能行"的手势……将他们奇妙的感觉延续了下去。（默契是友谊的基石，伸展友谊，鼓励双方，进步就是最佳的成绩。）

　　风曾吹过，它又点点头，于是急匆匆地长出了一个大花苞，摇摇欲坠……（当抽枝的时候却急于开花，花朵就难以绚丽和长久。）

　　他们是引人注目的一对，峰儿俊朗，雪儿可爱，大多数外人看来他们是幸福的，但其他的只有他们自己知道，他们彼此的感觉变了，他们不再随意，不再默契，两人坐在一起常常一句话也说不出，紧张兮兮的……那天，雪儿躺在床上想了许久，终于鼓起勇气，走向电话机旁，"丁零零……"，电话突然响了。

　　"喂，你好。请问是雪儿吗？"

"嗯……你是峰儿吧,有事吗?"

"我觉得……我觉得……"

"我觉得还是像以前那样比较好。"雪儿鼓起勇气。

"嗯! 你真聪明! 我正想说!"两人在电话机的两头如释重负。

"对了! 告诉你! 我家旁边的公园今天举行划船比赛,可好玩儿了……"

于是他们不再是他们,变成了原来一开始的她和他,雪儿和峰儿。

风曾吹过,摇摇欲坠的花苞摇摇头,它要等自己的枝干硬朗了,再盛开…… (能懂得这个道理是最珍贵的,到什么时间做什么事,人生不能提前去体验。)

同学分析

《风曾吹过……》一文的结构很有新意,风曾吹过,种子、芽儿、花苞相继冒出来,表示故事的发展又到了一个新阶段。这一链条除了具有结构上的意义,串联起全文之外,对表达文章的主题还起了很好的辅助作用。这里的"风",象征着时间的流逝、外界的诱惑等等,而这一株小苗则象征着成长中的青少年,同时也象征着一份由浅至深的逐渐成熟的感情。文章写得唯美、流畅、简洁,仅从题名、人名的设置上已经可以知道这是一篇着意追求古典水墨画般效果的文章。美中不足之处在于,峰儿和雪儿由爱情回转到友情的转折过于突然,原因写得过于隐晦,让人产生为转折而转折之感。很明显,作者是想说,男女主人公认为自己尚未成熟,不想过早涉足爱河,但是文中却以"他们彼此的感受变了"作为转折的理由,稍嫌牵强。

教师点评

《风曾吹过……》一文的名字很吸引人,而且结构很有新意,用词独特。风曾吹过,种子、芽儿、花苞相继冒出来，表示故事的发展又到了一个新阶段。文章写得唯美、流畅、简洁，仅从题名、人名的设置上已经可以知道这是一篇着意追求古典水墨画般效果的文章。但美中不足之处在于，峰儿和雪儿由爱情回转到友情的转折过于突然，有点让人感到很突兀，结束过于潦草，转折的理由过于牵强。

当友情变成爱情

萍儿

初三的最后一学期,我从镇上的一所中学转到了乡村的一所中学,远离那城市的喧嚣,让心灵放飞,与大自然结合。由于我的内向,我不与班里的任何一个人说话,包括我的同桌在内。也许在别人的眼中我很傲慢,但我不在乎,仍然我行我素做着自己该做的事。第一节课下课后,班主任把我叫出教室,任命我为我们班的物理课代表。当我回座位时,突然听到一声:"她不是我们班物理最好的,凭什么叫她当物理课代表?"我循声一看,原来是我同桌在说,这时我才注意他,长得挺帅的,但因为他刚才的那句话,我特别讨厌他,狠狠地瞪了他一眼,他却冲着我微微一笑,"恶心",我心想。

我仍然不与他说话,因为我的内向,更大的原因是他那句话伤了我的自尊,然而有一件事改变了这一切,故事也就从此开始了。一节数学课上,老师叫我们做作业,我一不小心把铅笔芯弄断了。"糟了,我的铅笔刀忘在家里了,班上的同学我一个也不认识,我该怎么办?如果没有铅笔我的作业就完成不了,老师一定会批评我的……"想着想着,我急得满头是汗,他也许看穿了我的心思,主动把铅笔刀借给我,我向他送去感激的一笑,从此我改变了对他的偏见。下课后他主动与我交谈,我觉得他很健谈,也挺风趣,就是这时我知道了他的名字——毅。以后的日子里我对他多了一些了解,他是班里数学最棒的一个,是老师的宠儿,同学们称他为"数学天才"。他对每个人都如春天般的温暖,这一点在相处的日子里我已经体会到了,渐渐地我们成了无话不说的好朋友。

这还是我第一次和男同学建立友谊。以前我对男生始终有一种偏见,因为男生总欺负女生,所以我讨厌他们,从不与他们讲话,现在我变了,再也找不到以前的影子了,变得

205

开朗多了。我把所有的心事和烦恼都向他倾诉,他是个忠实的听众,常常还为我排忧解难,和他在一起真的很开心,我数学差他就帮我补数学,他英语差我就帮他补英语,我们互相帮助着,共同进步着。(应该说这是最好的境界,如果能保持这样的友谊,人生会有一段很美好的回忆。)

时间无情的从指缝间溜走了,离中考还有1个月了,每个人的神经都绷紧了,就像绷紧的弦,一挑就会断。也许由于压力太大,我总是很早就醒了,再也无法入睡。我把这种状况告诉他,他建议早上我们一起去散步,我欣然答应了,我们约好第二天6:00在我家门前见。第二天,我比以往还醒得早,呆呆地望着挂钟,时针终于指着6:00,我向窗外望去,然而我盼望的那个身影却没有出现,我非常地失望,也非常的生气。来到学校我便写了一张纸条给他,上面写着:

"你太过分了,我生平最讨厌不守信用的人,我们绝交吧!"他看了之后,眼神一下子变得黯然失色,不再像以前那样充满活力,很快他回了纸条,只见上面写着:

萍儿:

I'm very sorry,我昨晚看书太晚了,所以今天起来晚了,希望你能原谅我,明天一定准时,我真的不想失去你这个好朋友,人生几何,能够得到知己,失去生命的力量也不可惜,我知道你也是重感情的,同样不想失去我这个好朋友,否则你的字怎么会这么乱?(青春就是这样,可以任意挥洒,轻易地放弃,为何不问问清楚呢?)

虽然他说中了我的心思,但由于我的任性或许说是心胸狭窄,我没有回纸条,也没有与他讲话。第二天早上我还是早早地醒了,确切说是一夜未眠。我想:"他肯定因为我没理他不会来了。"但我还是忍不住向窗外望去,一个熟悉的身影映入我的眼帘,我以100米冲刺的速度下楼,打开了门,他见到我说:"Hi! Good morning! 我等了你一晚上。"然后他用一双真诚的眼睛望着我,我感动得差点流下泪来,但我强忍住了,因为我不想把脆弱的一面在别人面前表现出来。

中考之后,他对我说:"萍儿,有一件事在我心里藏了很久,由于前段时间大家都忙着中考,所以我没说,现在是时候了,不知何时我已深深地喜欢上你了,真的,你能做我的GF吗?记得你曾说过要求一位很有才能的人做BF,我一定会好好学习,成为一位很有才能的人,我想与你一起共创美好的未来,你能陪我一生一世吗?"我听了这话惊呆了,曾经我把我和他之间发生的事告诉好友艳,她告诉我,我们之间不仅只是友情那么简单。当时我不信，认为艳太多疑了，我坚信我和他之间的友谊像玉一样纯洁无瑕，然而眼前的事实不得不让我承认我太天真了，我说："我们做朋友不是很好吗？我不想太早陷入感情的漩涡，我们还有更重要的事要去做……"他连我的话都没听完就转身走了，只剩下形单影只的我，我问自己，我错了吗？我不知道，我心里好乱好烦。

短短的两个月对于我来说犹如过了两年，没有他的日子我也没了往日那灿烂的笑容，一切都跟着他走了。多希望他能打个电话给我，但他没有。好不容易等到开学了，我们又踏进了同一所高中，我好高兴，因为又可以见到他了，但当我见到他时却失望到了极点，他居然没有和我打招呼，形同路人。我伤心极了，又一次流泪了。但我还是不忍心放弃，在朋友的劝说下，我写了一张纸条给他，叫他星期六放学后等我，我想跟他谈一谈，然而他没有。我彻底地失望了，我开始有些恨他了，我决定再也不理他。

更不顺的事情接踵而来，有一次我回家，妈妈对我说："萍儿你还小，前途美好，要抓住大好时光努力学习，考上大学为将来的幸福生活打下基础，其他的事不要去想。"说完便叹着气拖着沉重的步子走开了。我听得莫名其妙，听着妈妈的叹气声，泪水忍不住夺眶而出。晚上正当我睡得迷迷糊糊的时候，几滴热泪滴在我的脸上，我睁开蒙眬的睡眼，我看到妈妈流泪了。我惊呆了，面对沉重的生活负担妈妈都没流过泪，到底发生了什么大事让妈妈流泪呢？我脑子里充满问号，我乞求妈妈告诉我发生了什么？妈妈拗不过便告诉我了。原来毅的妈妈到处讲，说我和毅在谈恋爱，还说是因为我缠着毅，他才考不上重点高中，学校的老师也说考试时我俩人走得特近。我想起了在考试那几天，班里有个男生追我，我委婉拒绝他，但他穷追不舍，为了让他放弃，我故意和毅走得特近。没想到却引来了这些流言，现在已是满城风雨，难怪我回来的时候别人都用异样的眼光看我，还在我背后指指点点，在传统的世俗里这是可耻的事，我的名誉就这样毁于一旦，以前在别人心中的好形象，荡然无存。对于一个女孩来说还有什么比这更伤心的呢？我的心被撕破了，我恨他以及他的母亲，恨之入骨，我向妈妈解释了一切，妈妈相信了我。(想起苏叔阳的《关于谣言》的话：不要，不要计较，别人怎样议论你。因为谣言像影子，总是追着成绩。除非你步入浓黑的暗夜，那就和影子拥抱在一起；让太阳挂在你的头顶吧，谣言就会萎缩在你的脚底。)

我暗暗下决心，一定要超过毅，我带着恨与希望努力学习，我的成绩也迅猛上升，我对自己说一定要忘掉他，但我做不到，越想忘越忘不了，虽然我们不在一个班，毕竟在一个学校，偶尔也会碰到。我总是尽量地避开，我永远不想再见到他，日子一天天地过着，我以为我和他之间已画了一个句号。然而事实并非如此，也许是老天故意作弄人。高二下学期时，突然收到了一封信，那熟悉的笔迹让我确定是他写的，我平静地打开。

萍儿：

你好！近来过得好吗？将近两年了我们一句话也没说，我一直都非常的痛苦。我知道你一定被伤得很深，我想挽回我们的友谊，希望你能答应。

我没有回信，因为时光永远不会倒流，伤口也永远不会愈合，我将把所有的往事封锁在心灵的仓库里，努力学习，去实现我的梦想，报答我的母亲。

回想过去，大家作为朋友，相处得多么愉快，然而一旦不小心超越了那条界线，一切都变了。

我决心不再轻易地涉足爱河。

 同学分析

两年的时间，一段由友情变为爱情的感情，在作者平静的叙述当中流泻出来。句子的长度比较平均，具有一种车轮轧过路面一般的规则的韵律美。值得注意的是作者还原记忆的技巧。一切都遵循记忆的规律，那些意义重大的、令人印象深刻的事件，即使细微，也被巨细无遗地还原，那些不愿去记忆或者不具深刻意义的事件，则被一笔带过，回忆因此显得真实、自然，接近于一种未经加工的原生态。

中学生的爱情故事读来令人莞尔，对"爱情"的阐释简单而纯洁，令人怦然心动。首尾一句"我决心不再轻易地涉足爱河"余音未了，让人既对萍儿的决绝和坚忍心生敬佩，也对她未来的故事产生期待。

教师点评

少年的恋情仿若玫瑰过早开放,注定浸透忧伤;又仿佛彩色的气球,不管颜色多么艳丽,都经不起轻轻的一刺;更如水雾中的彩虹,美丽但短暂。

青春年少还是如汪国真的《妙龄时光》中的诗句般最好:"不要轻易去爱,更不要轻易去恨,让自己活得轻松些,让青春多留下些潇洒的印痕。""让友情成为草原上的牧歌,让敌意有如过眼云烟。"

豆蔻年华面临友谊和爱情的抉择时,最明智的选择应该是友谊。让友谊之花绚丽灿烂。让爱之蓓蕾悄悄闭合,藏于心底,酿成一剂成熟爱情的发酵剂。

老师，我想对您说……

姜　钧

前几天，冷空气来了，雨也来了。现在似乎还在。

淅淅沥沥，凄凄切切，轰轰烈烈……

这雨，落在这宁静——喧闹的学校，像为它蒙上了一层迷茫的纱；落在这平凡——伟大的众生，像为他们盖上了缥缈的膜；落在这平静——翻滚的心窝，像为我添上了朦胧的失落……

于是，都沉默了……我想对您说……

迷　茫

每一天，匆匆地上学，匆匆地放学，匆匆地睡眠。老师，我再也没有听到春天花儿的欢笑，再也没有听到夏天暴雨前的震吼，再也没有听到秋天硕果的满足，再也没有听到冬天树叶的无奈。

转眼间，这里的新闻不再能引起我的注意，这个特殊的季节，我注定要努力成长，于是这个特殊的季节有种特殊的沉默。

可是，老师，您知道吗？我落魄了。

缥　缈

草地上、球场上、小道上的那一张张笑脸属于他们———一张张比我更年轻的面庞;从我身旁擦过的是他们跳跃的步伐、轻快的身影。

眼看着握不紧的青春在我的指尖流淌,就这样流走了。

我去大地寻找我未知的美丽,在沙滩上留下我陌生的足迹,向着天空坦示我的心灵。

可是,老师,您知道吗?我沉寂了。

朦　胧

开一罐可乐,不再清凉;砌起过去的拼图,不再完整;拾起曾经的微笑,不再熟悉。

整个我只剩下了黑色的碎片,昏黄的剪影,浑浊的空气。

原来自己已有心无力。

原来竭尽心思要忘记的,结果,就,这样,就这样忘记了。

可是,老师,您知道吗?我放弃了。

同学分析

《老师,我想对您说……》一文写的是青春以及伴随着青春而来的迷茫、缥缈与朦胧。青春是中学作文永恒的主题,迷茫、缥缈与朦胧更是这一系列作文中非常显眼的词语。然而本文显得与众不同,它的特点在于它蕴涵着一种"历史中间物"的情绪,体现出一种行进中的历史感,亦即:我们现在可以说自己拥有着青春,然而,下一刻,我们已经失去这样说的资格,因为我从前看见我们后面的人比我们更青春。这种时刻处于追逐和被追逐的"历史中间物"状态,意味着无论是前面的一个时代还是后面的一个时代,"我"的状态都是"在"而"不属于"。"我"失去了归属,"我"的作用只是"连接","我"无法给自己定位。这种状态,就是文中提到的"迷茫"、"缥缈"与"朦胧"的来源。只有一颗成熟而善思的心灵,才能够从青春的狂欢中超越出来,看清楚人生在世,在某种程度上说,其实是一种悲凉的处境。

教师点评

此文结构采用分列小标题的形式,把几种不同的感受分别开来,独立成一部分。这种形式是当时初三学生较为热衷的一种。写人就是片断的组合,写景如同镜头的转换,写情清楚分明绝不晦涩。

语言上小作者善用叠词,造成音韵美;巧用排比,增加情感的表达;妙用反义词,展现了青春期学生的心里矛盾。读起来有一种舒缓音乐的美感。

不足之处是作者有点有意追求形式和语言美而在内容上有所欠缺,后三个小部分还是有单薄之感。

我的世界很小,也可以很大

人的一生既短暂又漫长。短暂,是缘于时空的广袤;漫长,是由于瞬间的浩渺。

有人说,这个世界很小很小。

短短的一次打猎,寻常的一个日子,平凡的一个季节,即便是一个童年,假如和漫漫的历史长河相比,它们又算得了什么呢?这是时间之"短"。

一把锁,一封信,一副轮椅,一辆洋车,一个书店,一个宿舍……和整个天地相比,它们可谓小到极点,这是空间之"小"。

但也有人说,这个世界又很大很大。

一次打猎,竟能让一个小小的少年学会了选择与放弃,学会了尊重生命。

一个日子,竟然使一个又盲又聋又哑的女孩看到了光明,从此改变了她的一生。

一年秋天,一位母亲用爱和生命唤醒了沉浸在残疾痛苦中的儿子,使他变得坚强起来,成为一个有名的作家。

……

一滴水很小,却可以反射出整个太阳的光辉;一条小溪也不大,却可以唱出世间最美的音乐。

其实,我们的世界虽然很小很小,但也可以很大很大。

名 篇 赏 析

　　完成伟大事业的人,起初并不伟大,可是他能够使自己伟大起来。他不断地改进,他是个意志坚定、迅速而有能力的学习者。

——[美]爱默生

蹲在洋车上

萧　红

又到了乡巴佬坐洋车，忽然想起一个童年的故事。当我还是小孩的时候，祖母常常上街。我们并不住在城外，只是离市镇较偏的地方罢了！有一天，祖母又要上街，她命令我：

"叫你妈妈把斗风给我拿来！"

那时因为我过于娇惯，把舌头故意缩短一些，叫斗篷做斗风，所以祖母学着我，把风字拖得很长。

她知道我最爱惜皮球，每次上街的时候，她问我：

"你要些什么呢？"

"我要皮球。"

"你要多大的呢？"

"我要这样大的。"

我赶紧把手臂拱向两面，好像张着的鹰的翅膀，大家都笑了！(童年的天真可爱。)祖父轻动着嘴唇，好像要骂我一些什么话，因我的小小的姿势感动了他。

祖母的斗篷消失在高烟囱的背后。

等她回来的时候，什么皮球也没带给我，可是我也不追问一声：

"我的皮球呢？"(这是文章第一条线索。)

因为每次她也不带给我，下次祖母再上街的时候，我仍说是要皮球，我是说惯了！我是熟练而惯于做那种姿势。

215

祖母上街尽是坐马车回来。今天却不是,她睡在仿佛是小槽子里,大概是槽子装置了两个大车轮。非常轻快,雁似的从大门口飞来。一直到房门。在前面挽着的那个人,把祖母停下,我站在玻璃窗里,小小的心灵上,有无限的奇秘冲击着。我以为祖母不会从那里头走出来,我想祖母为什么要被装进槽子里呢?我渐渐惊怕起来,我完全成个呆气的孩子,把头盖顶住玻璃,想尽方法理解我所不能理解的那个从来没有见过的槽子。

很快我领会了! 看见祖母从口袋里拿钱给那个人,并且祖母非常兴奋,她说叫着,斗篷几乎从她的肩上脱溜下去!

"呵! 今天我坐的东洋驴子回来的,那是过于安稳呀! 还是头一次呢,我坐过安稳的车了! "

祖父在街上也看见过人们所呼叫的东洋驴子,妈妈也没有奇怪。只是我,仍旧头皮顶住玻璃那儿,我眼看那个驴子从门口飘飘地不见了! 我的心魂被引了去。

我没有留心听,就是给我吃什么糖果之类,这也不会留心吃,只是那样的车子太吸引我了! 太捉住我小小的心灵了!

夜晚在灯光里,我们的邻居,刘三奶奶摇闪着走来,我知道她又是找祖母来谈天的。所以我稳当当地占了一个位置在桌边。于是我咬起嘴唇来,仿佛大人样能了解一切话语。祖母有讲关于街上所见的新闻,我用心听,我十分费力! (这是文章第二条线索。)

"……那是可笑,真好笑呢! 一切人站下瞧,可是那个乡下佬还是不知道笑自己。拉车的回头才知道乡巴佬是蹲在车子前放脚的地方,拉车的问:'你为什么蹲在这地方?'

"他说怕拉车的过于吃力,蹲着不是比坐着强吗? 比坐在那里不是轻吗? 所以没敢坐下。(照应题目,又为后文作铺垫。)……"

邻居的三奶奶,笑得几个残齿完全摆在外面。我也笑了! 祖母还说,她感到这个乡巴佬难以形容,她的态度,她用所有的一切字眼,都是引人发笑。

"后来那个乡巴佬,你说怎么样! 他从车上跳下来,拉车地问他为什么跳?他说:'若是蹲着嘛,那还行。坐着! 我实在没有那样的钱。'拉车的说:'坐着,我不多要钱。'那个乡巴佬到底不信这话,从车上搬下他的零碎东西,走了。他走了! "

我听得懂,我觉得费力,我问祖母:

"你说的,那是什么驴子?"

她不懂我的半句话,拍了我的头一下,当时我真是不能记住那样繁复的名词。

过了几天祖母又上街，又是坐驴子回来的，我的心里渐渐羡慕那驴子，也想要坐驴子。

过了两年，六岁了！我的聪明，也许是我的年岁吧！支持着我使我愈见讨厌我那个皮球，那真是太小，而又太旧了；我不能喜欢黑脸皮球，我爱上邻家孩子手里那个大的；买皮球，好像我的志愿，一天比一天坚决起来。(继续第一条线索。)

向祖母说，她答："过几天买吧，你先玩这个吧！"

又向祖父请求，他答："这个还不是很好吗？不是没有出气吗？"

我得知他们的意思是说旧皮球还没有破，不能买新的。于是把皮球在脚下用力捣毁它，任是怎样捣毁，皮球仍是很圆，很鼓，后来到祖父面前让他替我踏破！(童年的幼稚、天真。)祖父变了脸色，像是要打我，我跑开了！

从此，我每天表示不满意的样子。(为后文埋下伏笔。)

终于一天晴朗的夏日，戴起小草帽来，自己出街去买皮球了！朝向母亲曾领我到过的那家铺子走去。离家不远的时候，我的心志非常光明，能够分辨方向，我知道自己是向北走。过了一会，不然了！太阳我也找不着了！一些些的招牌，依我看来都是一个样，街上的行人好像每个要撞倒我似的，就连马车也好像是旋转着。我不晓得自己走了多远，但我实在疲劳。不能再寻找那家商店；我急切地想回家，可是家也被寻觅不到。我是从哪一条路来的？究竟家是在什么方向？(完成第一条线索。)

我忘记一切危险，在街心停住，我没有哭，把头向天，愿看见太阳。因为平常爸爸不是拿着指南针看看太阳就知道或南或北吗？我既然看了，只见太阳在街路中央，别的什么都不能知道，我无心留意街道，跌倒了在阴沟板上面。(继续第二条线索。)

"小孩！小心点！"(车夫的善良。)

身边的马车夫驱着车子过去，我想问他我的家在什么地方，他走过了！我昏沉极了！忙问一个路旁的人：

"你知道我的家吗？"他好像知道我是被丢的孩子，或许那时候我的脸上有什么急慌的神色，那人跑向路的那边去。把车子拉过来，我知道他是洋车夫，他和我开玩笑一般。

"走吧！坐车回家吧！"

我坐上了车，他问我，总是玩笑一般地：

"小姑娘！家在哪里呀！"

我说:"我们离南河沿不远,我也不知道哪面是南,反正我们南边有河。"

走了一会,我的心渐渐平稳,好像被动荡的一盆水,渐渐静止下来,可是不多一会,我忽然忧愁了!抱怨自己皮球仍是没有买成!从皮球联想到祖母骗我给买皮球的故事,很快又联想到祖母讲的关于乡巴佬坐东洋车的故事。于是我想试一试,怎样可以像个乡巴佬。该怎样蹲法呢?轻轻地从座位滑下来,当我还没有蹲稳当的时节,拉车地回过头来:

"你要做什么呀?"

我说:"我要蹲一蹲试试,你答应我蹲吗?"(照应题目。)

他看我已经偎在车前放脚的那个地方,于是他向我深深地做了一个鬼脸,嘴里哼着:

"倒好哩! 你这样孩子,很会淘气!"

车子跑得不很快,我忘记街上有没有人笑我。车跑到红色的大门楼,我知道家了! 我应该起来呀! 应该下车呀! 不,目的想给祖母一个意外的发笑,等车拉到院心,我仍蹲在那里,像耍猴人的猴样,一动不动。祖母笑着跑出来了! 祖父也是笑! 我怕他们不晓得我的意义,我用尖音喊:

"看我! 乡巴佬蹲东洋驴子! 乡巴佬蹲东洋驴子呀!"

只有妈妈大声骂着我,忽然我怕她要打我,我是偷着上街。

洋车忽然放停,从上面我倒滚下来,不记得被跌伤没有。祖父猛力打了拉车的,说他欺侮小孩,说他不让小孩坐车让蹲在那里。没有给他钱,从院子把他轰出去。(完成第二条线索。)

所以后来,无论祖父对我怎样疼爱,心里总是生着隔膜,我不同意他打洋车夫,我问"你为什么打他呢?那是我自己愿意蹲着。"

祖父把眼睛斜视一下:"有钱的孩子是不受什么气的。"(此话最有深意。)

现在我是二十多岁了! 我的祖父死多年了! 在这样的年代中,我没发现一个有钱的人蹲在洋车上;他有钱,他不怕车夫吃力,他自己没拉过车,自己所尝到的,只是被拉着舒服滋味。假若偶尔有钱家的小孩子要蹲在车厢中玩一玩,那么孩子的祖父出来,拉洋车的便要被打。

可是我呢? 现在变成个没有钱的孩子了! (结尾发人深省。)

 **读后悟语**

现在的人既没坐过洋车,更不用说蹲在洋车上了!看来,本文不易产生共鸣!

但还是有办法的。

先来理清文章情节发展的两条线索。

一条线索是我喜欢皮球,便不断要求祖母上街时给我买,可始终未能如愿。两年后,我的态度一天比一天坚决起来,便自己偷偷上街买球而迷了路!

另一条线索是祖母回家后讲的故事给我留下了深刻的印象,于是趁着这次坐洋车的机会自己尝试着体验故事中的情景,照应了题目"蹲在洋车上"。

童年的天真、顽皮、可爱是有共性的!这不就产生共鸣了吗?

但文章的深度远不仅限于此。

再看几组对比:

一是拉洋车的,一是坐洋车的;

一是没有文化,出身贫苦的车夫,一是受过教育,有钱有势的祖父;

一是热心送我回家,满足我娱乐心理的真诚善良,一是不仅不给车钱还将车夫痛打一顿的无情冷漠;

一是"走吧,坐车回家吧!"的亲切,一是"有钱的孩子是不受什么气的!"的可憎。

理解了这些,就不难理解社会的不平等,也就理解了这种不平等在儿童心灵上留下了多么深的阴影!

看来,洋车虽小,却能"蹲"出一段人世的沧桑!

伟大的日子

[美]海伦·凯勒

在我的记忆中,我平生最重要的日子,是我的老师安妮·沙莉文来到我身边的那天。这一天联系着我两种截然不同的生活,每想到这一点,我的心里便充满了神奇之感。那是一八八七年三月三日,距离我满七岁还有三个月。("伟大的日子"总是令人难忘的!)

在那个重要的日子的下午,我一声不响地站在大门口,我在等待。我从妈妈的手和屋里匆忙来往的人们,模糊地感到某种不寻常的事情就要发生。因此我来到门口,在台阶上等待着。午后的阳光穿过覆盖在门廊上的金银花,落在我仰着的脸上。我的指头几乎不自觉地流连在熟悉的树叶和花朵之间。那花似乎是为了迎接南方春天的阳光才开放的。我不知道未来给我准备了什么奇迹和意外。几个礼拜以来,我心里不断地受到愤怒和怨恨的折磨。这场激烈的斗争使我感到一种深沉的倦怠。

你曾在海上遇到过雾么?你好像感到一片可以触摸的白茫茫的浓雾,把你重重包围了起来。大船正一边测量着水深,一边向岸边紧张焦灼地摸索前进。你的心怦怦地跳着,等待着事情的发生。在我开始受到教育之前,我就像那只船一样。只不过我没有罗盘,没有测深锤,也无法知道海港在哪里。"光明! 给我光明! "这是我灵魂里的没有语言的呼号,而就在一小时之后,爱的光明便照耀到了我的身上。(用黑暗反衬光明的到来。)

我感觉到有脚步向我走来,我以为是妈妈,便向她伸出了手。有个人握住了我的手,把我拉了过去,我被一个人抱住了。这人是来让我看到这个有声有色的世界的,更是来爱我的。

我的老师在到来的第二天便把我引到了她的屋里,给了我一个玩具娃娃。那是柏金斯盲人学校的小盲童们送给我的。衣服也是罗拉·布莉治曼(盲聋哑人，柏金斯学校很有影响的教师。)给它缝的。但这些情节我都是后来才知道的。

在我玩了一会玩具娃娃之后，沙莉文小姐便在我手心里拼写了d-o-l-l (英语，玩具娃娃。)这个字。我立即对这种指头游戏感到了兴趣，模仿起来。最后我胜利了，我正确地写出了那几个字母。我由于孩子气的快乐和骄傲，脸上竟然发起烧来。我跑下楼去找到妈妈，举起手写出了doll这个字。我不知道我是在拼写一个字，甚至也不知道有字这种东西存在。我只不过用指头像猴子一样模仿着。在以后的日子里，我以这种我并不理解的方式，学会了很多字，其中有pin (大头针)、hat(帽子)、cup(杯子)；还有几个动词，如sit(坐)、stand(站)、walk(走)等。到我懂得每一样东西都有一个名字的时候，已是我的老师教了我几个礼拜之后的事了。(快乐的日子总是过得很快！)

有一天，我正在玩着新的玩具娃娃，沙莉文小姐又把我的大玩具娃娃放到了我衣襟里，然后又拼写了doll这个字。她努力要让我懂得这两个东西都可以用 doll(玩具娃娃)这个字表示。

前不久我们刚在"大口杯"和"水"两个字上纠缠了许久。沙莉文小姐想尽办法教我m-u-g是"大口杯"，而w-a-t-e-r是"水"。可是，我老是把这两个字弄混。她无可奈何，只好暂时中止这一课，打算以后利用其他机会再来教我。可是，这一回她又一再地教起来，我变得不耐烦了，抓住新的玩具娃娃，用力摔到地上。我感到玩具娃娃摔坏了，破片落在我的脚上。这时我非常高兴，发了一顿脾气，既不懊悔也不难过。我并不爱那个玩具娃娃。在我生活的那个没有声音没有光明的世界里，本没有什么细致的感受和柔情。我感到老师把破片扫到壁炉的角落里，心里很满足——我的烦恼的根源被消除了。她给我拿来了帽子，我明白我要到温暖的阳光里去了。这种思想(如果没有字句的感觉也能称之为思想的话)，使我高兴得手舞足蹈。

我们沿着小路来到井房。井房的金银花香气吸引着我们。有人在汲水，老师把我的手放在龙头下面。当那清凉的水流冲在我的手上的时候，她在我的另一只手的掌心里写了w-a-t-e-r(水)这个字。她开始写得很慢，后来越写越快。我静静地站着，全部注意力集中到她指头的运动上。我突然朦胧地感到一种什么被遗忘了的东西——一种恢复过来的思想在震颤。语言的神秘以某种形式对我展示出来。我明白了"水"是指的那种奇妙的、清凉的、从我手上流过的东西。那个活生生的字唤醒了我的灵魂，给了它光明、希望和欢乐，解放了它。当然,障碍还是有的,但是已经可以克服了。(详写重要场面,突出思想的顿悟。)

我怀着渴望学习的心情离开了井房。每一个东西都有一个名字,每个名字产生一种新的思想,当我们回到屋里去时,我所摸到的每一件东西都好像有生命在颤动。那是因为我用出现在我心里的那种奇怪的新的视觉"看"到了每一个东西。进门的时候,我想起自己打破了的玩具娃娃。我摸到壁炉边,把碎片捡了起来。我努力把它们拼合到一处,但是没有用。我的眼里噙满了泪水。因为我懂得我干出了一件什么样的事,我第一次感到了悔恨和难过。

那一天我学会了很多字,是些什么字,我已忘了,但是我确实记得其中有妈妈、爸爸、姐妹、老师这些字——是这些字让世界为我开出了花朵,像"阿隆(先知摩西的哥哥。"阿隆的棍子上开出了花朵"一事见《圣经·出埃及记》。)的棍子上开出了花朵"一样。在那个新事频出的日子的晚上,我睡上了自己的小床,重温起那一天的欢乐,恐怕很难找到一个比我更加快乐的孩子。我第一次渴望新的一天的到来。

读后悟语

马克·吐温说过:"十九世纪出了两个了不起的人物,一个是拿破仑,一个就是海伦·凯勒!"

一个又盲又聋又哑的残疾人,由于一个"伟大的日子",从此改变了一生!我们不妨做一下假设,假如没有那个"伟大的日子",海伦·凯勒的一生又将会是怎样的呢?

海伦·凯勒在《假如给我三天光明》一文中说过:"第一天,我要看到那些好心的、温和的、友好的,使我的生活变得有价值的人们。首先,我想长时间地凝视着我亲爱的教师安妮·沙莉文·麦西夫人的脸,当我还是孩稚时,她就来到我家,是她给我打开了外部世界。"

这就是那个"伟大的日子",在那一天一个伟大的人物创造出另一个伟大的人物!

在沙莉文老师的帮助下,海伦就读于马萨诸塞州剑桥女子学校,又入剑桥的拉德科利夫学院，大学时写了第一本书《我生命的故事》，后被译成50多种文字，在世界各地流传。之后又陆续写了几部自传体小说，表明了黑暗与寂静并不存在。成了著名的社会活动家后，到世界各地发表演说，为盲人和聋哑人的教育筹集资金，二战期间又访问了多所医院，慰问失明的士兵。1964年，被授予美国公民最高荣誉——总统自由勋章，次年又被推选为世界十大杰出妇女之一。

海伦·凯勒的一生，是人类的奇迹，而首先开创这个奇迹的，是另一位伟大的女性！当沙莉文老师初次来到七岁的海伦面前，那是天使降临了，这一天，也就成了人类显示他的神奇力量的一个伟大的日子！这样的日子和这个世界一样不朽！

本文通过平稳的叙述，突出了"伟大"二字。语言朴实但情深意笃，饱含了作者对这个"伟大的日子"的难忘之情。

另外，选材上也很有特点。详写了认识"大口杯"和"水"两个字的过程，突出了识字的艰难与克服障碍的欣喜。既照应了题目，又紧扣住中心。

秋天的怀念

史铁生

　　双腿瘫痪后，我的脾气变得暴怒无常。望着望着天上北归的雁阵，我会突然把面前的玻璃砸碎；听着听着李谷一甜美的歌声，我会猛地把手边的东西摔向四周的墙壁。(写出了我内心的烦躁与痛苦。)母亲就悄悄地躲出去，在我看不见的地方偷偷地听着我的动静。当一切恢复沉寂，她又悄悄地进来，眼边红红的，看着我。"听说北海的花儿都开了，我推着你去走走。"她总是这么说。母亲喜欢花，可自从我的腿瘫痪后，她侍弄的那些花都死了。"不，我不去！"我狠命地捶打这两条可恨的腿，喊着，"我活着有什么劲！"母亲扑过来抓住我的手，忍住哭声说："咱娘儿俩在一块儿，好好儿活，好好儿活……"(由此可见母爱的伟大。)

　　可我却一直都不知道，她的病已经到了那步田地。后来妹妹告诉我，她常常肝疼得整宿整宿翻来覆去地睡不了觉。(母亲的痛苦是藏在心里的！)

　　那天我又独自坐在屋里，看着窗外的树叶"刷刷啦啦"地飘落。母亲进来了，挡在窗前："北海的菊花开了，我推着你去看看吧。"她憔悴的脸上现出央求般的神色。"什么时候？""你要是愿意，就明天？"她说。我的回答已经让她喜出望外了。"好吧，就明天。"我说。她高兴得一会坐下，一会站起："那就赶紧准备准备。""哎呀，烦不烦？几步路，有什么好准备的！"她也笑了，坐在我身边，絮絮叨叨地说着："看完菊花，咱们就去'仿膳'，你小时候最爱吃那儿的豌豆黄儿。还记得那回我带你去北海吗？你偏说那杨树花是毛毛虫，跑着，一脚踩扁一个……"她忽然不说了。(母亲的心多细腻呀！)对于"跑"和"踩"一类的字眼儿，她比我还敏感。她又悄悄地出去了。

　　她出去了。就再也没回来。

邻居们把她抬上车时,她还在大口大口地吐着鲜血。我没想到她已经病成那样。看着三轮车远去,也绝没有想到那竟是永远的诀别。(永远难忘的诀别!)

邻居的小伙子背着我去看她的时候,她正艰难地呼吸着,像她那一生艰难的生活。别人告诉我,她昏迷前的最后一句话是:"我那个有病的儿子和我那个还未成年的女儿……"(再次突出母爱的伟大。)

又是秋天,妹妹推我去北海看了菊花。黄色的花淡雅,白色的花高洁,紫红色的花热烈而深沉,泼泼洒洒,秋风中正开得烂漫。我懂得母亲没有说完的话。

妹妹也懂。我俩在一块儿,要好好儿活……(这是对母亲最好的怀念。)

 读后悟语

史铁生,北京市人。"文化大革命"初期响应号召由北京赴陕西务农,因积劳成疾下肢瘫痪,后返回北京,潜心文学创作,成为一名专业作家。作品有《我遥远的清平湾》、《插队的故事》、《夏日的玫瑰》、《合欢树》、《我与地坛》等。

介绍史铁生的文学成就,心情总有几分沉重,想来也许是《秋天的怀念》带来的感伤吧!

秋天,该怀念些什么呢?是怀念二十岁时忽然双腿残疾的痛楚?还是怀念世界上最不幸的人眼前的一片黑暗?抑或怀念残疾之后的苦闷、绝望?总之,要是我写,一定会将自己的不幸放大、放大,再放大!

而史铁生怀念的又是什么呢?

"北海的菊花开了,我推着你去走走。"是内心流血的母亲表现出的坚强。

"咱娘儿俩在一块儿,好好儿活,好好儿活。"是疾病缠身的母亲对儿子的渴望。

"她出去了。就再也没回来。"是伟大、坚忍的母亲留给儿子的永恒记忆。

母亲仅仅活了四十九岁,就大口大口地吐着鲜血,坐着三轮车远去了!她说的最后一句话是"我那个有病的儿子和我那个还未成年的女儿……"

鲁迅说:"悲剧是将人生有价值的东西毁灭给人看。"人世间,生命是宝贵的!母爱是宝贵的!也许这就是秋天最好的怀念!

本文抓住生命中难忘的镜头定格放大,在朴实的叙述中凸显了文章的主题。

另外,个性化的语言突出了母爱的伟大,增强了文章的感染力。

窃 读 记

林海音

这是林海音回忆少年时代的一段往事。不花钱，站在书店里看书，她称之为"窃读"。

转过街角，看见三阳春的冲天招牌，闻见炒菜的香味，听见锅勺敲打的声音，我松了一口气，放慢了脚步。下课从学校急急赶到这里，身上已经汗涔涔地，总算到达目的地——目的可不是三阳春，而是紧邻它的一家书店。

我乘着慢步给脑子一个思索的机会："昨天读到什么地方了？那女孩不知最后嫁给谁？那本书放在哪里？左角第三排，不错。……"走到三阳春的门口，便可以看见书店里仍像往日样地挤满了顾客，我可以安心了。但是我又担忧那本书会不会卖光了？因为一连几天都看见有人买，昨天好像只剩下一两本了。

我跨进书店门，暗喜没人注意，我踮起脚尖，使矮小的身体挨蹭过别的顾客和书柜的夹缝，从大人的腋下钻过去，哟，把短发弄乱了，没关系，我到底挤到里边来了。在一片花绿封面的排列队里，我的眼睛过于急忙地寻找，反而看不到那本书的所在，从头来，再数一遍，啊！它在这里，原来不是在昨天那位置了。（"窃读"的专注。）

我庆幸它居然没有被卖出去，仍四平八稳地躺在书架上，专候我的光临。我多么高兴，又多么渴望地伸手去拿，但和我的手同时抵达的，还有一只巨掌，五个手指大大地分开来，压住了那本书的整个：

"你到底买不买？"（"窃读者"常见的也是最怕见的情形。）

声音不算小，惊动了其他顾客，全部回过头来，面向着我。我像一个被捉到的小偷，羞惭而尴尬，涨红了脸。我抬起头，难堪地望着他——那书店的老板，他威风凛凛地俯视着我。店是他的，他有全部的理由用这种声气对待我。我用几乎要哭出来的声音，悲愤地反抗了一句：

"看看都不行吗?"其实我的声音是多么软弱无力!

在众目睽睽之下，我几乎是狼狈地跨出了店门，脚跟后面紧跟着是老板的冷笑："不是一回了!"不是一回了?那口气对我还算是宽容的，仿佛我是一个不可以再原谅的惯贼。但我是偷窃了什么吗?我不过是一个无力购买而又渴望读到那本书的穷学生!

曾经有一天，我偶然走过书店的窗前，窗里刚好摆了几本慕名很久而无缘一读的名著，欲望推动着我，不由得走进书店，想打听一下它的价钱。也许是我太矮小了，不引人注意，竟没有人过来招呼，我就随便翻开一本摆在长桌上的书，慢慢读下去，读了一会儿仍没有人理会，而书中的故事已使我全神贯注，舍不得放下了。直到好大工夫，才过来一位店员，我赶忙合起书来递给他看，像煞有介事地问他价钱，我明知道，任何便宜价钱对于我都是枉然的，我绝没有多余的钱去买。

但是自此以后，我得了一条不费一文读书的门径，下课后急忙赶到这条"文化街"，这里书店林立，使我有更多的机会。

一页，两页，我如饥饿的瘦狼，贪婪地吞读下去。我很快乐、也惧怕，这种窃读的滋味!有时一本书我要分别到几家书店去读完，比如当我觉得当时的环境已不适宜我再在这家书店站下去的话，我便要知趣地放下书，若无其事地走出去，然后再走入另一家。(写活了窃读的滋味。)

我希望到顾客正多着的书店，就是因为那样可以把矮小的我挤进去，而不致被人注意。偶然进来看看闲书的人虽然很多，但是像我这样常常光顾而从不买一本的，实在没有。因此我要把自己隐藏起来，真是像个小偷似的。(所以称之为"窃读"。)有时我贴在一个大人的身边，仿佛我是与他同来的小妹妹或者女儿。

最令人开心的还是下雨天，感谢雨水的灌溉，越是倾盆大雨我越高兴，因为那时我便有充足的理由在书店待下去。好像躲雨人偶然避雨到人家的屋檐下，你总不好意思赶走吧?我有时还要装着皱起眉头不时望着街心，好像说："这雨，害得我回不去了。"其实，我的心里是怎样高兴地喊着："再大些! 再大些! "

但我也不是个读书能够废寝忘食的人，当三阳春正上座，飘来一阵阵炒菜香时，我也饿得饥肠辘辘，那时我也不免要做个白日梦:如果袋中有钱该多好! (饥饿的又岂止是肚子呢?)到三阳春吃碗热热的排骨大面,回来这里已经有人给摆上一张弹簧沙发,坐上去舒舒服服地接着看。我的腿真够酸了,交替着用一条腿支持另一条,有时忘形地撅着屁股依赖在书柜旁,以求暂时的休息。明明知道回家还有一段路程好走,可是求知的欲望这么迫切,使我舍不得放弃任何可捉住的窃读机会。

为了解决肚子的饥饿,我又想出一个好办法,临来时买上两个铜板(两个铜板或许有)的花生米放在制服口袋里。当智慧之田丰收,而胃袋求救的时候,便从口袋里掏出花生米来救急。要注意的是花生皮必须留在口袋里,回到家把口袋翻过来,细碎的花生皮便像雪花样地飞落下来。("窃读"的辛苦。)

但在这次屈辱之后,我的小心灵确受了创伤,我的因贫苦而引起的自卑感再次地犯发,而且产生了对人类的仇恨。有一次刚好读到一首真像为我写照的小诗时,更增加了我的悲愤,那小诗是一个外国女诗人的手笔,我曾抄录下来,贴在床前,伤心地一遍遍读着,小诗说:

> 我看见一个眼睛充满热烈希望的小孩,
>
> 在书摊上翻开一本书来,
>
> 读时好似想一口气念完。
>
> 开书摊的人看见这样,
>
> 我看见他很快地向小孩招呼:
>
> "你从来没有买过书,
>
> 所以请你不要在这里看书。"
>
> 小孩慢慢地踱着叹口气,
>
> 他真希望自己从来没有认过字母,
>
> 他就不会看这老东西的书了。
>
> 穷人有好多苦痛,
>
> 富的永远没有尝过。
>
> 我不久又看见一个小孩,
>
> 他脸上老是有菜色,
>
> 那天最少是没有吃过东西——
>
> 他对着酒店的冻肉用眼睛去享受。

我想着这个小孩情形必定更苦，

这么饿着，想着，这样一个便士也没有。

对着烹得精美的好肉空望，

他免不了希望他生来没有学会吃东西。

我不再去书店，许多次我经过文化街都狠心咬牙地走过去。但一次，两次，我下意识地走向那熟悉的街，终于有一天，求知的欲望迫使我再度地停下来，我仍愿一试，因为一本新书的出版广告，我从报上知道好多天了。

我再施惯技，又把自己藏在书店的一角。当我翻开第一页时，心中不禁轻轻呼道："啊！终于和你相见！"这是一本畅销的书，那么厚厚的一册，拿在手里，看在眼里，都够分量！受了前次的教训，我更小心地不敢贪懒，多串几家书店更妥当些，免得再遭遇到前次的难堪。

每次从书店出来，我都像喝醉了酒似的，脑子被书中的人物所扰，踉踉跄跄，走路失去控制的能力。"明天早些来，可以全部看完了"，我告诉自己。想到明天仍可以占有书店的一角时，被快乐激动的忘形之躯（"窃读"的快乐。），便险些撞到树干上去。

可是第二天走过几家书店却看不见那本书时，像在手中正看得起劲的书被人抢去一样，我暗暗焦急，并且诅咒地想：皆因没有钱，我不能占有读书的全部快乐，世上有钱的人这样多，他们把书买光了。

我惨淡无神地提着书包，抱着绝望的心情走进最末一家书店，昨天在这里看书时，已经剩了最后的一册，可不是，看见书架上那本书的位置换了另外的书，心整个沉下了。

正在这时，一个耳朵架着铅笔的店员走过来了，看那样子是来招呼我的（我多么怕受人招待！）。我慌忙把眼睛送上了书架，装作没看见。但是一本书触着我的胳膊，轻轻地送到我的面前：

"请看吧，我多留了一天没有卖。"（绝处逢生，境界大开。）

啊，我接过书害羞的不知应当如何对他表示我的感谢，他却若无其事地走开了。被冲动的情感，使我的眼光久久不能集中在书本的黑字上。

当书店里的日光灯忽地亮了起来，我才觉出站在这里读了两个钟点了。（这才叫"忘乎所以"。）我合上最后一页——咽了一口唾沫，好像所有的智慧都被我吞食下去了。然后抬头找寻那耳朵上架着铅笔的人，好交还他这本书。在远远的柜台旁，他向我轻轻地点点头,表示他已经知道我看完了,我默默地把书放回书架上。

我低着头走出去,黑色多皱的布裙被风吹开来,像一把支不开的破伞,可是我浑身都松快了。摸摸口袋里是一包忘记吃的花生米,我拿一粒花生送进嘴里,忽然想起有一次国文先生鼓励我们用功的话:

"记住,你是吃饭长大;也是读书长大的!"

但是今天我发现这句话还不够用,它应当这么说:

"记住,你是吃饭长大;读书长大;也是在爱里长大的!"（归结为人间的爱心,自然而圆满。）

读后悟语

关于读书,古人说过:"书非借不能读也。"看来,林海音有过之而无不及,她追求的是"书非窃而不能读也。"

如果把林海音的这种行为叫做"窃读",那么,又有几个读书人没有类似的经历呢?

也许只有这样的"窃读者"才会全神贯注,专心致志地读书,真正的读书正是从这里起步的!这也许正是林海音至今难忘的原因吧!

其实,难忘的又岂止这些呢?

为什么未到书店,先提"三阳春"饭馆?而且让炒菜的香味三次出现在书中?这正是用腹中的饥饿来衬托精神上的饥渴。腹中饥饿能用两个铜板的花生来补救,而在书店的"窃读",如"过屠门而大嚼",穷孩子的两种饥饿,跃然纸上。

林海音的文章如行云流水,很有章法。

她先告诉读者,遇到"一只巨掌,五个手指大大地分开来,压住了那本书的整个:'你到底买不买?'"于是她狼狈地跨出店门。

再告诉读者:"终于有一天,求知的欲望迫使我再度地停下来,我仍愿一试。"于是"又把自己藏在书店的一角"。

最后,出人意料的是:"一本书触着我的胳膊,轻轻地送到我的面前:'请看吧,我多留了一天没有卖。'"——在这波澜起伏之中,阵阵暖意涌了出来,原来,人间自有真情在!

这样的"窃读"怎不令人难忘啊!

给女儿的信

董 桥

琦琦：(董桥的女儿当时正在英国读大学。)

　　你信上说你那儿秋意渐浓，你早晚上课上图书馆都记得披毛衣，也记得多吃蔬菜水果，我很放心。其实，收到你的信就很放心了，何况你信上说你会好好照顾自己！明明知道你都那么大了，当然学会了顺着我的心意说些教我放心的话，但是，你在信末顺手写了这两三句话，我竟放心得不得了！人，实在并不太难应付，是吗？(这一句插得很巧妙。父女之间的一种默契。)前几个月送你去上学的时候，我心里真舍不得，也真拿不定主意，可是又不能让你知道，怕你更难过，因为据说做爸爸的人是不能没有主意的。那几个晚上，我在旅馆里跟你说的话，听来是在安慰你，鼓励你，其实也在安慰我自己，鼓励我自己。你当时说了一句话我到现在还记得很清楚，你说："要是能像当年你和妈妈带着我和弟弟到伦敦去就好了，你在伦敦做事，我和弟弟在伦敦念书！"(1973年—1979年，董桥曾在英国工作。)我不知道该说什么。人是要长大的；长大了就不必老跟爸爸妈妈在一起。你这封信上说，你不在家里了，才知道家里多好。这是真心话，我知道；当年带着你们在伦敦住了那么久，我也很想回到中国人多的地方住一住，于是我们又搬回香港来了。这种想法其实相当可笑。

　　那天跟你去看你的学校，我无端想到陈之藩先生《旅美小简》里那篇《失根66兰花》。(陈之藩，美国波士顿大学应用科学系教授。胡适的学生，作者的老师。)你的学校跟他去的那家费城郊区小大学一样，"校园美得像首诗，也像幅画。依山起伏，古树成阴"，难怪他想起北平公园里的花花草草，"总觉得这些花不该出现在这里。它们的背景应该是来今雨轩，(来今雨轩在北京中山公园，二三十年代文人经常在那里聚会。)应该是谐趣园，(谐趣园在北京颐和园内。)应该是宫殿阶台，或亭阁栅栏"。我当时不是告诉你说，这个校园跟我在台南的校园有点像吗?可是你竟说很像你在英国那家中学的校园，也像你在香港那家中学的校园，你看你看，人一怀旧，记忆就不老实了，眼睛就来骗人了。你爷爷当年久客南洋，也忘不了唐山(并非今日河北的唐山。海外华人往往把祖国称为"唐山"。)的一山一水，他的《燕庐札记》里有这样几句话："予寓之燕，两廊不下百余;(意思是说：我家两边廊上的燕子，不下一百多只。)每当夕阳西下、炊烟四起时，颇有倦鸟思还之态。吾人离乡背井，久客异方，对此倦鸟归巢，能不感慨系之! ……"你记得我们伦敦家里那幅小小的版画吧?那是我偶然在大英博物馆斜对面一家破店里看到的，刻的竟然是几只飞燕，刻工虽不很好，我还是买回家里挂，因为爷爷在世时喜欢燕子! 你信不信："怀乡"是一种癖性，会一代一代传下去，用不着传教似的传下去，是传染似的传下去。(这个"传"字解释得极妙。)你说你在唐人街买了一大堆中国罐头雪菜和皮蛋在宿舍里弄夜宵吃，爷爷知道了一定又心疼又高兴："虽说她满身是维多利亚衣橱(指英国式的服装。)的樟脑味道! "他会说。爷爷在这种事情上最不讲理;你大概记不得了。老实说，家国之情既然是"情"，也就顾不了"理"了。他久客异方，嘴里虽懂得说"大抵心安即是家"，(这是白居易的诗，上一句是"任凭海角与天涯"。)心事无奈跟陈之藩先生说的一样："花搬到美国来，我们看着不顺眼;人搬到美国来，也是同样不安心!"这也算是自己折磨自己。最糟的是这折磨倒真有点乐趣;说是痛快也恰当。你说你喜欢弟弟给你的信上说的那句话："想家你就哭吧，哭了会痛快的。"弟弟不懂政治，倒懂点心理。想家、思乡、爱国、怀旧是心理在作祟，未必是政治搞的鬼。二次大战期间，英国政府到处贴海报，鼓励壮丁从军报国;海报上画的是一些英国女人倚门挥别丈夫、情人，上面写着："英国妇女说：去吧! "不必搬出爱国论调，攻心一攻就破了!

对了，不要把时间和精力都花在课堂上和教科书里;多抽空交朋友，多出去逛逛。(这种爸爸是真正懂得读书做人的爸爸。)老远跑到外国去，不是为了拿一张文凭回来见我。学生活比拿文凭要难。要懂得过快快乐乐的生活，要会过各种不同的生活。不要担心自己荒废中文;你会看懂我的中文信就够了。至于中国历史和中国文化传统，看来你也染上了爷爷的癖性,不论到哪里都改不过来了。不信你等着看。这可不是什么狗屁哲学家放的狗屁。两位牛津教授一边散步一边聊天,其中一位说:"邻居有个小孩很希望见见拿破仑,我说:这可办不到。他问我为什么,我说因为拿破仑是古人,而你不可能从一百三四十年前就活到现在还没死。他不信。我说因为这是说不通的,正如我们不能说:你可以同时活在两个地方或者说你可以回到古代去。小孩于是说:既然只是说不通和说得通的问题,我们换一换说法不就成了吗?你说我该怎么回答这小孩?"另一位教授说:"让他去试吧,试试回到古代去。试一试并不犯法。让他试,看他试出个什么来。"你看怎么说都没用;自己试一试就知道了。每一代的中国人都在试着回到古代的中国去,劝也劝不来;雪菜和皮蛋就这样传到外国去了,还有爷爷的燕子;你放心。

　　忘了告诉你:那天跟你在美国买到的那张藏书票已经镶了镜框挂在我书房里了:约翰逊博士真凶,把老书商打得直哆嗦,妙极了! 这种玩意儿这里买不到外国才有。糟糕!(没有说教,只有朋友似的交流。)

爸爸

八三年十一月十六日

读后悟语

　　董桥,散文家、编辑。1980年开始担任香港《明报月刊》总编,以后又做香港《明报》总编。他的文章短小精悍,深刻而幽默。其主张文章发自真情。他更进一步说:"人心是肉做的。我相信文字也是。"

　　女儿是亲生的骨肉,用"肉做的文字"给亲生的骨肉写信,真是贴心贴骨,所以这样的文章也最感人。

　　最先感人的是一片坦诚的慈父之心。董桥对女儿的生活和学习一百个放心,这是一种真诚的信任。同时,他则明明白白地告诉女儿,自己是"舍不得",如此坦率的父亲真是令人感动!

　　其次,将思乡与爱国联系起来。女儿在异国他乡对皮蛋和雪菜的钟爱是已经渗透到血液中的东西,是永远无法改变的!

　　第三,是对女儿的与众不同的告诫。"不要把时间和精力都花在课堂上和教科书里;"

"学生活远比拿文凭要难。要懂得快快活活地生活,要会过各种不同的生活。"其目光之远大,人生态度之宽宏,真值得人们敬佩。

这真是"肉做的文字"!感动的又岂止董桥的女儿呢?

愿天下喜欢说教的父母都能读一读董桥!

"肉做的文字"发自真情。谁说好文章一定要靠美丽的辞藻?本文在娓娓交谈的语言中告诉读者:"只有发自真情的文章才是好文章!"

学 生 作 品

　　一清如水的生活，诚实不欺的性格，在无论哪个阶层里，即便心术最坏的人也会对之肃然起敬。

——[法]巴尔扎克

家 书

黄少坤

　　树上的知了无力地嘶叫着，门前几棵老槐树无精打采地耷拉着，家里那台古老的壁扇边无力地摇摆，边嘶哑地叫着。

　　父亲从外面流着臭汗进屋来，朝水桶倒出一脸盆水，抹了几把脸，穿上他那双破布鞋，"吧嗒，吧嗒"地从内屋走出来。"孩子他爸，你去哪？"在灶房做饭的母亲朝踏出门槛的父亲问。"没啥，孩子他娘，我想在中午歇息时，去村头的铺子打听一下坤他哥来信了没有？""可这大热天，你那身体又不怎么好，要是……"母亲还未说完，父亲便示意叫她别说下去了。

　　我跑出内屋，拉住父亲的手，对父亲说："爸，让我去村头吧，我小孩腿快，一会就回。"父亲听了，慈爱地抚摸我的头，轻轻地说："坤，你明儿还要考试，回屋去复习功课吧，让爸去村头。不碍事，乖，进屋去，外头热。"我还想说什么，可爸挣开我的小手，蹒跚地朝村头铺子去了。

　　一袋烟的工夫，父亲汗流满脸笑眯眯地蹦进家门，喊道："坤他哥来信啦，坤他哥来信啦。"父亲顾不得去拭泉水般的汗水，说道："坤，把信拆出来，看你大哥道什么来。"母亲一脸惊奇地从灶间跑出，坐到靠墙的矮凳上，认真地仰起头。我心头喜滋滋的，小心地拆开信，抽出一张薄如蝉翼的纸，念了起来：

　　"爸妈弟：我一切都好，只是钱不够用。清明节路上挤，我不回家过清明了。"我一字一顿地念出，心头的喜悦一点点地消失，父亲脸上的笑意也一点点地消失，母亲一脸惊喜换成失望。父亲很不高兴："就这样完了？"我淡淡地道："完了。"父亲长长地"嗯"了一声，抽出一支烟,狠狠地吸了起来。母亲一看父亲脸色有些不对劲,忙打起圆场:"孩子他爸,收到信就好,坤他哥在大学念书忙,没工夫写许多话。"父亲"嗯"了一声,又狠狠地吸了几口烟。

"妈,回信不?"我失望异常地说。母亲拭下额上的汗珠,瞟了父亲一眼:"回,怎么不回?把家近况告诉你大哥,叫他安心念书。"

我从破旧的书包里翻出三张草稿纸,展开在小桌上,攥着只有三寸多长的笔杆裂开的铅笔:"爸,要怎么写?"父亲长长叹了一声:"告诉你哥,信已收到,钱过几天凑好就寄去,叫他书多读些,不该花的钱少花些,"说着转过头对母亲说:"孩子他娘,你说几句。"母亲心领神会,双手拢到围裙下,脸上漾起笑容:"坤,对你哥说,妈很相信他。家里的事都好,上个月家里两头母猪宰掉了,卖了1000多元,还清几个弟弟的学费,剩下200多元。

"前个月,你爸患了流行感冒还在雨天帮人家施肥,回来后发40多度的烧,花去了10元,还在家里躺了几天。你爸很是心痛那10元钱和他自己在家里躺几天的损失,现在有些好转了,只是有点咳嗽。"

父亲吸了口烟,说:"孩子她娘,说这些干啥?坤,天现在热得很,叫你哥当心自己的身体,免得你妈老挂念他,再告诉你哥家里的人身体都好,叫他别挂念咱们。"母亲赶紧插上:"告诉你哥,你爸的胃痛病又复发了,一晚睡不着,胃老是痛。叫你哥在学校要吃饱,别叫他也犯你爸的胃痛病。"我有些烦:"妈,都是什么年代了,哥又是大学生,这点事还不懂?"

父亲掏出一支烟,吸了起来,边吸边说:"坤,把你的学习情况向你哥说说。"

我搔搔后脑勺写道:"哥,我在这个月的月考里考了个全年级第三名,除班主任表扬和学校给我一张奖状外,爸还宰了家里那只大公鸡庆祝一番。哥,你在大学里有发奖状吗?不管有没有奖状,你也要好好学习,争取考个好成绩,好让全家也为你庆祝庆祝。"我写完后,从灶间端饭出来的母亲突然想起什么,叫我再加上几句:"坤,告诉你哥,说你爸上个月叫算命先生给你哥算了一命,算命先生说你哥有小灾小难,特别是在过马路时要注意安全,切切要注意安全。"

"妈,写不下了。"我嚷起来。父亲见我写了密密麻麻的三大张,说:"就别写了。"母亲便说:"嗯,写不下也就算,你哥不相信这些,再说写多了你哥也没时间看,他的信就这么短。"

父亲端起饭碗扒了几口饭，又放下，心里觉得不是味儿。他拿出那张薄薄的、短短的信，思虑良久，便甩出一句硬邦邦的话："坤，重写一封。"正在津津有味啃着萝卜干的我愕然地睁大眼睛，随即就按父亲的话庄重地写了一封信：信收。钱寄。

同学分析

《家书》读来让人动容。情节很简单，写的就是家里收到在外地念大学的大儿子的来信，父亲母亲口述，小儿子执笔，给大儿子回信的事情。在作者的精心布局下，文章充满了张力：冷漠无情的大儿子和含辛茹苦的父母亲，威严木讷的父亲和慈爱唠叨的母亲，忤逆的大儿子和懂事的小儿子，长家书和短家书，金钱与亲情，看似不经意间布置下来的这一对对大小矛盾，深浅对比，使文章显得张弛有度，详略得当。

教师点评

家书是父亲的汗母亲的泪，是一种思念一场牵挂，是我们彼此珍藏着的如血亲情。

本文选材的典型性值得借鉴。

自古及今，"家书抵万金"。这不，中午再热，身体再不好，父亲也要去打听儿子来信没有；一旦拿到信后，全家的兴奋便荡漾开来；更传神的是全家聚在一起写回信的场面，你一言我一语，说不尽的嘱托，道不完的挂念。这一部分作为全文的重心，突出的正是浓浓的如血亲情。

"可怜天下父母心！""儿行千里母担忧"！通过家书来聚焦这种主题，作者的独具匠心可见一斑！

农村的孩子

春平

下午,方老师正津津有味地给小学生们讲课时,他那五岁半的儿子跌跌撞撞地从外面冲进教室里来。

"爹,快——妈叫你回去收谷,要下雨。"儿子在众目睽睽之下喊着,霎时打扰了课堂的气氛。

方老师突然愣住了,望了望窗外,才发觉天变得黑沉沉的。他脸色沉下来,心里一阵慌。

"你先回去帮你妈收,我——"离下课的时间还有十多分钟,方老师打发了儿子,心里道:谷被淋了也罢,可不能耽误这么多孩子的课。

"同学们,咱们继续上课。"

"老师——"方老师的话刚说完,班长就站了起来,说,"我家也晒谷子,我得赶回去……"

"好,你——你走吧。"方老师眉头一皱,很不高兴地同意了。他心里清楚,眼下是农忙季节,很多人家劳力少,小不点的孩子也会派上用场的。

班长走后,又有两三位同学提出要走。方老师也不加以阻止。

窗外,天愈来愈黑了,教室里也更暗淡了。同学们似乎坐立不安。

"同学们,咱们继续上课吧。上一段讲到了雷锋帮助……"

"老师——"教室里又站起了三五个同学,他们乞求地望着老师,想说什么似的。

话题再次被打断,方老师满脸不愉快,却又显得无可奈何,索性说:"好吧,同学们,天

239

要下雨了,你们谁需要回去帮家里忙的可以回去,剩下的继续上课。"话音一落,那三五个同学就毫不犹豫地冲出教室。接着,许多同学也纷纷冲出教室,消失在远处。

方老师被眼前的景象呆住了——教室里,他的面前只剩下空空的座位。

窗外,一片低沉沉的天。"哎,农村的孩子……"良久,方老师自言自语地说,心里感到深深的遗憾。刮风了,豆大的雨点开始砸在窗子上,方老师也顾不得什么,急忙冲出教室,朝自家的晒谷场跑去。

跑到自家晒场时,方老师被眼前的一切惊呆了——数十个小同学扫的扫,搬的搬……

方老师顿时涌出两行热泪。

同学分析

这是一篇欧·亨利式的小说作品。直到倒数第三段,作者还在继续着对读者的误导,把懵懵懂懂的读者引向与真实结果相反的方向,直到最后两段以极少的文字交代至关重要的结局,读者才恍然大悟,此乃本文作者匠心独运之处。

教师点评

看了这篇文章,我想到了莫泊桑和欧·亨利,想到了他们小说高超的结尾艺术——出人意料但又合乎情理。

本文的结尾正是如此,读后让人如梦方醒。原来前文早已埋下伏笔。

伏笔一,儿子冲进教室后的高声叫喊。

伏笔二,班长率先请假。

伏笔三,又有两三个同学提出要走。

伏笔四，又有三五个同学毫不犹豫地冲出教室。

直到教室空无一人，老师不由发出一声感叹："哎，农村的孩子……"

直至结局出现，我们和老师一样惊呆了！多妙的结尾啊！

走进"动物园"

王 曼

在润安校园C二西女生寝室楼中的第二层,有这样一个"小家庭",她由八个来自两个不同年级、四个不同班级的女生组成。尽管人数最多,关系最杂,但我们相处得是无话可说。为了表示亲密,我们每个女生分别被冠上了以动物名字命名的外号,美其名曰"昵称"。好了,也许你早已迫不及待地要认识我们的室友了,下面就让我来一一介绍吧!

一、"熊猫"

大概在这个酷似动物园的寝室中,最有特点的就是"熊猫"了。说她有特色,那是因为她唱歌十分有趣,不知是因为她的性格,还是由于嗓子的缘故,无论多么激烈、多么狂野的歌曲,一到她嘴里便成了邓丽君那般柔,杨钰莹那般甜,就是迈克尔·杰克逊听到她的歌声也会束手无策。"熊猫"还有许多轶事,记得有一天中午,她洗完了头发,并没有像往常一样,用毛巾使劲揩干,而是梳得整整齐齐,然后轻轻地把早就准备好的放在一旁的浴帽套在头上。我好奇怪:这大中午的,又不洗澡,带浴帽干什么呀?于是,我瞪着大眼盯着她,想探个究竟。谁知,她白了我一眼:"人家不是怕头发乱吗?这样起床后就不乱了。真笨!连这都看不出!"说罢,她小心翼翼地躺下身,唯恐把发型弄乱,看着她夸张的动作和犹如尼姑般的头,我们笑得差点连饭都吐了出来。

二、"斑马"

在自然界,"熊猫"的天敌是人;在我们这个"动物园","熊猫"的天敌是"斑马"。其实,"斑马"是一位美丽白皙的女孩,她做事十分有主见,听她的同学说,在一次"三好学生"评选会上,班里三十多位同学,有二十多人都投了她的票。结果,她以遥遥领先的势头名列榜首。可见,她的群众基础十分不错。

"斑马"性格开朗,非常活泼,也和我一样爱蹦爱跳,爱歌唱,别看平时她默不作声,可真正一兴奋起来,谁都招架不住。首先,她会给你一个热烈的拥抱,再送上一句:"我好爱你噢! XX!如果你回答:"我也爱你!"她会装作头昏状:"幸福死了。"如果你说:"我不爱你!""没关系!只要我喜欢你就可以了。"看着她一脸的认真,真不知如何回答。但"斑马"也有不开心的时候,遇到什么心烦的事,她会跑到安静的地方,一个人对着湛蓝的天空发呆,或是在寝室里一言不发,颇有徐庶进曹营的味道。不过,很快她就没事了。

三、"小鱼儿"

"小鱼儿"其实长得并不像鱼。她没有鱼儿一双大大的圆圆的眼睛。相反,她的眼睛又小又细,看上去倒有几分周蕙的韵味。

"小鱼儿"酷爱音乐,尽管唱得不好听。一回到寝室,她便带上那标志着"与世隔绝"的随身听,沉醉在音乐的海洋里。但时常有这样的事发生:

"咚咚咚——"敲床板的声音。

"干吗?""小鱼儿"拔下一只耳塞,伸着头问下铺的"斑马","有事吗?"

"声音小一点,吵到我们了。""斑马"有些不满。

"Sorry!"小鱼儿重新带上了耳塞,随即音乐声变小了。

时间长了""小鱼儿"就形成了条件反射:只要一听到敲床板的声音,就下意识地把耳机声音关小。

"小鱼儿"喜爱安在旭,就是演《星梦奇缘》的那个。每次一提到他,她就一脸幸福的表情:"哇噻!安在旭好酷!帅呆了!"这时,喜欢黎明的我便忍不住和她"吵"起来。结果每每以我的胜利而告终,原因只有一个,我的嗓门大。

四、"燕子"

"燕子"是睡在我下铺的"兄弟",是"动物园园长"——寝室长,也是老师的骄傲,她的床铺平整得像没有风时的湖面,衣柜收拾得井然有序,简直可以参加军队里整理内务的比赛,只可惜,她再怎么以身作则,也感化不了我们这群"顽固不化"的动物。

燕子很瘦,因此在减肥盛行的这个时代里,她成了"不识时务者"。别人一天到晚嚷着要节食,她却大吃特吃,美其名曰"增肥"。如果世界上多几个这样的"燕子",V26(减肥产品)就没得卖了。

除了她们,动物园里还有袋鼠,兔子等,相信在下次,你听了我的介绍后也会喜欢她们的。

由八种"动物"组成了校园里最美丽的一角。但是,我们在欢笑之余,并没有放弃拼搏,我们在各自的人生道路上拼命地奋斗着,我们坚信有付出就会有回报。相信不久的将来,八颗耀眼的明珠一定会在祖国各地闪烁出光芒。

同学分析

这是一篇关于青春与爱的作品。女生宿舍里她们关注着那些浮在生活表面的、为全宿舍所共同拥有的生活趣味,轻松宜人。她们热爱青春,热爱身边的人和事,她们"孜孜以求",她们娓娓道来,可以为一份简单的快乐而神采飞扬。

教师点评

校园里用动物名给同学取绰号,好像是很流行的风气。但能产生如此趣味的并不多见。

本文成功之处有三：

一是妙语连珠，趣味横生。文中处处洋溢着幽默风趣的风格。比如：

"无论多么激烈、多么狂野的歌曲，一到她嘴里便成了邓丽君那般柔，杨钰莹那般甜，就是迈克尔·杰克逊听到她的歌声也会束手无策。"

"如果世界上多几个这样的'燕子'，V26就没得卖了。"

类似的语言还有很多，充分表现出小作者幽默的写作风格。

二是刻画了几个性鲜明的小伙伴形象。像唱歌特"柔"和对头发特爱的"熊猫"；开朗而又活泼的"斑马"；对音乐执著和对偶像迷恋的"小鱼儿"；整洁而瘦小的"燕子"等，无不个性鲜明，栩栩如生。

写人物要抓住人物的特征，这需要生活中独到的观察。这也是本文最明显的特色。

三是传神的细节描写。如"熊猫"洗完头后夸张的动作和尼姑般的神情，"斑马"兴奋时故作头昏状的表情，"小鱼儿"的条件反射等，堪称神来之笔，不觉令人陶醉。

宿舍虽小，趣味无穷啊！

母亲传

范蓉蓉

我的母亲于1970年出生于无为县开城镇的一个姓汪的家庭，因为我的外公外婆希望我的母亲长得漂亮，就给她取了个好听的名字——汪彩霞。

我的外公与外婆都读过一点书，虽然家境不算好，却深知读书的好处，因此，在我母亲7岁的那年，毅然将她送入学校读书。这样我母亲就获得了读书的机会。

从小学到初中，母亲的成绩都很优秀，可是到了母亲读初三时，家中的经济状况很不好，懂事的母亲没毕业就退学了。当时母亲还很小，找不到什么好的工作，便在家中纺些纱。偏偏那时候，外公又迷上了打牌、喝酒，经常欠债，所以母亲卖掉纺纱所得的钱，都让外公拿去挥霍了。可以说，母亲少年时的家境不是优裕的，她的生活也是艰难的。但正是这种环境成就了母亲那种坚强、执著的性格。

在1988年的时候，我的母亲经常随她的姨母去六店(地名)玩，一次偶然的机会，她遇到了我的父亲，这也许便是一见钟情吧，从此，母亲的生活充满了阳光。后来经过一段时间的交往，母亲和父亲就决定结婚。可当时外公欠了债，心想母亲长得很出众，完全可以找一个阔公子嫁出去，这样所接的聘礼就可以还债。因为父亲当时太穷，所以外公十分反对这门婚事。可母亲一向很执著，再加上当时他们正处于年轻气盛之时，很冲动，所以母亲便铁了心嫁给了父亲。母亲后来对我说，1989年，是她最开心的时候，因为那年，她与父亲结婚了。

1990年6月24日，母亲生下了我，为了给我取一个好听的名字，她研究了好几天，认为女孩应该像出水芙蓉一样，美丽、清纯，便给我取了个名字，叫作"范蓉蓉"。

生下我之后，原本经济就不好的一个家，变得更加萧条了。母亲便狠下心来，把我寄养在奶奶家，与爸爸一起去上海打工。到我6岁时，把我接了去，在那儿上幼儿园。尽管那里的学费很贵，可是妈妈却认为：钱并不是主要的，主要的是我能够接受好的教育。为了多省些钱给我买营养品，妈妈每天都骑自行车上班和接送我上学。听爸爸说，有一次，母亲骑车去接我，在路上被一个司机故意蹭了一下车子，当时旁边有人让母亲找那司机算账，可母亲为了早些接我，竟忍着头晕，说了一声："算了。"你可以想象，我听到这件事的时候是多么震惊！

在我12岁那年，母亲因为舅舅的一件刑事案件与父亲回到了家乡。这一回来，就安定了下来，租了一间小店铺，生意也不错，生活质量也提高了。

2002年9月10日，这原本是一个属于我们的庆祝人类工程师节日的高兴日子，但在我的心中，那一天的红霞是用血染红的……那天，母亲说去开城镇看外公，为了节省4元的车费，她决定骑车去。我闹着要一起去，她硬是不答应。等我追出门去，看到的只是一个模糊不清的背影，没想到这竟是最后一面。

当天下午，我被人带到了一个小屋子前，我当时只看到三个字"太平间"。我的心一下子紧了。在屋里右边的石床上，我看到的只是一具冷冰冰的尸体。我不相信，但我知道，母亲去了……

"蓉蓉，听话，在家待着好好写作业，等妈妈回来给你带好吃的炸年糕。"这是妈妈对我说的最后一句话，不知这样的叮嘱是不是她的遗言呢？

"好好学习，妈要看到你考上博士，戴博士帽的样子。"——这是母亲生前常说的话……

同学分析子

读《母亲传》，我惊讶于小作者驾驭感情流动的功底：一篇本应饱含着浓烈亲情的怀念母亲的文章，写来竟然给人一种厚重的历史感。小作者把母亲短暂的一生写成了三十年的历史。本文的精华部分不在结尾部分的飞来横祸，不在小作者失去母亲的哀嚎，请原谅笔者的冷漠,因为笔者认为,"丧母"本身就是一个煽情的问题,谁来写、怎么写都不会差到哪里去。本文的精华部分在于关于母亲前半生的描写。曲折的经历、苦难的童年使"我"的母亲养成了坚强执著的性格,这种性格在母亲的婚事中第一次体现,在养育"我"的过程中层开。写得很平实、很朴素,却感人至深,看惯了少年欲作新词强说愁,本文的作者给人一种返璞归真的感觉。当各种"玩"文字、"玩"感情的游戏作品充斥坊间的时候,我们须更加珍惜这一份做人与作文的真诚。

 教师点评

读罢此文,我不由得想起了朱自清的《背影》,想起了韩愈的《祭十二郎文》,想起了袁枚的《祭妹文》……

但我却很难想到这篇感人肺腑的文章竟出自一个初二学生的笔下。

好文章必以真情动人。年轻的母亲,年少的孩子,本该是快乐的一家,但此刻这么小的孩子却给母亲写祭文立传!其爱、其敬、其悲、其痛,多么丰富而深沉!惨怛之情,催人泪下!

大凡感人作品,并非以辞藻华丽取胜。本文语言虽平实,但朴实中蕴含着深情。在娓娓的叙述中将人心打动。在有条理的字里行间,自然流露出对亲人的哀悼与眷顾,真是如诉如泣!

文章结尾也很妙,在妈妈最后的叮嘱和生前所说的话中戛然而止,达到"无声胜有声"的境界,在感情的高潮中寄托了对已逝母亲不尽的思念!

第一次卖报

顾允

正午的太阳,真是一只大火球,发疯地烘烤大地。路上行人稀少,没有一丝风。我把车骑得飞快,想寻点儿风。到了目的地,一停下来便汗流浃背,热浪包裹着我,眼镜片也模糊了。

这是初二暑假的一天。父亲给我的40元做资本,让我每天从报社批50份《扬子晚报》,50份《姑苏晚报》,上街零卖,一来体验生活的艰难,二来挣点钱自己上学花。

第一次卖报,倒有几分新鲜感。我从报社领来报纸。平日一张报纸只有几微米厚,但100份叠在一起,足足有一尺多厚。进价每份25分,卖价30分,净赚5分,100份全卖光也只赚5块钱。

抱着一大摞报纸,我想进附近的大公园。刚来到门口,一个戴红臂章、系大围兜的老太拦住了我:"出去,快出去! 这是公园,不许卖报。"她一把将我推出门外。我受了当头一棒,心里怪委屈的,无可奈何站在大门口。行人一个个走过,面无表情。我想迎上去叫卖,可怎么也张不开口,只眼望着人们来了,又去了。

这时公园里走来一对男女,男的搂着女的腰,卿卿我我,女的咯咯地笑,男的也附和地笑,随即一本正经朝我瞥一眼。我一惊,天哪,他们是笑我吧! 我逃也似的躲开了。但马上我有点后悔,劳动光荣,勤工俭学卖报纸,有什么不好意思。

一群老人从公园里出来,穿着一样的白汗衫,像是某老年俱乐部成员。"老人总是很和蔼的",我琢磨着,这回一定不能错过机会。我壮了壮胆冲上去,但嘴怎么也不听使唤,忽地想到人家白汗衫没有口袋,哪会装钱呢?再说人家是集体活动,哪有闲心买报?我又眼睁睁看着他们走了。

大约下午两点了,一张报纸也没卖掉。酷热的太阳更炙人,我心里焦急起来。不行,得赶紧想办法。我将报纸往左臂一卷,右手护住,从边门偷偷溜进公园。

公园里人多,一进去就卖掉3份,但那纯粹是别人主动来买的。我只觉得心怦怦跳,不知大人们对我卖报有什么看法,他们会不会瞧不起我呀!我低着头,数钱,分报,什么话也不敢说。

看看手表,2点30了,但报纸还有一大摞。如果靠卖报为生,我今天可得喝西北风了。我想到许许多多身处困境勇于开拓的人,暗暗给自己壮胆,决心主动叫卖。

我来到湖边柳荫下,一位穿白背心的老人坐在长石凳上,手捧茶杯,地下放个黑包,眯着眼睛望着不远处草地上的一群孩子,时不时点头微笑一下。我走上前,先向老人鞠了个躬:"爷爷,买报吗?"似乎全世界都听清了这一声问,不,似乎这声音不是我发出的,而是来自遥远地方的一个陌生的声音。但是,奇迹出现了。老人愣了一下,收回目光,上下打量我:"小姑娘,卖的什么报呀?""'扬子'、'姑苏'",我紧张得有点结巴,热得发胀的脸更烫了。"喔,要的要的。你是学生吧?"我点头。"为什么卖报纸?勤工俭学?"我只会机械地点头。"哦,好呀!学生不仅要学书本上的知识,也要懂得赚钱不容易呀。"老人边说边拿起黑包,从包里掏出六毛钱递给我。我一阵狂喜,没想到第一次叫卖如此成功!我忙把报纸递给他。然而,就在此时,我突然发现,老人的黑包里赫然放着一份"扬子"和一份"姑苏"……

我感动得真想哭。我深深地感激老人对我的理解、支持和鼓舞。我由衷地感谢这位慈善的老爷爷。

有了第一次,第二次、第三次就顺利多了。人们大多很友好,4点左右,只剩下11份"姑苏",7份"扬子"。我把报纸从手臂上拿下来,才发现有3份已被我的汗水湿透了,沾在手臂上。我小心地撕下来,手臂像文身样留下一块字。

第一天共卖80份报,赚320分。归途中口渴得冒烟,"奶——油——花——脸雪糕!"小贩诱人的叫卖声传来,我本来想买,但一支要300多分,我摸摸口袋里卖报得来的一堆零钱,终于没买。

十天卖报共赚40多元,钱虽少,却使我得到比钱更重要的体验。以后每当我想大手大脚花钱的时候,总不自觉地想起卖报的经历,从而管着自己。

世界很小也很大 ★

同学分析

　　生活中有许多的第一次,关键还在于做一个有心人,将亲身的体会感悟记录下来,这是初学作文的最好的训练方法。《第一次卖报》就是这样一篇文章,作者将十天的卖报经历浓缩到一天,详细地记述了第一天卖报的酸甜苦辣。作者着重抓住了自己第一次卖报的心理描写,这其中有新鲜感,有害羞,有胆怯,有委屈,有无可奈何……这些都是通过自己在卖报过程中遭遇的种种人事——描述出来的,使整篇文章波澜起伏,妙趣横生。当然,作者在叙述中还是很重视详略的处理的,尤其是卖出第一份报纸的过程:作者着重抓住人物语言、神态、动作、心理的描写,将故事的整个发展过程叙述得完整而生动。

教师点评

　　本文以独特的个性和敏锐的视角,记叙了自己第一次卖报的经历,从而体会到金钱的来之不易,懂得了用钱要节省的道理,如果不是亲身经历是很难写出这种感受的。

　　本文的成功之处有三:

　　一是开头对景物的描写非常出色。写出了正午太阳的燥、闷、热,既烘托了心情,又设置了悬念。

　　二是心理描写也很有特色。如"似乎全世界都听清了这一声问,不,似乎这声音不是我发出的,而是来自遥远地方的一个陌生的声音"。多形象的场面,这种心理跨越刹那间的感受,没有真切的感悟是表现不出来的。

　　三是对细节的把握细致入微。例如卖报得钱用"分"来计算,表现了钱的来之不易,也更能表现出第一次卖报得到的感悟是多么深透。